JN258265

誰が〈表現の自由〉を殺すのか

ニコンサロン「慰安婦」写真展中止事件裁判の記録

安世鴻・李春熙・岡本有佳編

御茶の水書房

はじめに

本書は、ニコンサロン「慰安婦」写真展中止事件について、事件発生から勝訴判決取得にいたる経過と、裁判闘争がもつ意義を考察した論考をまとめた記録集です。

法治国家において、権利を侵害された個人は、裁判所における司法手続を通じてその権利の回復を図ることができます。司法権はいうまでもなく国家権力の一側面であり、ときに個人の生活を一変させ、ときに国家の政策決定を是正する力すら有する、強大な権力です。

そのような司法権の公権的判断は、個々の判決によって示されますが、私たちは往々にして、すでに完結したものとしての裁判、すなわち勝訴・敗訴の結果や判決文の記載のみに目が行きがちです。

しかし、神ならぬ人間の営為である裁判は、常に偶然の結果としての側面を有します。安世鴻(アンセホン)さんの勝訴判決は、あらかじめ準備されたものとしてそこに存在したわけではありません。一歩間違えれば〈自粛社会〉の雰囲気の中で闇に葬られていたかもしれない出来事は、一人の表現者が立ち上がり、そして危機感を共有した同伴者らがともに歩むことを厭わなかった結果、法的審判のもとに置かれ、それによってはじめて権利回復が実現したのです。

裁判を動的なプロセスとして捉え直すこと、そして、そのプロセスを、裁判所と当事者だけではなく、問題に向き合うすべての人々による共同作業として編み直すこと。それこそが、私たちがこの書籍をとおして実現しようとするものです。

本書には、事件の発生から解決までの全経過を追ったドキュメント（第1章）や裁判資料編に加え、原告、弁護団、支援者、表現者、研究者など、この裁判に関わった人びとの思いや考察が収められています（第3章、第4章）。私たちは、そのような多様な視点を、全体として記録したいと考えました。

また本書は、勝訴判決の意義と限界を、同時に浮き彫りにしています。

判決は、〈表現の自由〉の意義を参照しながら、ニコンによる拙速な中止決定の違法性を明確に認定して、賠償を命じました。中止決定に至る事実経過についても、かなりの部分が法廷で明らかになりました。

「真相を究明し、再発を防止する」──提訴を決断するに至った安世鴻さんの思いを実現する結果を勝ち取ったことが、いうまでもなくこの裁判の最大の成果です。

一方で、裁判では、「企業の恣意的な決定が表現の自由に及ぼす影響」という点に最大の注目が注がれ、「慰安婦」問題の本質論にまで迫った議論は、正面からは取り上げられませんでした。

ニコンはそのことを明言していないものの、中止決定の深層に、「慰安婦」問題が日本社会の禁忌に二重・三重に触れるものであるという現実が潜んでいたことは間違いありません。「慰安婦」問題は、レイシズム、ナショナリズム、ジェンダーなど、日本社会が隠蔽してきた病理を多面的に暴露するものであり、だからこそ、そのような表現が消されてしまったと考えるのが自然です。

本書では、判決書には直接記述されなかった事件の本質をも照らし出すことを企図し、三人の論者による論考を収めています（第2章）。

裁判闘争の全過程を本書を通じて追体験することで、現代日本社会で〝誰が〈表現の自由〉を殺しているのか〟を考える契機となれば幸いです。

二〇一七年八月九日

編者　李春熙

3

裁判を支えた人びとの記録　105

4

［表紙写真］自身がいた慰安所跡を歩く李壽段（イ・スダン）さんと金順玉（キム・スノク）さん。中国黒竜江省・石門子。撮影：安世鴻　二〇〇三年。

ギャラリーではわたしを含む誰もが写真撮影を禁止されていた。観客がいないギャラリーオープン前にやっと一枚撮ることができた。（撮影：安世鴻）

1

ドキュメント——ニコンサロン「慰安婦」写真展中止事件

ドキュメント

ニコンサロン「慰安婦」写真展中止事件

李春熙（リチュニ）
（ニコンサロン「慰安婦」写真展中止事件弁護団）

本稿は、ニコンサロン「慰安婦」写真展中止事件の発生から勝訴判決取得までを、一弁護士の視点からまとめたドキュメントである。筆者は、事件発生直後に安世鴻さんから相談を受け、以後、仮処分手続、本訴（正式裁判）を通じて、弁護士として一部始終に立ち会った。本ドキュメントは、いうまでもなく事実に即したものであるが、担当弁護士が体験的に記述するという性質上、個人的な感情や私見が大いに入り交じっていることをご容赦願いたい。

第1部　事件発生から仮処分決定による開催まで

安さんとの出会い

多くの弁護士は、次から次へと舞い込んでくる事件に日々追われている。二〇一二年の五月、初めて安さんに会ったその日は、今からもう五年以上も前のことになる。無我夢中で駆け抜けた裁判闘争の、始まりのその一日についての記憶は正直に言って曖昧であるが、初めて会ったその日の安さんも、今とまったく同じように、冷静な語り口の中に確固とした決意を潜ませている人だな、と感じられたことが思い出される。

当時のことを思い出すために、手元にある二〇一二年版の「訟廷日誌」をめくってみると、その当時の予定のあれこれを記した書き込みが目に飛び込んでくる。「訟廷日誌」は、弁護士業務に特化して作られた予定管理用の手帳だ。裁判や打ち合わせなどの予定を手書きで書き込んでいくようになっていて、少し予定がたてこむと書き込みで真っ黒になり、自分以外の人間にはほとんど読み取れない暗号帳のようになる。

二〇一二年五月二九日の午前一〇時の欄に「（来）アンセホン」のメモがある。この日が、安さんと私の初めての打ち合わせだったことを示している。安さんの支援者の一人が、私の学生時代の美術教師だったという縁があり、私の事務所を訪ねてきたのだった。

後述するようにニコンサロンの担当者から突然の中止通告を受けたのが五月二二日の夕方だったから、安さんは、それから一週間もたたないうちに、法的手続を視野に入れて行動を始めていたことになる。安さんは、騒動の最初から、表現に対する不当な圧力に絶対に屈しないという強い思いを持っていた。

初めての打ち合わせで、安さんの話は次のようなものだった。

ニコンサロン選考委員会が認めた安さんの写真展

安さんは、名古屋市在住の写真家である。在日朝鮮人女性と結婚して二〇〇七年に来日し、以後、名古屋市内で生活しながら、写真家としての活動を続けている。

安さんは、一九九六年頃から、日本軍「慰安婦」問題への取り組みを開始し、写真家としてのライフワークとして、元日本軍「慰安婦」をテーマとした写真を撮り続け、各種の写真展や講演会などを開催してきた。

二〇一一年の一二月、安さんは、ニコンサロンでの写真展開催を希望し、ニコンサロン事務局宛てに申込書を提出した。安さんは申込書と一緒に、自ら撮影した「慰安婦」の写真四〇枚とパンフレットを同封した。

「慰安婦」をテーマにした写真展がはたしてニコンサロンで受け入れられるかについて、安さんの心中では不安の方が大きかった。結果が通知されるまでの間、安さんは落ち着かない日々を送った。

二〇一二年一月二六日、安さんのもとに、ニコンサロン選考委員会から写真展開催を知らせる通知が届いた。通知には「ニコンサロン使用承諾の件」との表題のもとに、「一月二三日のニコンサロン選考委員会におきまして、選考委員　土田ヒロミ、大島洋、伊藤俊治、北島敬三、竹内万里子の諸先生と共に慎重に審議の結果、下記のとおり承諾と決定いたしましたのでご通知申し上げます。」との記載があった。写真展の会期は、二〇一二年六月二六日から七月九日とされていた（六月二五日は作品搬入日）。

安さんは、ニコンサロンの選考委員らに、応募者が外国人であることや写真のテーマにとらわれず、写真の芸術的価値だけをみて選考してもらえたと感激した。安さんは、「ニコンはやはり、世界的な企業らしい選択をするのだなあ」と感じたという。

ニコンサロンは、ニコンが国内三ヵ所に設置運営している写真展示場であり、写真文化の普及・向上を目的としている。「（ニコンサロンは）開設以来長年にわたって多くの写真展を開催、若手からキャリアのある方々にまで幅広く写真活動の場を提供し、開催写真展の中から数多くの写真賞受賞者を輩出するなど日本の代表的写真家の登竜門的役割を果たしてきた」とニコン自身が自負するように、ニコンサロンでの写真展の開催は、安さんの写真家としてのキャリアにとっても、一つの転機となりうるものだった。

写真展開催へ向けた準備が、安さんとニコンサロン事務局との間で実務的に進められた。安さんは、事務局からの要請に応じてキャプション用原稿、パブリシティ用原稿、略歴などを提出し、また、広報用ＤＭのデザインについても打ち合わせを進めた。

そのようにして準備を進める中、安さんのもとに、大阪での「アンコール写真展」を開催することが決まったとの通知が届いた。アンコール写真展も、ニコンサロン選考委員会で選考委員が審議した結果開催が決定されたものであり、会期は二〇一二年九月一三日から一九日までの一週間と決められた。安さんは、自分の写真をより多くの人に見てもらう機会となると考えた。

写真展の準備は着々と進められていた。事務局とのやりとりの中で、写真展のテーマ、内容について、懸念が示されたことは一度もなかった。

急転——突然の中止通告

事態が急転したのは、写真展開催まであと一ヵ月と迫った五月二二日のことだった。この日の夕方、安さんの妻の李史織（りしおり）さんの携帯電話に、ニコンサロンの担当者Ｏ氏から電話が入った。Ｏ氏は、電話に出た李さんに対して、写真展が中止となったことを一方的に告げ、当惑する李さんに、「そういうことですので」と言って電話を切ろうとした。慌てた李さんは、自分は本人ではないので返答できない、後ほどかけ直してほしいというのがやっとだった。

その日の午後七時、改めてＯ氏から安さん宛に電話があった。このときのやりとりについては、録音が残されている。通訳として仲介した李さんと、Ｏ氏とのやりとりとなっている。

【李史織（以下、「李」）】えっと、どのような事情なのか、やっぱりこちらとしてはお聞きしないと納得がいかないんですけれども。もう一ヵ月前ですよね？

【Ｏ氏（以下、「Ｏ」）】あの、状況はそうだと思います。あの、大変申し訳ございません。これもいろんなことを、諸般、ニコンのですね、社内において、事情によって中止せざるを得ないという判断となりましたから、本当に申し訳ございません。ほんとに。

【李】あの、ついこないだ大阪のリコール展（注：アンコール展）のお手紙いただいたばかりなんですけども。

【Ｏ】えー、はい、はい。

【李】で、それまではなにもなかったんですか？

【Ｏ】あのー、いやそういうことではなくてですね、はい。

【李】　はい。

【O】　まあニコンとしてですね、その辺の諸般の事情ということによりまして中止せざるを得ないということになりましたもんですから。

【李】　あのそれはテーマの……

【O】　改めてお詫びをですね、ちょっとあのお邪魔して訪問したいなと思っておりまして、明日にでもお伺いしたいなと思っているんですよ。

（中略）

【李】　お詫びということですか？

【O】　はい。

【李】　あの、来て頂いて説明していただくということではないんですよね？　中止になった理由を説明してはくださらないということですか？　来ても……

【O】　これはもう諸般の事情ということですから言いようがございませんので大変申し訳ございません。

（中略）

【李】　ニコンサロンさんも芸術を扱っているところですよね？　ちょっとこれはやっぱり受け入れられないし、納得がいかないので。で、あのこれはどなたが決定されることなんですか？

【O】　ニコンでございます。ニコンの判断でございます。はい。

【李】　ニコンの、今Oさんは運営に携わっていると言っていたんですけれど、もっと別の所でということですよね？

【O】　ええ、会社の判断でございますので。はい。

【李】　審査員の方たちもそこに関わっているんですか？　今回の中止事項に関して。

【O】　ええ、審査員方たちは関わっておりません。

【李】　審査員は関わっていないということですね。

O氏は、写真展中止を決定した理由について、「諸般の事情」と繰り返すばかりで、何一つ具体的な説明をしなかった。

五月二五日には、ニコン映像カンパニーフォトカルチャー支援室室長名義の「お詫び」（五月二四日付）が安さんのもとに届いた。そこには以下のように記されていた。

「安様にご出展していただく予定をしておりました「重重：中国に残された朝鮮人元日本軍「慰安婦」の女性たち」の下記写真展を中止させていただくこととなり、大変なご迷惑をおかけいたしましたこと、心からお詫び申し上げます。／この度は、当社は諸般の事情を総合的に考慮いたしました結果、写真展を中止することとなりました。／当社の判断により、このような結論となりましたことから、当社といたしましては、安様と直接お会いさせていただき、お詫びを申し上げたいと存じます。」

改めて、「諸般の事情」という説明だけが繰り返された。

仮処分申立の決断

このように、ニコンサロンで開催が決まっていた写真展が、会期の一ヵ月前になって突然中止を通告され、しかも、その理由について何の説明も受けられていない、というのが、安さんの訴えだった。

安さんの話を聞いた私の頭に、すぐにある一つの事件のことが思い浮かんだ。プリンスホテル事件[*1]である。プリンスホテル事件では、右翼団体の抗議行動を理由としたホテルの利用拒否が問題になっていたのだが、安さんの事件も同様の背景があるのではないかと疑われた。

はたして、詳しく話を聞いてみると、ニコンの中止決定の背景には、インターネットを中心とした抗議行動が存在したようだった（繰り返すが、この時点でニコンは安さんに中止理由を説明しておらず、抗議の存在も明らかにしていなかった）。

安さんがインターネットを検索した結果、次のような事情が明らかになった。

五月一九日の朝日新聞（名古屋版）の社会面に安さんの写真展を紹介する記事が掲載された。この記事自体は安さんに好意的なものだったが、この記事のインターネット版が「ネット右翼」の目にとまったらしく、2ちゃんねるなどのネット掲示板や個人ブログには、「ニコンに不買運動をすべきだ」、「抗議電話をして売国行為をやめさせよう」などの書き込みが繰り返されていた。また、すでに五月二四日の時点で、「元慰安婦テーマの写真展会場に抗議　中止」（朝日新聞朝二〇一二年五月二四日付）などの報道も行なわれていた。

元航空自衛隊幕僚長の田母神俊雄氏もめざとくこのニュースをキャッチし、自身のツイッターで「新宿ニコンサロンで開催が予定されていた写真展が、歴史ねつ造であるとの抗議で中止となった。」という投稿を行なっていたことも発覚した。ネットや電話などで抗議が寄せられたことがきっかけで、ニコンが写真展の開催を中止したことは、ほぼ間違いなかった。

ネット上の情報を検討した結果からは、この程度の「抗議」が、写真展を中止する正当な理由にならないことは明らかと思われた。

　プリンスホテル事件では、街宣車による街宣をともなう激しい抗議が予想された場合であっても、抗議行動を理由とする使用拒否は違法と判断されていた。

　また、後述するとおり、公共施設での利用拒否・中止の適法性が争われた過去の訴訟で、裁判所は、集会の自由を重視して、「警察の警備等によってもなお混乱を防止することができないなど特別な事情」がない限り、抗議行動を理由とした利用拒否・中止は違法となるとの判断を繰り返し示している。

　ニコンが開催に応じず中止の理由すら説明してこない現状で、写真展の開催を実現するためには法的手続（具体的には裁判所での仮処分手続）によって会場利用を命じる決定を獲得するしかない、ニコン側がネット上の抗議を理由とする場合、それは中止の正当な理由とはならないから仮処分命令を勝ち取れる可能性は高い、と判断された。

　安さんは私の説明を聞いて、「写真展を開催したい。理由の説明もないまま引き下がれない」と強く決意した。

　この日から、大企業ニコンを相手にした安さんの闘いがはじまったのである。

　二〇一二年六月四日、安さんは、東京地方裁判所に、ニコンサロンの使用を求めて、仮処分命令を申し立てた。

　申立書の中で、私たちは、安さんとニコンとの間には、「ニコンサロン使用契約」が成立しており、ニコンには契約どおり会場を使用させる義務がある、ニコンの突然の中止決定は、ネット上などでの抗議が原因と推察されるが、判例上、反対者らの抗議行動を理由とする中止は認められない、などと主張した。そして、写真展が中止に追い込まれた場合、安さんにとっては写真家としての活動および人格自体を否定されたものに等しく、回復しがたい重大な損害が生じること、政治的に多様な意見が存在するテーマについて、反対者らの抗議によって集会などを中止に追い込むことができるという前例を作ることは民主主義社会に重大な危機を招来することなどを主張して、裁判所の命令による開催を求めたのである。

　仮処分を提起した六月四日から、写真展開催初日（六月二六日）まで、約三週間しか残されていなかった。安さんの申立に対してニコンがどのように反論してくるのか[*2]、それに対してどのような再反論を行ない、裁判所を説得できるか、与えられた三週間は余りにも短いものとして感じられた。

仮処分段階でのニコンの主張――「政治活動」論

仮処分申立後、ニコン側にもすぐに代理人弁護士が就任し、六月一〇日に答弁書が提出された。

答弁書は、代理人弁護士の事務所あてに、まずＦＡＸで送信されてくる。答弁書を受け取って内容を確認し、ニコン側の反論の概要を把握したとき、私は目を疑った。ニコンは、安さんの写真が「政治活動」であることが中止の理由であると正面から主張してきたのである。

答弁書には次のように書かれていた。

ニコンは、平成二四年五月二二日、「諸般の事情を総合的に考慮して」本件写真展を中止した。当該「諸般の事情」について説明する。

ニコンは、五月一九日の朝日新聞と、五月二一日以降ニコンに寄せられた抗議電話、メール等により、安さんの写真展が「政治活動の一環」であり、「政治性」を有するものであることを認識した。

ニコンサロンは、応募者に対して展示という便益を無償で提供するものであり、法的拘束力はない。政治活動の一環であり政治性を有する本件写真展は、「写真文化向上を目的とする」ニコンサロンの応募条件を満たさない。

開いた口がふさがらないとはこのことだった。写真については素人同然の私であっても、「写真文化」は、強欲や色情、あるいは紛争や政治、すなわち人間の抱える業や矛盾を含む幅広いテーマを包み込んで発展してきたものだということくらいは理解できる。戦争報道写真やドキュメンタリー写真などの例はいうまでもない。ニコンのカメラを愛する写真家、愛好家らの支持を受けて、いわば写真文化の豊かさから多大な利益を得てきたニコンから、そのような薄っぺらい「写真文化」理解が表明されるとは夢にも思わなかったのである。

右翼団体からの抗議とそこから予想される混乱などを理由に中止を正当化するものと予想していた私にとって、肩すかしを食らったような気持ちだった。

なお、仮処分段階でニコンが提出した書面には、「ネットや電話などの抗議から混乱が予想された、安さんや関係者の安全の確保のために中止を決断した」という種類の主張は一切含まれていなかった。後の裁判で、ニコン側は最終的に「安全性確保」が中止理由だったとしてその主張を変遷させていくのだが、仮処分段階でそのような主張は一度もなされなかったことを、ここでまず強調しておきたい。

さて、予想もしていなかった「政治活動」論にいささか面食らったものの、私はすぐさま準備書面を提出してニコンの主張に対する反論を行なった。「写真文化の向上」というニコンサロンの目的からは「政治性が付加されていないこと」という条件を導き出すことはできない、いわゆるテーマの政治性と写真としての芸術性は別問題であり、政治的であることが写真展中止の理由になるはずがないことなどが、反論の骨子だった。

六月一〇日にニコンの答弁書が提出された後、六月二〇日までの一〇日間の間に、申立人（安さん側）から三通、相手方（ニコン側）から計七通の書面が提出された。ニコンは前記の「政治活動」論以外にも、細々とした主張を次から次へと繰り返し、写真展の開催に抵抗し続けたのだ。

裁判所の仮処分決定

写真展会期（搬入日）まで後三日と迫っていた六月二二日、ようやく裁判所の仮処分決定が下された。

決定は、安さん側の主張をほぼ全面的に認め、ニコンに対し、当初の合意どおり、六月二五日から七月九日まで新宿ニコンサロンを安さんの写真展のため使用させるよう命じた。決定では、安さんとニコンとの間で「施設使用契約」が成立していたことを認定し、安さん側には、ニコンが主張するような「応募条件違反」はないとした。ニコンがいう「政治活動」論については、「そもそも、写真文化はその扱うテーマによっては一定の政治性を帯びつつも、写真技術として、あるいは芸術表現として独立の価値を認められながら発展してきたとみられる」「債権者（安さん）は、申込みの当初から、本件写真展が慰安婦問題という政治的問題に関連するテーマを扱ったものであることは隠すことなく債務者（ニコン）に開示しているのであり……本件写真展がニコンサロン開設の趣旨である写真文化の向上の目的に反するものであるとは認められない。」と結論づけた。

仮処分決定は、新聞各紙で大きく報道された。「表現の自由」に配慮した妥当な決定という評価が大多数だった。当然の判断といえるだろう。

朝日新聞（六月二九日朝刊）には、「表現活動を理解し、その自由を守る姿勢をはっきり示した判断といえる。／混乱が心配されるのなら、警察に協力を求めて万全を期す。それでも、客観的な事実に照らして、重大な事態が具体的に予測されるときに初めて中止などを検討する。今回と似たようなケースをめぐって裁判所が重ねてきた判断を踏まえ、適切な対応をとるべきだった。」という社説も掲載された。

盛況に終わった写真展

仮処分決定を受けて、写真展は予定どおり六月二六日から、新宿ニコンサロンで開催された。

写真展初日の開場時刻前から、ニコンサロンのギャラリー前には、通路部分を含めてすでに一〇〇人を超えると思われる人が列をなしていた。本来、ニコンサロンはそれほど大きい会場ではない。展示スペースは六〇平方メートルほどで、来場者が一度に二〇人も入れば圧迫感を感じる程度の広さである。また、ニコンサロンは商業ビルの中に一区画を借りて設置されているだけで、共用エレベーターを降りてギャラリー部分に至るまでの間に、特別の待機場所がない構造になっている。仮処分決定が大きく報道され、写真展に共感する人びと、「反日写真展」として激しく抗議する人びとの双方から広い関心を集め、本来の収容人数をはるかに超える人が押し寄せていたのだ。

写真展は、妨害者が来場して不穏な空気になった時間帯が何回か生じたほかは、大きな混乱もなく、予定どおり七月九日に終了した。期間中の来場者は七九〇〇人（安さん調べ）にものぼった。この種の企画では破格の来場者数といっていいと思う。おそらく、ニコンサロン写真展における記録を塗り替えているのではないだろうか。

それでも態度を改めなかったニコン

ところで、仮処分決定が下された時点では、ニコンが裁判所の決定に従うか、一抹の不安があった。さきほど述べたプリンスホテル事件では、ホテル側が裁判所の命令に背いて会場を使用させなかった前例がある。

結論からいうと、ニコンは裁判所の決定に従って会場を提供したのだが、しかし、それはあくまでも、「裁判所の決定に従う、ただし、それ以上の協力は一切行なわない」というものだったといわざるをえない。

写真の搬入日の段階ですでに、ニコンの非協力的な姿勢があらわになった。ニコン側は、六月二五日の搬入に先立ち、搬入に入る人数を制限することと、搬入作業中の写真撮影を禁ずることを通知してきた。搬入日に写真家が関係者を集めて写真を搬入するのは当然のことであり、なぜ人数制限が必要なのだろうか？　搬入日を含めて写真展会場は写真家のものではないか、なぜそこで撮影制限が必要なのか？　安さんと支援者らが、ニコンの通知に憤慨したのは当然のことだった。

ニコンの非協力的な姿勢は、実際に写真展がはじまるとさらにエスカレートした。

地方裁判所の保全命令に対しては、同じ地方裁判所に対する保全異議と、高等裁判所に対する保全抗告という二段階の不服申立が認められている。ニコンは、六月二二日付の仮処分決定に対して、形式上決定には応じて会場の提供は続けたが、保全異議と保全抗告を段階的に申し立てて争い続けた。裁判所はいずれの主張も受け入れずに最後まで仮処分命令を維持したが、ニコンは裁判所の命令を素直に受け入れることはなく、写真展期間中を通じて最後まで徹底抗戦したのである。

また、ニコンは、写真展の広報に一切協力しなかった。通常、ニコンサロンのホームページには、開催中あるいは開催予定の写真展の情報が常時掲載されている。裁判所から中止判断の誤りを指摘されて会場提供を命じられた以上、通常の写真展と同様に、写真家の名前と写真展名をアップして案内をしなければならないのは当然だ。しかし、ニコンは、ホームページの写真展スケジュール欄に、「安世鴻写真展は諸般の事情により中止することといたしておりましたが、東京地方裁判所から、『ニコンサロンを安世鴻氏の写真展のために仮に使用させなければならない』との仮処分が発令されましたので、これに従って、安世鴻氏に対し新宿ニコンサロンを仮にご使用いただくことといたしました。」という味も素っ気もない案内文を掲げただけで、正常の告知をせず、ギャラリー運営者としての責務を放棄したのである。そして、写真展期間中は、ニコンサロンが入居するビルの出入り口部分に写真展の内容などを掲示する看板を設置するのが当然なのに、ニコンはこの掲示も拒絶した。

さらに、写真展会場内での行動も大幅に制約された。ニコンは、会場内に複数名の警備員と弁護士（ニコン側）を常駐させ、厳重な警備体制を敷いた。来場者に対しては、会場入口で金属探知機による身体検査を例外なく実施した。

ニコンは、写真展会場内での一切の撮影を禁止し、さらに報道機関による取材活動もすべて禁止した。写真展の主役であるはずの安さん自身も、会場内の撮影は一切認められなかった。今回の写真展や安さんの活動に対してはメディアの関心も高く、来場したメディア関係者から大小問わず取材申込みが続いたが、安さんはこれに会場内で対応することができず、わざわざ会場を出てビルの外まで移動し、そこで対応するしかないという手間をとらされた。

ニコンは、会場内でのパンフレットの配布、販売も禁止した。写真展や芸術展の会場では、作者が、作品の意義や目的、自身の活動履歴などをまとめたパンフレットや図録を配布したり販売することが通常である。写真をみて感銘を受けた来場者が、もっと作品のこと、作者のことをもっと知りたいという純粋な興味をいだいた場合に、パンフレットを通じてより深い理解へと導くこと、それ自体が重要な表現活動の一環である。さらに現実的な話として、パンフレットの販売収益は写真家の貴重な活動原資にもなる。なお、ニコンは、写真展会期末が残り四日と迫った七月六日になって、「販売していただいても支障がないと判断した」などとして、パンフレットの配布・販売を許可した。もともと、写真家が会場内でパンフレットを配布・販売することが、会場管理の支障になるはずがなかったのである。

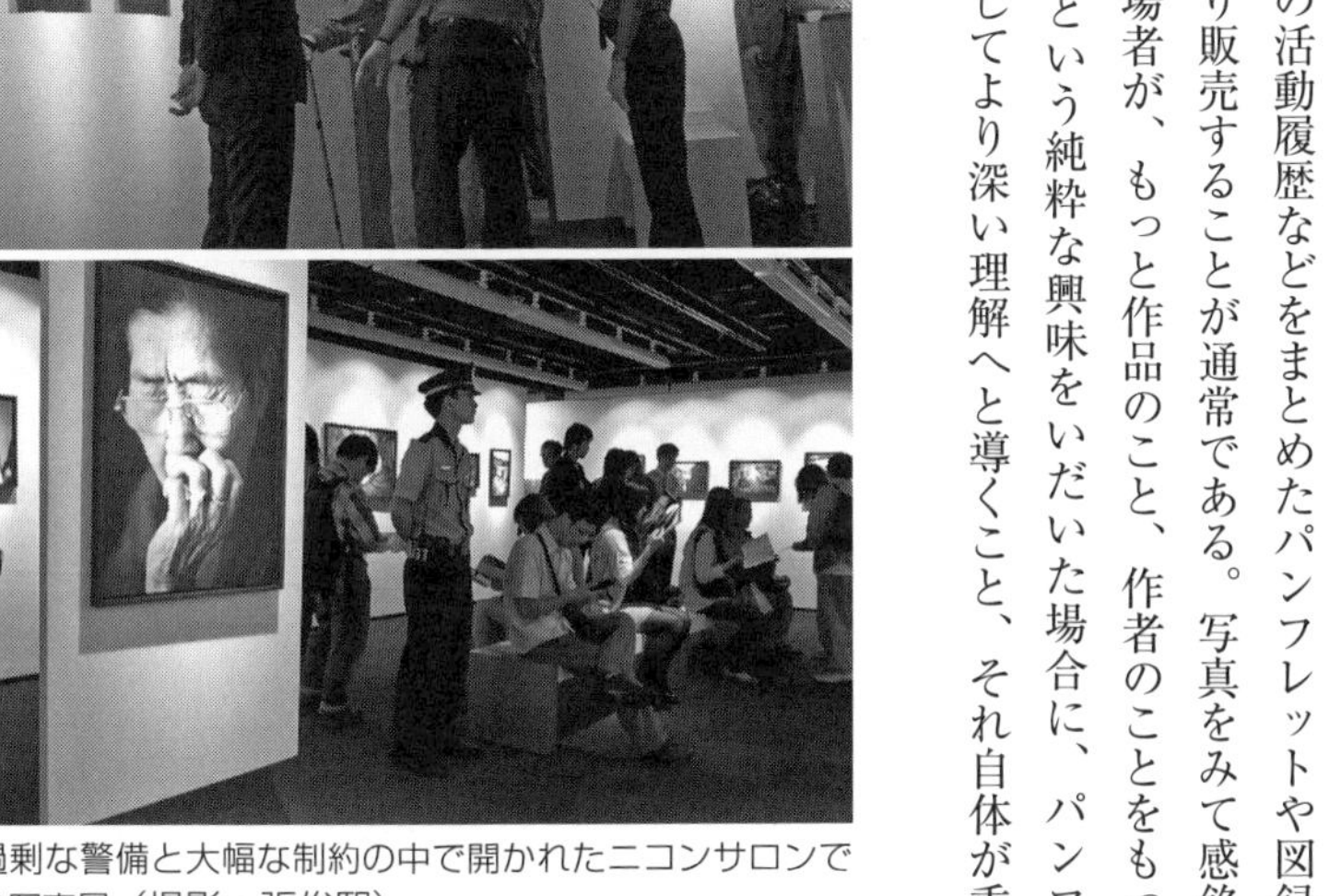
過剰な警備と大幅な制約の中で開かれたニコンサロンでの写真展（撮影：張俊熙）

結局、ニコンは、写真展の開催者としての責任を逃れたいとの一心で、写真展への協力を最小限に食い止めようとしたのだ。ニコンは、裁判所から一方的な中止判断が誤っていると指摘されて会場提供を命じられた以上、自らの過ちを素直に認め、会場提供に応じ、選考委員会の最初の判断にたちもどって、安さんと一緒によりよい写真展の実現に努力しなければならなかった。そうすることで、表現活動の抑圧者になりかかっていたニコンは、最後のところで写真家とともに歩む表現の擁護者として踏みとどまることができたはずである。
しかし、ニコンは、引き続き安さんの写真展を「望ましからざるもの」として考え、その写真展をなるべくニコンとは関係のないものにすることで、写真展に対して寄せられる非難とニコンとを切り離そうとしたのではないか。それは、安さんからみれば、ニコンの無反省の証明にほかならず、引き続き維持された表現への抑圧にしか映らなかったのである。

表現者と鑑賞者の交流の場

このようにニコン側の対応は、非協力的で極めて不誠実なものだったといわざるをえないのだが、それでも、実際の写真展会場は、重苦しい雰囲気だけに始終包まれていたわけではない。

確かに、初日をはじめ、会期中の何日かには、写真展に抗議する妨害者が押しかけて騒然とした時間帯もあった。桜井誠在特会会長（当時）をはじめ、排外主義団体のメンバーが来場し、安さんや関係者に対する挑発行動を行なったことも事実である。その限りでは静謐な鑑賞環境とは言えない時間帯も多かった。しかし一方で、大部分の来場者は、安さんの写真自体に興味をもって来場してくれた人びとだった。報道をみて、「表現の自由」に対する危機を感じて駆けつけてくれた人も多くいたと思う。鑑賞者それぞれの、「慰安婦」問題に対する個人的評価はさまざまだったろう。仮処分事件に携わった弁護士としては、とにかく、安さんの写真を多数の人が見る機会を作れたということ、そしてどのような意見を持っている人であれ、これほどたくさんの人びとが列をなし、写真を鑑賞している、という事実に、何よりも大きな意義があると感じられた。

妨害者との間で衝突が起きたり、大きな混乱が生じたりすることは、ほとんどなかった。後に法廷でも明らかになったことだが、ニコン側の記録でも、安さんに関する限り直接の物理的衝突は一度もなく、関係者同士の小突きあいが一度報告されただけである。

通常の写真展からするとイレギュラーなことだらけの会場ではあったが、そこは紛れもなく、表現者と鑑賞者の交流の場として機能していた。

当初の相談から裁判を通じて安さんとつきあってみて、安さんは本当にクレバーな人だと感じる。もちろん安さんは、「慰安婦」にされたハルモニ（おばあさん）たちの困難に心から共感し、痛みを共有し、問題の解決を切実に望んでいる人である。ハルモニたちをそのような境遇に追いやった歴史的過ちを直視することの重要性を訴え、そして、そのような歴史を忘却し歪曲しようとする動きに対しては、誰よりも強く怒りを燃やしている人だと思う。

しかし安さんは、写真表現の局面では、そのような願い、思い、怒りをそのまま噴出させることはせず、一人の芸術家として静謐に被写体を見つめている。

写真展の会期中、印象深い出来事があった。そのとき、写真展会場には、写真展に反対する妨害者数名が来場し、会場内をあら探しでもするかのように見て回っていた。ひととおり会場内を見て回った後、そのうちのひとりの中年男性が、受付横に立っていた私に声をかけてきた。彼は私に、語気を強めて、「写真に全然説明がついていないじゃないか！　これじゃ内容がわからないぞ！」と抗議をしてきたのだ。おそらく彼は、安さんが写真展会場で、「慰安婦」問題に関する自身の「政治的」主張を開陳し、日本の罪過を糾弾しようとしていると考え、そのような安さんの活動に文句をつけようと勇んでやってきたのだろう。しかし、安さんは、ニコンサロン写真展では、総説的な解説を掲げたほかは、個々の写真に一切のキャプションをつけなかった。私に抗議をした彼は、安さんの写真から、そこに存在しなければならない「反日的な」「政治的な」主張を読み取れなかった、と言って怒っていたのだ。

はたして、写真展を政治的に利用しようとしていたのは、一体誰だったのか。安さんが写真を通して表現しようとしていたものを、彼は真摯に受け止めようとしたのだろうか。

そもそも、鑑賞者が写真をとおして受け取るメッセージは、統一的な画一的なものでありうるのか。そのことと写真の価値とはどのような関係があるのだろうか？

ニコンサロン選考委員会は、純粋に安さんの写真だけを見て開催を決定した。ニコンも裁判過程を通じて、安さんの写真の芸術的価値を否定できなかった。安さんの写真が持つ芸術作品としての強さは、写真をとおしてただ一つのメッセージを強権的に流通させようとする類いのものではなく、写真を見た人びとが、それぞれのやり方でハルモニたちの境遇に思いをはせるための、触媒としての機能を果たしていることにあるように感じられる。

大阪展を拒否したニコン

安さんは、写真展の最終日、会場でニコンの社長に宛てた抗議文を朗読し、サロンのスタッフに手渡した。安さんは抗議文の中で、次の四項目を改めてニコンに要求していた。

一．ニコンは、安世鴻写真展開催に対する自らの説明・対応の過ちを認め、全世界の写真家たちに公開謝罪すること

二．ニコンは、「表現の自由」を抑圧する行為を中止し、

ニコンサロンで行われる写真展に対して同じような対応・行為をしないことを約束すること
三．ニコンは、安世鴻の大阪アンコール写真展（九月一三日～一九日）が予定通り行われるよう積極的に協力すること
四．ニコンは、一方的な写真展中止通告と妨害により生じた精神的、物理的被害を安世鴻に対して謝罪すること
ニコンは、上記の項目を実践するとともに、「写真文化の向上」に向けて、誠実な対応をすることを望む。

新宿ニコンサロンでの写真展は、ニコン側の消極的抵抗を受けながらも、裁判所の仮処分決定を経て、とにもかくにも会期を終えることができ、数多くの来場者に安さんの写真を鑑賞してもらうことができた。しかし、抗議文にも書かれたとおり、ニコンが自らの対応の過ちを認めていない状況では、いまだ問題は解決していなかった。

次の問題は、ニコンが、新宿での写真展と同様に開催を決定・通知していた大阪ニコンサロンでのアンコール写真展を予定どおり開催するかどうかだった。九月一三日から予定されていた大阪写真展の会期まで、あと二ヵ月に迫っていた。

しかし結局、ニコンは、大阪展の会場提供までは東京地方裁判所の仮処分決定の対象には含まれていないという形式的な理由で、安さんの要求を再度拒絶した。ニコンはまったく反省しておらず、引き続き自らの過ちを認めなかったのだ。

ニコンは、仮処分手続の中で、安さんの写真が「政治活動」であることがわかったために写真展を中止したと主張していた。そして、そのような主張は、裁判所によって完全に否定された。中止決定になんらの正当性がないことが司法的に断罪された以上、ニコンが本来とらなければならない対応は、中止通告を全面的に撤回し、当初の選考委員会の決定にたちもどって、写真展を正常に開催することだった。大阪ニコンサロンでの写真展も、新宿展と同様、ニコンサロン選考委員会が開催を決定した写真展であり、裁判所の司法判断に従えば当然に開催されなければならない。仮処分の直接の対象に大阪ニコンサロンが含まれていないという物言いは、決定の趣旨をふまえた誠実な対応とはいえないだろう。

私と安さんは、大阪展についても、新宿展と同様に仮処分を申し立てて裁判所の命令を得ることについて議論した。最終的に安さんは、これ以上ニコンに対して誠意を求

めても、ニコンが自ら過ちを認めることは考えにくい、仮に仮処分決定を再度得たとしても、会場の内外でニコンの協力を得ることは難しく、写真を正常に鑑賞してもらうために最善の環境を整備することにならない、今後正式に裁判を提起して、その中で中止決定の真の理由を解明し、ニコンの法的責任を追及するべきだ、という方針がまとまった。

大阪写真展を待っていた人たちのためには、大阪ニコンサロンではなく、別会場を借りて「代替展」を開催することで対応することになった。

大阪展の本来の会期を控えて、最後に、安さんからニコンに、東京写真展最終日の抗議文で要請した四項目に対する回答を求める通知書を送った。ニコンからの回答は、次のようなものだった。

「既に当社担当者からの安様への本年五月二三日のお電話、および同月二四日付「お詫び」と題する書面にてご連絡申し上げておりますとおり、当社としては安様に同サロンをお使いいただくことはいたしかねます。／その他の「通知書」ご記載のご要望につきましても、いずれもお受けいたしかねます。」（フォトカルチャー支援室長名義の二〇一二年九月五日付「ご回答」より）

仮処分決定内で主張を全面的に否定されたことは、まったくなかったかのような文面。ニコンの回答は、一番最初の「諸般の事情」論にまで戻ってしまったかのようだった。

次のステージへ――正式裁判の提起

ここまで、安さんから相談を受けて仮処分決定に至るまでの事実経過と、実際の写真展会場の状況を説明してきた。

実は、ここまでの司法手続は、すべて私が単独で安さんの代理人となり、手続を進めてきていた。相談から申立てまでに時間的余裕がなかったこと、安さんとのコミュニケーションは韓国語で行なう必要があり、仮処分事件での切迫した対応は結局私が行なわざるをえなかったこと、などがその理由である。

これから正式裁判がはじまり、数年にわたり手続が継続することが見込まれる状況において、まず課題となったのは、弁護団体制を再構築することだった。安さんや関係者のつてをたどり、合計で四名の弁護士による弁護団が結成されることになった。弁護団長には東澤靖弁護士が就任した。東澤弁護士は、数多くの人権訴訟を担当され、自由人権協会の理事、事務局長を歴任されただけではなく、大学・大学院で研究者としても活動され、憲法、国際人権法の分野で数多くの業績を残している。岩井信弁護士は、アムネスティ・インターナショナルの職員を経て弁護士となった経歴をもち、刑事弁護人としても著名で、事実関係の徹底的な究明が必要な事件で特にその手腕を発揮される方だ（この裁判をとおしてその実力は本当によくわかった）。平河直弁護士は、元新聞記者という経歴を持ち、表現の自由のあり方や、企業内の意思決定などについて、自身の経験をふまえた貴重な知見を提供してくれることが期待されていた。この三人に私を加え、四人での弁護団体制で、正式裁判に臨むことになった。

第2部　勝訴判決はどのようにして取得されたか

「中止決定の真の理由」を明らかにするために

いよいよ、本当の意味での裁判闘争がはじまる。改めて手元の二〇一二年版の訟廷日誌を開いてみると、二〇一二年九月二七日正午「ニコン弁護団」という書き込みがある。この日が、第一回の弁護団会議の日だったことを示している。

弁護団が最初に議論したのは、この裁判で本当に問題になっているのは何か、何を勝ち取らなければならないか、だった。ニコンの中止決定が違法であることについては、仮処分手続の中でも主張が交わされ、裁判所の判断がすでに下っていた。しかし、裁判所が純粋な契約解釈の問題としてこの事件を捉えた場合、契約に反したかどうかという形式的な次元でだけ審理をし、あっさりとした結論が出るだけで終わってしまうこと（場合によっては、無償で会場を提供しただけのニコンの立場に配慮して、違法性までも否定されてしまうこと）も十分に想定された。

われわれが、そして安さんが求めたのは、「なぜ、ニコンは、あまりにも安易に中止決定をしてしまったのか？中止決定に至る過程で、抗議行動はどのように影響したのか？　安さんに対して中止理由の具体的説明がなかったのはなぜか？　やはりニコンは、「慰安婦」というテーマ自体を嫌悪して、忌避して、中止を決定したのではないか？」といった、さまざまな疑問に答える「真実」を発見することであった。「中止決定の真の理由は何か」が裁判をとおした一番のテーマに浮かび上がろうとしていた。

そして、「中止決定の真の理由」との関係で裁判所に強調する必要があったのは、この事件が、一人の写真家が写真展を中止させられた／させられかけただけの問題ではなく、ましてや単なる契約解釈の問題ではなく、日本社会における「表現の自由」のあり方を考える上で重要な意義を有する事件である、という問題意識だった。

抗議が寄せられたからといって安易に表現活動を中止していいのか。会場の提供者は、「管理権」をてこに開催・不開催を自由に決定していいのか。表現にかかわる企業の社会的責任とは何なのか。

弁護団は、裁判を通じてこのような問題点を明らかにすることを第一の目的として、訴状を作成した（一六三頁参照）。

訴状のポイント

訴状では、次の点に力点を置いた。

①ニコンと写真家との間の契約上の義務の内容には、単に会場を貸すだけでなく、写真展を協力して実施する義務も含まれる。仮処分に応じて会場を貸したからといって、その他の非協力的な行為について責任を免れることにはならない。

②この問題を、単なる契約違反としてだけではなく、原告の「表現の自由」を侵害する違法行為として理解すべきである。

③このような重大な違法行為に関わった、取締役個人の責任も追及されるべきである。

弁護団長の東澤弁護士は、提訴後の記者会見で、「この事件で注目してほしいポイント」として、次の三点をあげた。まさに、弁護団の問題意識が集約されたものである。

①写真家または写真表現者の保護

写真表現は、芸術、思想、社会問題などを社会にダイレクトに伝える重要な媒体である。写真表現の内容は質とは無関係に、その選んだテーマによって、攻撃の対象とされたり不利益な取扱いがなされることが許されれば、そうした写真表現は存在し得ない。

②企業のCSR、特に社会貢献活動におけるルール

企業はその社会的責任（CSR）を果たす義務があり、その活動の一環として積極的に社会貢献活動を行うことや反社会的勢力と断固として対決すべきこととされている（日経連：企業行動憲章六及び七）。写真展示のサロンを社会に提供することはまさに企業の社会貢献活動だが、それは単に社会に提供すればよいというのではなく、企業の個々の利害に左右されない、芸術的な質

や独立性が要求される。

③表現の自由とフォーラムの重要性
表現に対しては、「正当な権利の行使者を弾圧すべきではない」というイギリス判例法理があるように、妨害者があることを理由に表現の機会を奪ってはならないことは日本の憲法でも確立した原則である。また、民間企業の運営する施設であっても、それが公に用いられる場合には、企業の勝手にはならないパブリックフォーラムとなる。この事件は、そのような表現の自由の諸原則を掘り崩すもの。暴力的な反対者を理由に表現の場を閉ざすことは、社会における芸術、思想、意見の自由な流通を閉塞させてしまう危険な兆候だ。

弁護団は、二〇一二年一二月二五日に東京地裁に訴状を提出し、いよいよ、本裁判が開始した。この後三年にわたる法廷闘争の始まりだった。

裁判所の危惧

裁判は、東京地方裁判所の民事第六部で審理されることになった。裁判所との協議の上、第一回口頭弁論期日は二〇一三年二月一八日に指定された。

第一回期日で、安さんは、裁判所に出廷して意見陳述を行なうことを希望した。

民事裁判では、当事者本人がその都度出廷することは義務ではなく、実際にもほとんどの裁判では代理人弁護士だけが出廷して手続が進められる。審理が進んで証拠調べの必要が生じ、当事者への尋問が実施される段階になってはじめて本人が出廷することが一般的である。

一方で、社会的に注目を集める事件や、審理開始に際して当事者の問題意識を裁判官に理解してもらう必要がある場合などに、当事者本人が裁判に臨む心境などを「意見陳述」として法廷で述べることがある。安さんも、第一回期日に、裁判官の面前での意見陳述を希望したのである。

私も弁護団も、本件はまさに意見陳述を実施するのにふさわしい社会的意義を有する事件だと考えており、裁判所に対して意見陳述の実施をあらかじめ通知した。

ところが、第一回期日が近づくと不穏な情報が寄せられた。在日特権を許さない市民の会の運営するホームページ上に、安さんの裁判の第一回期日の情報が流れ、裁判所前での抗議行動が予告されたというのだ。裁判所もこの情報を察知し、あらかじめ私に連絡があった。電話をしてきたのは担当の書記官だった。

「右翼団体の抗議が予告されています。裁判所としても、重点的に監視が必要な事件と認識して法廷の警備などは厳重にする予定です。代理人と原告本人は、別の入り口を用意するので、一般の傍聴者と接触しないように入場してほしい。このような情勢なので、混乱のないよう、原告ご本人の意見陳述は、口頭では控えてもらい書面を提出するだけにしてもらえないでしょうか。」

「ご心配はよく理解しましたが、この裁判の意義からすれば、安さんの意見陳述は必ず実施する必要があると考えています。傍聴の支援者の方も希望されています。安さんもわざわざ名古屋から来られます。長い時間はとりませんので、口頭での陳述は是非とも実施させてもらいたい。」

「わかりました。裁判官と相談します。」

担当書記官の口ぶりからは、裁判所が、抗議行動に過剰に反応していることがうかがわれた。その後、さらに数回、担当書記官から連絡があった。

「裁判官は法廷での混乱を恐れています。書面で出してくれたものは裁判所が目を通すので、書面提出にとどめてくれませんか。」「韓国語での朗読は認めません。代理人弁護士が日本語での書面を代読する形式でお願いします。」「やはり口頭での陳述は警備上の問題があります。書面提出でお願いします。」

何度も粘り強く意見陳述の意義を強調したが、裁判長の意向が強いのか、担当書記官から何度も翻意を求める連絡があった。明らかな過剰反応で、このまま意見陳述の機会が奪われるとすれば、裁判上の正当な権利行使に対する制約にあたると言わざるをえなかった。一方で、裁判戦略の観点からは、最初から裁判所と敵対関係になるのも避けなければいけない。弁護団、安さんとも相談し、時間は可能な限り短くするものの、あくまでも原告である安さん本人の発言を求める方向で調整を続けた。

波乱の幕開け――第一回期日

そのようにして二月一八日、第一回口頭弁論期日を迎えた。

弁護団と原告は、裁判所からの指示にしたがって、一度、別棟である東京家庭裁判所から入構し、地下の通用口を通って東京地方裁判所構内に入り、一般人が使用できない裁判官用エレベーターで法廷に向かう、というルートで法廷に入った。初めての経験だった。

弁護団と原告は、法廷裏の別室で開廷を待っていた。すると、裁判長が再度、期日の進め方について協議したいとして面談を求めてきた。私は裁判官らの待機する部屋に入った。私を見た裁判長が口を開く。

「もう一度、裁判所からお願いします。不穏な予告もあり、法廷は厳重に警備をしています。裁判所は安全確保に責任があります。どうか、原告本人の発言は差し控えていただきたい。」

「裁判長。何度も申し上げていますが、原告本人も、支援者も意見陳述を強く希望しています。ここまできて中止ということは、受け入れられません。」

「法廷の秩序維持の責任は裁判所にあります。混乱を招きかねないようなことは、裁判所として認められません。」

意見陳述を断念しなければいけないのか？　それとも裁判所の訴訟指揮であろうが断固抵抗しなければいけないのか？　ギリギリの判断が求められた。

「……それでは、原告から、一言二言だけ、裁判に臨む心境をお話しします。意見陳述自体は、原稿に基づき、弁護団が代読します。法廷が混乱した場合は裁判長の訴訟指揮に従います。」

「……わかりました。」

このように、最後まで裁判所は、「法廷の混乱回避」のために、意見陳述の中止・簡略化を要請してきたのである。

時刻どおり法廷は開廷された。四〇席程度の傍聴席を見ると支援者が多かったようだが、抗議者と思われる人びとも一〇人前後はいたようだった。普段の法廷と違った異様な雰囲気が漂っていたことは事実である。それが、抗議者が座っていたせいなのか、裁判所の過剰とも言える警備のせいだったのかは、定かではない。

裁判長が開廷を宣言した後、通常の訴訟と同じように、訴状と答弁書が陳述された。そして意見陳述に移る。安さんは、自身の心境を、少したどたどしい日本語で裁判長に短く訴え、その後は東澤弁護団長が、安さんの原稿を代読した。

「誰かによって不当に展示が中止へと追い込まれ、妨害を受けるのであれば、この先表現する人たちの発表の場はなくなってしまうことでしょう。また、写真家たちの創作活動委縮へとつながり、表現の制限へとつながることでしょう。／今回のニコンによる表現の自由を抑圧する行為は、私個人に起きたことですが、決して私一人だけの問題ではありません。／このようなことが看過されるならば、再び誰かにより表現の自由が抑圧される事態が起こるでしょう。私はこの裁判を通じて、なぜニコンが写真展を中止しようとしたのかその理由を明らかにし、表現の自由の抑圧が再び起こることのないようにしたいと考えます。／写真はその時代の思想と美学を反映する芸術です。身近な場所から世界各地で起きている戦争の場に至るまで、多くの写真が私たちに感動と教訓を与えています。一枚の写真の中に込められた偽りのない光が発せられることを願うばかりです。」

安さんの肉声でこの陳述を聴きたかったと考えたのは、私だけではないだろう。

第一回期日はこのように不穏な雰囲気の中で終了した。

懸念されたのは、裁判所の過剰反応だった。裁判長は、「安全確保」を強調して、第一回期日での意見陳述を強く制限してきた。このような過剰な防衛反応は、ひとつボタンを掛け違えれば、セキュリティを重視する企業側の論理を安易に肯定する精神と繋がりかねない危険性があった。「安全のためならば、一定の権利制約もやむをえない」という考えは、ある意味では、この事件でニコンがとった対応と紙一重だ。そこから、「混乱はよくない。混乱を招くような論争的なテーマはよくない。安全のために管理権を行使することはやむをえない」という帰結までは、わずかの距離しかない。

裁判長が言うような、法廷が混乱に陥るような危険が、どの程度現実のものだったかは極めて疑問である。東京地裁への入構に際しては、厳重なセキュリティチェックがなされる。法廷への入場人員も、傍聴券によりコントロールされている。法廷内外には裁判所職員、警備員が配置されており、不穏な動きをするような傍聴人は即座に退廷が命じられる。実際に、ニコン裁判の第一回期日も、期日終了直後に若干の不規則発言があっただけで、混乱はなく終了した。現代の裁判所で、関係者の生命身体への危険が現実に生ずるような混乱が発生することは、基本的にありえないのだ。

ニコンの反論

さて、第一回期日に提出された答弁書は、請求原因に対する認否（原告が主張する個々の事実を認めるのか、争うのかを簡潔に記載すること）にとどまっており、ニコン側の本格的な反論は、第二回期日以降に持ち越された。第一回期日後の進行協議の結果、第二回期日は五月一三日に指定された。

そして二〇一三年四月三〇日付で、ニコン側の第一準備書面、第二準備書面が弁護団宛に送付されてきた。合計で六〇頁ほどになる、大部の書面だった。内容は、微細な法律論も含めて安さんの主張を徹底的に争うものだったが、最大の争点である中止理由との関係では、その主張の骨子は次のようなものだった。

中止理由①
安さんの写真展を巡って、五月二二日までに、写真展に抗議する電話、メールが多数寄せられていた。ニコンは安全の確保のため、中止を決定した。
中止理由②
安さんは、ニコンサロンでの写真展を、自身の活動である「重重プロジェクト」の活動の一環に組み込み、その手段として利用しようとしている。写真と異なる活動の手段とされることは、ニコンサロン写真展の趣旨から逸脱する。
中止理由③
本件写真展のテーマは、「社会において意見が分かれている事柄」である。ニコンは、そのような事柄について「一方の意見を推進する活動を支援すること」はできない。そうなれば、ニコンは「社会で意見が分かれている事柄について、一方の意見を支援する会社である」と受け取められる。

後に裁判が進む中で、ニコンは、上記の理由①〜③を、それぞれ、「安全性」、「手段性」、「中立性」として表現するようになった。

ここで読者のみなさんもお気づきだろうが、裁判段階でのニコンの主張は、仮処分段階での主張と異なっている。仮処分段階でニコンは、「安さんの写真展が政治活動の一環であることが判明した」ということを中止理由として主張していた。しかし、裁判ではこのような主張は消し飛んでしまい、「安全性確保のためだった」という主張が第一の理由として登場してきたのである。

「政治活動」論は、形を変えて裁判でも維持されている。先の理由②③の「中立性」「手段性」にかかわる主張がそれである。「写真とは異なる活動の手段として利用しようとしている」、「社会において意見が分かれている事柄について、一方の意見を推進する活動を支援することはできない」という主張は、もってまわった言い方だが、要は、安さんの写真展は「政治活動の一環」だという仮処分の主張を形を変えて繰り返したものであるといえる。さすがのニコンも、仮処分段階で完全に否定された主張をそのまま維持することはできなかったので、表現や要点をずらして裁判上の主張としたのではないか。巧妙というべきか、姑息というべきか、ニコン側代理人らの苦心が想像される主張ではあった。

いずれにせよ仮処分段階とまったく異なるのは、「安全性確保」が中止理由として、ようやく前面にせり出してきたことだ。そもそも、中止決定の背景に排外主義団体やネット右翼の抗議行動があることは、相談を受けた当初の段階から、事実としてはとっくに浮かび上がっていたにもかかわらず、ニコン側からは、これまで一度も主張されてこなかった。それが裁判になり、遅ればせながら、ようやくニコン自身の口から述べられるに至ったのだ。

ニコンは、本当に安さんの安全を配慮していたのか。中止決定段階で写真展を中止せざるを得ないほどの危険が想定されていたといえるのか。

具体的な危険はなかった

ニコンが中止を決定した五月二二日の時点では、写真展を中止しなければならないほどの「危険」は存在していなかったし、想定もされていなかった――弁護団は、このように「中止決定」時点の客観的状況にポイントを置いて事実を明らかにしていくことにした。

ニコンは、中止決定に至る経過について、いくつかの証拠を提出してきた。写真展に関してニコンに寄せられた、抗議のメールや電話の内容がそれである。弁護団がそれらのメールや電話を分析した結果、次の事実が判明した。

二〇一二年一月に写真展開催が決定した後、準備作業は何の滞りもなく進められていた。

五月二一日からニコンに対して写真展に対する抗議が寄せられはじめたことから、ニコン社内では、五月二二日の午後一時から社内会議を開催した。同会議には担当役員の岡本恭幸取締役以下、映像カンパニー部門の関係者が出席して議論がなされ、同部門としては中止決定の方向とすることで一致した。その後、同日午後二時から、映像カンパニー部門の担当者に木村眞琴社長を加えて二回目の社内会議が開催された。この会議でニコンとして正式に中止を決定した。

ニコンの社内記録上、最初の抗議メールは五月二一日の午後一時五九分に届いている。最初の抗議電話は同日の午後二時四五分に寄せられている。その後、翌五月二二日午後一時の会議開始時点までにニコンに届いた抗議は、記録上、わずかに、抗議メール四〇通、抗議電話一六件にすぎなかった。ここで触れた抗議メール、電話の内容は、裁判に証拠として提出されている。その内容の一部を紹介する。ニコンが中止を決定するきっかけとなったメール、電話は、このようなものにすぎなかったのである。

（抗議電話の一例）
「開催するのであれば覚悟を決めてやれ。その場合は持っているレンズを全部売る。」「ニコンが行うと慰安婦問題を認めることになる。真摯に対応しないと不買運動を行う。」

（抗議メールの一例）
「デジタルカメラの購入をニコンさんで検討してましたが、よそのメーカーさんにしますね！　そしてニコンさんの反日っぷりを家族友人知人に広くお知らせしますね！」「ニコンはうそつきの味方をするのですから、ニコンの製品はきっと『にせもの』なんでしょう。買いません。」「残念ですが御社を反日企業とみなし、商品を永久不買リスト入りとさせていただきます。」

確かにこのような電話、メールは、企業として受け取りたくない内容であることは間違いない。不買運動うんぬんも、現実に発生する危険性があるとすれば、企業として対応が必要であろう。しかし、このような電話、メールが、本当に企業に対する脅威になりうるのだろうか。パソコンの前でこのようなメールを送信している人物は、あるいは、受話器の向こう側で担当者を叱責しているその人は、本当に、ニコンを標的として行動を起こすような人びとだったろうか。少なくとも私にはそうは思えない。

これまでの裁判例上、抗議行動を理由として集会などが中止・不許可となり、法的紛争に発展した事例は多数存在するが、そのような先例の多くでは、もっと激しい抗議が現実に加えられていた事案であっても、中止決定・不許可決定が違法と判断されている。本当にニコンがこれらの電話・メールから「危険」を感じたとするならば、その決断はいかにも軟弱、場当たり的である。

ニコンは裁判の中で、2ちゃんねるのスレッドへの書込みをニコンへの抗議と一緒にして扱い、その中には「ニコンに乗り込んで抗議するしかない」「もう暗殺で対抗するしかない」という内容もあり、危害や混乱が予想されたのだと主張した。しかし、ニコンに直接寄せられた抗議の中には、安さんや関係者へ危害を加えることを予告するものはなかった。2ちゃんねるの書き込みがすべて現実の危険性があると捉えることができないことは、いまさら説明の必要はないだろう。なお、後に岡本取締役に対する尋問の結果判明するのだが、ニコンは本当にこれらを取り違え、2ちゃんねるの書き込みを現実の脅威の一部として捉えていたようである。

このように、弁護団は、五月二二日の中止決定までに、ニコンの社内でどのような議論がなされたのかに焦点をあてて証拠を分析し、五月二二日の社内会議の時点では、具体的な危険につながるような「抗議行動」は一切存在しなかったことを明らかにしたのだ。

憲法論の展開

弁護団が次に取り組んだのは、ニコンの中止決定が、単なる契約違反で済むような問題ではなく、また安さん個人の問題にとどまるものでもない、表現の自由に対する深刻な脅威であるという点を裁判所に認識してもらうための訴訟活動だった。

弁護団は、訴状の段階から憲法論を意識して、ニコンの行為の違法性を論じていた。その後に提出した準備書面でも、ニコンの中止決定は、①原告の表現の自由に対する社会的に許容しうる限度を超える侵害として不法行為を構成する、②原告の写真内容または信条を理由とする差別である、③企業メセナ活動、文化施設運営において企業に求められる行為規範に反する、という主張を行なった。

ここで、若干専門的になるが、施設の利用拒否をめぐる憲法論について整理することをお許しいただきたい。抗議行動や、表現内容を理由とする施設の利用拒否が、なぜ表現の自由をめぐる核心的なテーマとなるのかを理解することは、ニコンサロン事件をどのように考えるかにとって必要不可欠な前提知識と考えるからである。

憲法二一条一項は、表現の自由の一内容として、集会の自由を保障している。個人が個人として考えを叫んでいるだけでは、それは社会的な影響力を持つことはない。個人が、考えを同じくする者と共同して、あるいは考えの違う者との間での討議を通じて、その思想を社会一般に広めていくことで、それは単なる個人の主義主張を超えた社会的言論へと転化していくのである。そのためには、そのような表現、討議・討論の「場」が必要不可欠である。インターネットの発展により、個人が個人のままで社会的表現を行なうことが容易になっているものの、それでもなお、リアルな「場」での集会の必要性はなくならない。憲法が集会の自由を明文で保障したことの趣旨は、私なりにかみ砕くとこのように説明できる。

そして、集会の自由は、集会に対して、道路、公園、広場、公会堂といった一定の場所の提供を公権力が拒んではならないという権利、換言すれば、公共施設の管理者たる公権力に対し、集会をもとうとする者が、公共施設の利用を要求できる権利を含んでいるとされる（野中俊彦ほか著『憲法Ⅰ　第五版』有斐閣、二六五頁）。集会の自由が憲法上保障されるということは、公権力による、恣意的な集会の差し止め・取り締まりを禁止するという消極的側面だけを意味するものではない。具体的に言論活動を、討議を、表現活動をするためには、そのための「場」が必要である。憲法は、行政機関はそのような表現のための場を積極的に保持運営しなければならないし、市民が求める限り原則として場を提供しなければいけないという、いわば積極的自由までも保障することで、集会の自由を実質的に保障しようとしたのである。このことの実定法上の表れが、地方自治法二四四条の規定である。[*3]

このように行政が設置した公共施設においては、そこで集会を行なう市民の権利は強度に保障されている。行政は、憲法二一条一項と、それを具体化した地方自治法二四四条の規定のもとで、「正当な理由がない限り、住民が公の施設を利用することを拒んではならない」し、「不当な差別的取扱いをしてはならない」のだ。

最高裁の判例理論

そして、行政が恣意的な理由で利用を拒否したり、一度認めた集会を中止したりした場合に、裁判所は、そのような行政の判断を憲法に反する違法なものと断じてきた。日本の最高裁判所は、他の分野に比較して異例ともいえる熱心さで、集会の自由を実質的に保障する憲法判断を繰り返してきた。この分野で重要な最高裁判例が二つあり、それはどちらも、抗議行動の存在を理由として行政が公共施設を使用させなかった事案についての判断である。

リーディング・ケースとなったのは、泉佐野市民会館事件判決（最高裁判所平成七年三月七日判決民集四九巻三号六八七頁）である。

この事件は、いわゆる過激派組織が関連委員会名義で「関西新空港反対全国総決起集会」のために市民会館ホールの使用を申請したところ、対立団体との抗争による混乱が予想されるなどの理由で、条例に基づき使用が不許可とされたという事件である。

同事件の最高裁判決は、「管理者が正当な理由なくその利用を拒否することは、憲法の保障する集会の自由の不当な制限につながるおそれが生ずることになる」から、条例の解釈にあたっては「集会の自由を実質的に否定することにならないかどうかを検討すべきである」とした。そして、「公の秩序を乱すおそれがある場合」という条例の不許可事由は、「本件会館における集会の自由を保障することの重要性よりも、本件会館で集会が開かれることによって、人の生命、身体又は財産が侵害され、公共の安全が損なわれる危険を回避し、防止することの必要性が優越する場合をいうものと限定して解すべきであり、その危険性の程度としては……単に危険な事態が生ずる蓋然性があるというだけでは足りず、明らかな差し迫った危険の発生が」、「客観的な事実に照らして具体的に明らかに予測される場合でなければならない」との判断枠組を示した（傍点筆者）。

　その約一年後に出された上尾市福祉会館事件判決（最高裁平成八年三月一五日判決民集五〇巻三号五四九頁）で、最高裁は、さらに集会の自由保障を強める判断を打ちだした。

　こちらの事件は、殺害された幹部の合同葬のために会館利用を申請した労働組合に対して、反対者による妨害が予想され、条例の「会館の管理上支障があると認められるとき」と認められるとして使用を拒否した事案である。

　最高裁は、泉佐野市民会館事件判決からさらにすすんで、「主催者が集会を平穏に行おうとしているのに、その集会の目的や主催者の思想、信条等に反対する者らが、これを実力で阻止し、妨害しようとして紛争を起こすおそれがあることを理由に公の施設の利用を拒むことができるのは、……警察の警備等によってもなお混乱を防止することができないなど特別な事情がある場合に限られる」と判断した（傍点筆者）。

　このように最高裁は、抗議行動によって一定の混乱が予想される場合でも安易に集会を中止・拒絶することは許されない、妨害者・反対者には警察などと協力して適切な警備体制を組むことで対応すべきである、という判断を明確に示してきた。その後の下級審判例も、このような最高裁の判断基準に沿って、抗議などを理由とした安易な使用拒否・中止について厳しい判断で臨んでいる例がほとんどである。

　その背景には、次のような懸念があると言えるだろう。「抗議行動があり混乱が予想される」ことを理由として集会自体を中止してしまうと、集会に反対する者たちが実力で抗議行動、妨害行動を起こすことで、その集会を中止に追い込むことが可能となってしまう。これは、集会の反対者・妨害者に、事実上の集会中止権限を与えることに等しい。抗議を理由に安易に集会を中止することは、集会の自由を有名無実化させかねない。このような考え方は、アメリカの判例理論では、「敵意ある聴衆の理論」と呼ばれている。

ニコンサロン事件では、このような最高裁の判例理論が、私企業の設置した会場でも同様に適用されるのかが問題となる。

憲法は、公権力と私人との間の関係を規律するものであり、私人間の関係に直接適用されるものではない。もちろん、私企業の運営する施設に、地方自治法の規定は適用されないし、同様の配慮を求める法律も、現状存在していない。それでは、ニコンサロンの利用関係は、私企業の財産管理の問題として、ニコンが自由に判断できるのだろうか。いやそうではなく、表現活動に携わる企業として、また、長年にわたりニコンサロンを写真家らの表現の場として提供し、そこから利益も得てきた企業として、ニコンには、表現の自由や、公共性に配慮する義務があるのではないか。

弁護団は、ここで述べたような憲法論、表現の自由論を徹底的に考えることなしには、この事件の本質を正確に理解することはできないと考えた。これらの論点について、各分野の専門家に、意見書作成を依頼することになった。

意見書の提出

まず、憲法論については、中央大学の宮下紘准教授に意見書執筆を依頼した。

宮下意見書（一七八頁参照）は、表現の自由の意義を、表現者のみならず「受け手の自由」の観点から検討したもので、「表現の伝達と交流の場」を実質的に確保することの憲法的重要性を指摘している。私企業が運営するニコンサロンの利用関係にも憲法論に基づく考慮を及ぼすべきではないかという弁護団の問題意識に、正面から応える内容だったといえる。

次に、弁護団は、憲法論という抽象的な次元での議論と並行して、ニコンが行なったような恣意的中止決定がまかり通った場合、写真家／表現者に、具体的にどのような不利益が生じるのかを、写真家／表現者自らの肉声で伝えようと考えた。

数多くの候補の中から、写真家の樋口健二さん、小説家の赤川次郎さん、アートディレクターの北川フラムさんの三名に意見書を執筆していただくことができた。

樋口さんは、フォトドキュメンタリーを専門とし、隠された戦争の悲史、開発に伴う自然破壊、労働災害、産業公害などをテーマとして写真を撮り続けている写真家である。樋口さんは、自身の経験から写真を発表する場の重要性を説き、ニコンの中止決定は自ら「写真文化」を破壊するものだと指摘された（一八七頁参照）。赤川さんからは、「ニコンには、写真文化の担い手としての誇りを取り戻してほしい」という切実なメッセージをいただいた（一九二頁参照）。北川さんには、アートディレクターとして国内外の美術展、企画展、芸術祭を多数プロデュースされた経験から、ニコンの中止決定が、一人ひとりの個人の違いを否定し、表現を発表する場を閉じ、表現の可能性を狭めるものであるとの意見を述べていただいた（一九一頁参照）。いずれの意見書も、表現の場を恣意的に奪われることが表現者にもたらす不利益と苦痛を率直に吐露するものであり、ニコンサロンにおいて発生した事態を、安さんの個人的経験としてではなく、現代の表現者にとっての共通課題として認識しなければいけないことが、伝わる書面となったと思う。

ところで弁護団は、さまざまな表現者に意見書執筆を打診する過程で、写真界におけるニコンの大きな影響力を再認識させられた。

ニコンサロンでの異常事態に、まず危機感をもって反応してしかるべきなのは、安さんと同じ写真家の方々だったはずだ。しかし、写真家や写真評論家の動きは総じて淡泊だったといわざるをえない。中止決定が報道された直後、日本ビジュアル・ジャーナリスト協会（ＪＶＪＡ）は抗議声明を出した。しかし、その後、フォトジャーナリストを中心とした安さん支援の動きはあったものの（そしてそのことは安さんと弁護団にとって大きな励みになった）、著名な写真家、評論家らは、ニコンに対する抗議の声をあげることはなかった。この事件は、日本国内の写真界からは黙殺されたと言ってよいだろう。ニコンから各種の支援を受けている写真家が多く批判しづらい、写真界でのニコンの影響力を考えれば敵にまわすことは勇気が必要、などの声を聞いた。

ニコンサロンの選考委員からも、「本当の声」を聞きたかった。裁判の中で、ニコンは、選考委員に一度も相談せずに中止を決定したことが明らかになっている。自分たちが芸術的価値を認めて選考した写真展を、写真とは無関係な理由で中止にさせられた選考委員の心境はどのようなものだったのか。ニコンに対する憤りや批判があってしかるべきではないか。

この点に関して、選考委員のひとりだった竹内万里子さんが中止決定直後に辞任したことが報道されている（WEBRONZA、二〇一二年八月二一日）。報道では、竹内さんは、「たとえどんな事情があれ、写真家と真摯に向き合わないということはあってはならない」と語ったという。

支援運動のひろがり

この事件のような社会的に注目を集める裁判は、原告と弁護団の努力だけでは適切に遂行することは難しい。特に、裁判の当事者となった安さんは名古屋在住であり、弁護団との協議や裁判期日のために上京することだけでも、精神的・経済的負担は大きく、物心両面での支援が不可欠な状況にあった。

仮処分手続を経て開催されたニコンサロン写真展の当時から、安さんのもとには多数の市民が集い、自発的に支援の輪が広がっていった。写真家やジャーナリストの中に、同じ表現者としての危機感をもち、自分自身の問題として支援に関わる人々が現れた。長年「慰安婦」問題の解決に取り組んできた多くの市民も、排外主義的な攻撃に立ち向かう仲間として共に歩んでくれた。学生や研究者をはじめとした若いメンバーも多かった。

仮処分決定にもかかわらずニコンが大阪展の開催を拒絶したときは、支援者が中心となって会場を確保することで、代替展を開催することができた。さらに東京では、表現の自由を守ろうと、三回の写真展を開催している。

こうした支援者らにより、二〇一三年一一月には、正式に裁判支援の会が発足した。支援の会は「教えてニコンさん！」と名付けられた。ニコンに対して真相究明を求める姿勢を直接に表したものである。

「教えてニコンさん！」の発足は、安さんにとって、そして弁護団にとっても、極めて大きな励みになった。ご存じの方も多いと思うが、日本の民事裁判では、毎回の裁判期日は書面のやりとりだけで終わることがほとんどであり、傍聴者にとっては毎回裁判所に足を運んで傍聴を続けるモチベーションを維持することは容易ではないのが現状である。そんな中で裁判期日ごとに傍聴に駆けつけ、期日後の報告会で意見や質問を投げかけてくれた支援者のおかげで、安さんも弁護団も、この裁判が孤独な闘いではないことを常に実感できた。

当事者、弁護士、支援者の三者が有機的に連携し、相互に影響を与え合うことが、裁判の社会的意義を高める上で重要だと言われる。弁護士の世界で受け継がれてきたこのような経験則を、この裁判の過程で身に染みて実感することができた。

なお、本書の第三章には、支援者らが事件と裁判を回顧した文章が収められている。裁判闘争の多様な側面が現れており、ぜひご参照いただきたい。

佳境に入る裁判手続――役員の尋問へ向けて

二〇一四年一〇月六日に開かれた第八回口頭弁論の頃には、双方の主張がおおむね整理されてきた。原告側からは、専門家らの意見書四通を提出し、法律上の主張は出し尽くしていた。裁判はいよいよ証拠調べの段階[*4]へ移ろうとしていた。

事実関係が深刻に争われている場合、やはり証人尋問の結果次第で裁判の結論が左右されることになる。なにより反対当事者に直接質問をぶつけ、認識や見解を問いただすことができるのは、法廷で実施される尋問がほぼ唯一の機会である。この事件でも、ニコン側に「中止決定の真の理由」を問いただす尋問の機会が裁判の帰趨に繋がる決定的に重要な局面となることは明らかだった。

ところで、尋問実施にあたって直面したのは、誰を法廷に呼び出し、取り調べるか、という証人の申請と採否に関する問題だった（厳密には原告・被告本人は当事者であり「証人」とは呼ばないが、以下では便宜上あわせて「証人」と呼ぶ）。

証人として採用し、直接尋問を行なう必要性がある限り、そのすべてを証人として取り調べるのが法の建前である。しかし、近時の民事訴訟実務の実情では、採用される証人数は絞られる傾向にあり、裁判所が特に必要性を認めない証人については、尋問を請求しても採用されないことがよくある。また、法律に特に規定はないが、現場の感覚として、社会的地位が高いとされたり、いわゆる権力者に属するような人物については、わざわざ法廷に呼び出すことを裁判官が躊躇する傾向があるようだ。たとえば、国が行なった政策の是非を問うような行政訴訟や国家賠償請求訴訟においては、大臣などの最終的な判断権者の見解を直接問いただすことが本来必要である。しかし、この種の訴訟で大臣が証人として採用されることは稀であり、ほとんどは現場の担当役人を尋問することで足りるとされてしまう。これは証拠調べの必要性の観点からは説明できないのであり、裁判所の配慮の表れとしか考えられない。同じような配慮を、この事件でも裁判所がする可能性があった。

この事件では、中止決定を判断した木村真琴社長と岡本恭幸取締役の二名を、取締役の個人責任を追及して被告としている。裁判の過程で、この二名が中止決定の判断に中心的役割を果たしたことも明らかになっている。立証上の必要性という観点からは、二名とも証人（厳密には「当事者」であるが、便宜上「証人」と呼ぶ）として採用して尋問することが必要不可欠のはずである。しかし、裁判所が、上場企業の役員に対する過剰な配慮を行なって、現場レベルの担当社員から話を聞けば十分だと片づけてしまう可能性が危惧された。

そして案の定、原告側が二名の役員の尋問を請求する意向を示すと、ニコンの代理人弁護士らはこれに強く反対する意見を述べてきた。このままでは、中止決定の判断権者の証言が法廷に現れないまま、裁判の幕が閉じられてしまう危険性があった。それでは、この裁判の目的である「中止決定の真の理由を明らかにすること」が、本当の意味では達成できなくなってしまう。

弁護団は、二名の尋問の必要性について、詳細な意見を述べた。本件で問題になっているのは、ニコンが会社として行なった「判断」の是非であり、現場レベルの社員ではそれを回答することができない、中止を決定した社内会議には二名の役員が出席して直接判断したことが明らかになっている、岡本取締役はニコンサロン選考委員会の委員長でもある、ニコンは中止決定にあたって「ニコンの経営に影響を及ぼすリスク」を考慮したというのだから、経営判断の責任者に認識を聞かなければならない……。

双方の意見をふまえて、裁判所は、二〇一四年一二月一五日の第九回口頭弁論期日で、採用する証人についての決定を行なった。結論としては、木村社長の採用は認められなかったが、岡本取締役については、尋問を実施することが決定した。「一名採用、一名却下」は、裁判所特有のバランス感覚だったろうか。木村社長の直接の証言を聞けないことは残念だったが、先に述べた裁判所の「配慮」感を知る弁護団からすれば想定の範囲内だった。中止決定にあたって最も重要な役割を果たしたのが担当役員である岡本取締役だったことは間違いなく、事実経過を問いただす上での最重要人物はむしろ岡本取締役である。

そのほか、以下の予定で原告側被告側双方の尋問が実施されることが決まった。

二〇一五年四月一〇日　原告側尋問
　原告安世鴻本人、李史織証人（原告の妻）
二〇一五年四月二〇日　被告側尋問
　岡本取締役、ニコン側担当社員二名

原告本人尋問

二〇一五年四月一〇日に、原告側証人の尋問期日を迎えた。

原告側はまず、安さんの妻である李史織さんが、証言を行なった。李さんは、安さんの活動を公私にわたって支え続けてきた立場から、突然の中止通告を受けた当時の状況などを切々と証言した。

李さんの証言に続いて、いよいよ安さん本人の尋問がはじまった。安さんの尋問は通訳人を介して行なわれた。「慰安婦」のハルモニらを被写体として写真を撮るようになった経緯、ニコンサロンの選考に応募した経緯、開催が決まったときの心境、突然の中止通告、ニコン側との不毛な協議、仮処分、写真展期間中の出来事、裁判を起こさざるを得なかった心境……。安さんの堂々とした証言が続く（一二八頁参照）。

安さんは主尋問の最後を次のように締めくくった。

【李春熙（以下、李）】合理的な理由もなく恣意的に中止決定をすることが、日本社会の表現の自由にどのような影響をもたらすというふうに考えますか。

【安】このように表現の自由を奪っていった場合に、写真を発表する機会がなくなるだろうし、写真活動も減っていくとだろうと思います。また、写真を発表できる空間がなくなっていくということは、写真のテーマも制限を受けることになり、すると、写真の愛好家たちも直接的な被害に遭うことと思います。

【李】あなたはどういった気持ちでこの裁判を起こしたんですか。

【安】当然表現の自由は守るべきだと思ったのです。

【李】こういった事態がもう一度起こってほしいというふうに思いますか。

【安】二度とこういうことが起こらないように、対策をとらなければいけないと思います。

【李】あなたはニコンに伝えたいことがあれば、ここで述べてください。

【安】当然、今回のことはニコンの何らかの力によって中止になったと思います。これは当然ニコン側の誤りでありますし、理由を明らかにすべきと思います。また、私と愛好家たちに謝罪をすべきだと思います。また、二度とこういうことが起こらないように、ニコンは自ら対策をとり、それを実践していかなければいけないと思います。

被告側尋問へ向けての準備

原告側証人の尋問が終わった。一〇日後の四月二〇日には、被告側証人の尋問が控えている。

民事訴訟であれ、刑事訴訟であれ、相手方が申請した証人＝敵性証人に対する反対尋問が、もっとも困難であり、弁護士としての技量が問われるものである。言うまでもないことだが、自分たちが申請して行なう証人尋問は、事前に準備をし、何度も証人テストを行なった上で臨むことができるし、証言内容も予想することができる。しかし、相手方が、「自身に有利な事実を証言してもらうため」に申請する敵性証人は、どのような証言をするかを完全に予想することが難しい。事実関係を完全に理解して、相手方の証言にあわせて何通りもの尋問パターンを準備しておかなければならない。弁護団は尋問準備を入念に行なった。

事前に提出された岡本取締役の陳述書には、中止決定に至る過程が次のように記載されていた。

五月二一日午後七時過ぎころ、帰宅途中の電車の中で、フォトカルチャー支援室のM室長代理からのメールで、安さんの写真展について抗議が寄せられていることを知った。岡本取締役は、「本件　トップを含めて情報の共有が必要です。広報とも再度相談方お願い致します。」と返信した。岡本取締役は、会長、社長、副社長（ニコン社内で「トップ3」と呼ばれていた）を含めた情報共有が必要な問題と考えた。

五月二二日、出社した岡本取締役は午後九時から、部下らとともに抗議の内容をチェックした。岡本取締役は「これは大ごとになる。」と感じ、午後一時からの映像カンパニー内会議を設定し、さらに午後二時からはトップ三人に報告、情報共有する場をセッティングした。

その後、岡本取締役は、ネットの書き込みをチェックする中で、「ロート製薬事件」[*5]の記事や動画を発見した。動画を見た岡本取締役は衝撃を受け、本件でも同じように騒動になる可能性があると思った。「こんな騒動が当社の前で行われたり、株主総会でこんな騒ぎが起きたりしたら、大問題になる。」と緊張感がつのった。

一三時からの会議が始まった。抗議の電話、メール、書き込み等を確認し、さらにロート製薬事件の動画を全員で確認した。出席者からは安さんの安全を懸念する声が上がった。対応について意見を聞くと、中止に対しては賛否両論があった。最終的に岡本取締役の判断で、安全確保のため、中止を決定した。
一四時から、ニコン本社ビル五階の社長室で、トップ3への報告が行われた。岡本取締役はトップ3に対し「映像カンパニーとして検討した結果、安氏に危害が及ぶ可能性があり、結論として中止せざるを得ないという結論になりました。」と報告した。トップ3は全員、「中止という結論はやむを得ない」という意見だった。
その日の午後五時、岡本取締役は、副社長、Mマネージャー、O事務局長の四人で法律事務所に相談に行った。弁護士からは、「どのような理由付けで説明しても、後になって、様々に批判されるので、『諸般の事情から中止します』とだけ説明すべきです。」との助言を受けた。その直後、弁護士の助言に沿って、O事務局長が安さん側に中止を伝えた。また、O事務局長は、二二日から二三日にかけて、選考委員らに「諸般の事情」で中止することになった旨を連絡した。

岡本陳述書が述べる事実経過には次の疑問点があった。

（疑問一）
岡本取締役が初めて抗議行動の情報を得たのは五月二一日の午後七時である。また、実際に対応を検討しはじめたのは二二日の朝からだった。にもかかわらず、二二日の午後一時の会議で早くも中止は決定されている。中止決定までの対応は、あまりに拙速すぎるのではないか？

（疑問二）
安さんの「安全確保」のために中止を決定したと言っている。しかし、仮処分段階では「政治活動の一環」であることだけが中止理由として主張されていて「安全確保」のことは触れられていなかった。また、本当に安さんの「安全確保」を考慮したのであれば、中止決定前までに、安さんの安否や意向を確認したり、警察と警備について相談をしてしかるべきである。「安全確保」という理由は表向きで、実際は別の理由により中止を決定したのではないか？

（疑問三）
陳述書の書きぶりからすると、岡本取締役は、2ちゃんねるの書き込み内容や、「ロート製薬事件」の動画を深刻に捉えて中止決定をしたように読める。一部上場企業の役員が、ネットの有象無象の書き込みをそのまま真に受けることがありうるのか？

弁護団は、これらの疑問点を岡本取締役にぶつけ、安さんの「安全確保」という中止理由が、実際の理由とは異なることを明らかにするとともに、一部上場企業であるニコンの社内意思決定が、あまりにも安易に拙速になされたことを浮き彫りにすることを目指すことになった。

いよいよ、「中止決定の真の理由」が明らかになるときが来る。弁護団は緊張と興奮の中で四月二〇日の尋問期日当日を迎えた。

岡本被告尋問の始まり

二〇一五年四月二〇日、第一一回口頭弁論期日。この日は、岡本取締役の尋問に先立ち、フォトカルチャー支援室の室長代理M氏と事業企画部ゼネラルマネージャーのO氏に対する尋問が実施された。二人は、事前に提出していた陳述書どおり、「安さんの安全性確保のために中止決定をした」という内容の証言を行なった。

なお、M氏の反対尋問では以下のような事実が明らかになっている。

・ニコンは、仮処分決定が出るかもしれないという情勢になった後の六月二一日になってはじめて新宿警察署を訪問し、写真展実施に備えた協議を行った（それまでは、写真展会場の警備について警察署と相談したことはなかった）。

・新宿警察からは、「やめたほうがいい」というアドバイスはなく、会場管理責任者がしっかり警備をしなさい、警察はそのフォローをする、という助言を受けた。

・実際の写真展の会場では、来場者同士の間で小突きあいが一度あった程度で、安さん自身に危害が加えられることはなかった。

二人の尋問の後、いよいよ、岡本取締役に対する尋問がはじまった（二四四頁参照）。

まず、ニコン側の弁護士からの主尋問である。もちろん事前にテストを重ねているのであろう、陳述書の内容に沿った証言が続いた。主尋問は四〇分程度で終了し、そのまま反対尋問へ移行して、岩井弁護士の質問がはじまる。岩井弁護士は、ニコンサロン選考委員会の選考過程についての質問からはじめた。岩井弁護士の質問に答えて岡本取締役は、写真展の選考に自身は関与していなかったこと、開催が決まり、安さんの写真展を知らせる資料が手元に回ってきたときも特に問題を感じなかったことなどを証言していった。

質問は徐々に核心へと移っていく。

二二日朝の抗議メールについて質問が及ぶと、岡本取締役は、ニコン宛に「一〇〇通を遙かにこえる抗議が寄せられていた」と証言した。これは事前に確認された数（メール四〇通、電話一六件）とあわない。岩井弁護士の追及がはじまる。

【岩井】そうすると、今のあなたの頭の中は、2ちゃんねるのスレッドに入っているメールの問題とか、会社に直接送られてきたメールとかも、言わば一緒に大きな意味で、抗議の数と、そういうイメージがあるわけですね。
【岡本】そうです。
【岩井】じゃ、抗議電話の数も、あなたは今の段階ではよく覚えてないですか。
【岡本】はい、覚えてません。
【岩井】あなた方は、2ちゃんねるのスレッドを見たようなんですけれども、あなた自身は、この2ちゃんねるというのはどういう人が利用しているサイトだと思ってますか。
【岡本】いや、実は、恥ずかしながら2ちゃんねるを見たのは、そのときが生まれて初めてでありまして、いや、いろんな人がいろんなことを言ってるんだなと思います。

（中略）

【岩井】そうするとあなたは2ちゃんねるのスレッドを、わあーっと、こう見て、それ、わあー、こんなにメールが来てると、若しくはこんなにスレッドに書き込んでる人がいると、そういうふうに思ったわけですか。
【岡本】私だけじゃありません。IもMもそういうふうに思ってました。

（二五六頁参照）

そして、岡本取締役は、主尋問で、「暗殺」を示唆する書き込みもあったと証言していたことについて、以下のとおり述べていく。

【岩井】これは抜粋で、左側に書き込みの項目があるんですけれども、３５５、「意図的に日本企業にやらせてるなもう暗殺で対抗するしかないんじゃないかこんなんwスパイ同士の戦いなんだろw」と書いてありますね。
【岡本】はい。

（中略）

【岩井】例えばこの中で、もしあなたが覚えていれば教えてください。ここで、「こんなんwスパイ同士の戦いなんだろw」これはどういう意味だと思いましたか。
【岡本】知りません。

【岩井】 wって、通常、こういう2ちゃんねるとかに書いてある言葉がよくあるんですけれども、これ、どういう意味だか分りますか。
【岡本】 分かりません。
【岩井】 笑い、笑、という言葉の略だというふうには、そういう理解もないですか。
【岡本】 ……ワラ。
【岩井】 笑笑、笑い、わかんないですね。結構です。
【岡本】 はい。
【岩井】 こうした書き込みから暗殺の具体的危険性を感じたんですか。
【岡本】 暗殺というか、そういう非常に刺激的なメールっていうか、2ちゃんねるがありましたんで、危機感を持ったのは間違いないです。 （二五九〜二六〇頁参照）

岡本取締役は、2ちゃんねるの書き込みと、ニコン宛の直接の抗議メールの区別ができていなかった。そして、「生まれて初めて」見たという2ちゃんねるのスレッドを見て、ニコン宛に膨大な抗議が寄せられており、暗殺予告も飛び交うような、極めて危険な状況が発生していると感じ、そのような思い込みをふまえて、安さんの写真展の中止を決定していたのだ。ニコンの中止決定が、客観的な事情をふまえずに、あるいは極めて過大に評価して、拙速に行なわれたものであることは明らかだった。

また、岡本取締役の証言から、ニコンが、中止を決定するに当たって、安さんの安否や意向を一度も確認しなかったこと、また、警察に相談しようとも思わなかったことが改めて確認された。

ニコンが本当に安さんの身の安全を真摯に心配していたのであれば、あるいは、写真展の主役が写真家であることを認識してその意向を尊重しようという発想が少しでも残っていたのであれば、最終的な結論を出す前に、安さんに連絡をするはずである。また、百歩譲って、混乱の中で十分な時間的余裕がないままに判断を下さざるを得ず、事前に安さんの意向を確認できなかったとしても、その後に安さんに中止の連絡をする際、安さんの安否を確認し、「混乱が予想された結果やむをえず中止せざるを得なかった」などの説明を丁寧に行なうはずである。しかし再三述べているとおり、安さんに中止を伝えたO氏は、「諸般の事情」を繰り返し、中止の具体的理由を伝えていない。そしてそれは、弁護士の助言に沿った対応だったのだ。

安さんの身の安全を考慮して中止を決定したというニコ

ンの説明は、到底受け入れられない。

さらなる追及——真の中止理由は何か

さらに岩井弁護士は、ニコンが中止決定の理由として引き続き主張していた、中立性、手段性という点について、岡本取締役を追及していく。


【岩井】この14時会議では、写真展自体が政治的なんだと、だからやめるべきだと、そういう意見は出たんですか。

【岡本】いや、そういう話にはなってないです。

【岩井】会社は、意見が分かれている事項については中立を保つべきであると、そういう風な意見を言った人はいなかったんですか。……（中略）……写真展自身が意見が分かれている事項なんだということをどうも前提にして、そういう世の中の評価や意見が分かれている写真展をするのは、中止をして中立を保つべきであると、そういうふうな意見は出なかったんですか。

【岡本】そういうのは出ませんでした。

【岩井】あと、ニコンサロンは、特定の意見の喧伝の場ではないんだと、そういうのも提供しちゃいけないんだと、そういうような意見はなかったんですか。

【岡本】それはですね。23日以降に何か、もちろんさっき申し上げましたように、ドキュメンタリー中心というようなニコンサロンの特徴がありまして、ドキュメンタリーって、何となくその主義主張があるんですね。だけれどもそれはニコンとhgzx９おいうしてそれに支援するものではないというような議論は、23日以降にはどこかで出たかもわかりませんけれども。

【岩井】まず14時会議では出なかったということですね。

【岡本】出ませんでした。

（中略）

【岩井】ニコンサロンは利用されていたんじゃないかというような意見を言っていた人はいなかったんですか。

【岡本】ニコンサロンが利用された……どういうことでしょうか。

【岩井】そういう利用というようなことが出たかどうか、覚えてれば。

【岡本】ニコンサロンが利用されたということはなかったと思います。

（二六四〜二六五頁参照）


このように、岡本取締役は、政治的な写真展だから中止したとか、中立性を維持するためや手段として利用されないために中止したんだというような、ニコン自身がこれまで行なってきた裁判上の主張をすべてあっさりと否定した。

岩井弁護士は追及の手を緩めない。

【岩井】 あなたは本件の担当の取締役なんですけれども、裁判の主張の内容については把握してるんですか。

【岡本】 裁判の主張の内容、これはもう弁護士の方にお任せしてます。

【岩井】 弁護士に任せて、そこで弁護士がどういうふうに会社の主張をしてるのか、そういう内容は確認しないんですか。

【岡本】 必ずしも、申し訳ありませんけれども、全部把握してるとは言い難いです。

【岩井】 裁判ではね、事実の主張をするために、通常だと弁護士は会社の関係の人に聞いて主張するんですけれども、そういう事情聴取も受けてないんでしょうか。

【岡本】 細かい共有というか、自分としては、知らないことが多かったと思います。

【岩井】 じゃあ、準備書面読んでないんですね。

【岡本】 どの準備書面ですか。

【岩井】 この本訴になってからの、会社の準備書面、第一とか、第四とかは呼んでないんですか。

【岡本】 準備書面って何でしたっけ。

【岩井】 準備書面というのは裁判所に提出する会社の主張をまとめた書面です。読んでなければ読んでないでいいです。

【岡本】 恐らく……申し訳ないです。読んでないかも分かりません。申し訳ありません。（二六五～二六六頁参照）

岡本取締役は、「中立性」や「手段性」といった裁判におけるニコンの主張を把握していないことを認め、さらに、中止決定時にそのような議論が出た記憶がないとまで正直に証言するに至ったのである。

ここまでの尋問を聞きながら私は、気の早い話ではあるが、「ニコンの中止決定には正当な理由がない」という判断が下されることはほぼ間違いないだろう、という確信を抱きはじめていた。岡本取締役が語る中止決定の実情は、あまりに拙速で、写真家としての安さんに対する最低限の配慮に欠けるものだった。裁判内でのニコンの主張のほとんどは、岡本取締役自らが否定するに至っていたし、唯一彼らが守り続けた「安全確保」という言い訳も、むなしくひびくだけと言ってよかった。

裁判長の指摘

この日の証言を聞いていた裁判官らが、この時点でどのような心証を抱いていたのかはわからない。しかし、この日の尋問の最後に、裁判長自ら次のような質問を行なったことは、裁判所が、表現の自由に与える影響という視点でこの裁判の意義を捉えていることを示すものだったといえよう。なお、裁判長は、第一回口頭弁論期日当時の志田原信三裁判長から、審理の途中で谷口園恵裁判長へと交代していた。

【裁判長】 要するに、ロート製薬の動画を見て、ひどい抗議の状況を見て、これは大変なことになると、非常に高い危険性があるという判断をされて、極論すれば、安さんが刺されるような事態もないかと心配されたとおっしゃるんだけれども、実際にこの種の抗議運動というのが、殺傷沙汰みたいなことになっているかどうか、そういう例があるのかないのかといった調査は、中止決定までの間にされていないのでしょうか。

【岡本】 はい。中止決定までの間に、10時までやって、それから私一生懸命調べまして、で、ロートのことを見て、大変だと。で、さっきおっしゃったような、たくさんあるのを一応一通り、まあ責任者として目を通しました。だけれども、その後で在特会という方がどういうあれだという説明を受けたと思いますけれども、その九時から一時の間に、その在特会に限ってその報告を受けたというのは、たしかなかったと思います。ただ、自分の中でやっぱり、そうですね、変な話ですれども、警察に言いながら事件になってしまったというのが、頭の中に過去の事件として、例えばそういうことが幾つかありましたので、場合によっては過激な人がそういうことだったら、本当にもう取り返しのつかないことになるということが、一番大きな、自分の中で、やっぱりロートの、変な話ですけれども、自分の中ですごくインパクトがあったと思います。

【裁判長】 当時を振り返ってみられると、中止をすることによるデメリットと、実行しようと考えた場合のリスクというのを、いろいろお考えになって、非常に難しい判断を強いられるお立場にあったんだろうと思うのですが、その中で、会社の中で高い立場におられる方として、一歩下がって考えたときに、身体の安全というレベルの意味での危険の一方に、表現の場を提供する機会を持っている者として、ここで中止という判断をすることが、社会の在り方に与える影響という話は、どの程度会議の中で出たんでしょうか。
【岡本】 その場で表現の自由どうのこうのというのは、会議では出なかったと思いますけれども、おっしゃるとおり、本当にそれでいいのかとか、ニコンという会社を、全世界のプロを始め、本当に多くのお客様がいらっしゃって、表現の自由を否定したら、それはもうニコンとして、そんなことはないわけですね。もうどこに行ってもニコンのカメラで皆さん現実を伝えております。それは尊重しなければいけないし、今後も重要だと思っていますけれども、でも、本当にそのときに思ったのは、万が一そういうことがあったら、なんか安さんが刺されるとか、やっぱりそれは取り返しのつかないことになるという気持ちのほうが強かったですね。

（二七一～二七二頁参照）

「表現の場を提供する機会を持っている者」が安易に表現活動を中止するとき、社会の在り方にどのような影響が出るのか――裁判所がこの点にどのような判断を下すのか、いよいよ判決の日が近づいていた。

「怒られる」ことを恐れた判断？

岡本取締役の尋問の中で印象的な発言があった。ニコン側弁護士による質問が、抗議が寄せられていることを察知した岡本取締役が、「トップを含めて情報の共有が必要」というメールを返信したことに話が及んだときだった。

【代理人】 これはなぜトップを含め情報の共有が必要なんでしょうか。
【岡本】 まあそれは仮定ですけれども、例えば抗議行動が来たときに、私がプレジデントの立場でトップに知らせないと、これはもう会社としてはえらいことになりますので、報告しなければならないというふうに思いました。怒られますね。
【代理人】 トップに報告しないとどうなりますか。
【岡本】 それはもう怒られると思います。何やっているんだと。

（二四六頁参照、傍線筆者）

「怒られる」という表現は、その後の岩井弁護士による反対尋問でも登場した。私は脱力するような思いでその発言を聞き、別の意味での底恐ろしさを感じた。

「何かネットに恐ろしいことが書いてあるしどうしよう、ロート製薬みたいに襲われてしまってはかなわない、とにかくなかったことにしてしまおうか、安さんの意見なんか聞いている暇はないよね、だって早く結論をださないと社長に怒られちゃうんだもん……」。突き詰めれば、岡本取締役が言っていることはこういうことではないだろうか。私には、ニコンほどの大企業の取締役の発想が、教師の叱責を恐れる学生のそれでしかないように感じられたのだ。

今からふりかえると、私には、この「怒られる」という発言が、事件の本質の一面を象徴しているように感じられる。

ハンナ・アーレントは、ナチスのユダヤ人虐殺の実務的責任者（の一人）だったアドルフ・アイヒマンの裁判を傍聴し、「イェルサレムのアイヒマン」という書籍をまとめている。アーレントはこの書籍の副題を「悪の陳腐さについての報告」とした。

アーレントは、アイヒマン裁判を傍聴した結果、アイヒマンは、出世や昇進に過大な興味を示すだけで自身の行動が及ぼす破滅的な結果には想像力の及ばない、ただの小役人であったことを発見する。ユダヤ人の虐殺を指揮、監督したナチスの幹部は、人種的偏見と冷酷さを兼ね備えた悪の権化に違いない……そのように予想した多くのユダヤ人の期待に反し、法廷に表れたアイヒマンは、与えられた任務を、組織内での軋轢をさけながら、いかに実務的にスムーズに達成することができるか、その点にだけ腐心し続けた、ひ弱な一官吏にすぎなかったのである。それを「陳腐な悪」と名づけたアーレントに対しては、ユダヤ人虐殺の非人道性を矮小化するものとして、多くの非難が投げつけられたという。しかし、一人の能吏が、純粋に実務的観点から課題を解決するとき、そこでは組織内の論理のみが適用され、それを離れた普遍的価値——たとえば、人権、正義、公正——が後景に退いてしまうことがありうる。どのような組織にでも起こりうるそのような病理は、まさに陳腐で凡庸なものであるが、そうだからこそ、われわれは日常生活の隅々でそれに向き合わざるを得ないのだろう。

安さんの表現の場は、右翼的な思想を持った経営陣が「反日的」な写真展に対して実力行使をしたために奪われたわけではなかった。中止決定は、トップに「怒られる」ことをおそれた一人の組織人が、実態のない「抗議の声」に動揺し、その評価を誤り、拙速に判断した結果生まれたものだった可能性が高い。

和解のこころみ

すべての尋問が終了した。裁判は、次回六月五日の口頭弁論期日で、原告・被告双方が最終準備書面を提出して結審することになった。ここで谷口園恵裁判長は、「本件について、話し合いによる解決は可能でしょうか。裁判所としては和解協議のための場を設定したいと考えます」と双方に打診した。

この裁判では、原告と被告の主張が真っ向から対立しており、弁護団は和解による解決が可能とは考えていなかった。この段階では裁判長の真意をくみ取れず、当惑したというのが正直なところだった。ただ、裁判長直々の提案であり、話し合いのテーブルに着くことは了承することにした。ニコン側の弁護士らも同様に、和解協議の設定を受諾した。

尋問期日の終了後、弁護団と安さんは、和解協議に臨むにあたっての基本的な方針を確認することにした。安さんは何のためにこの裁判を起こしたのか？　もう一度その原点に立ち戻った場合、どのような解決ならば受け入れられるのか。あるいは望ましいのか。率直な意見交換が行なわれた。

真の中止理由は何だったのか――その真相を明らかにすることが、提訴の第一の目的だったのであり、岡本取締役に対する尋問でその一端はかなりの程度明らかになった。

そしてそれだけでなく、さらにすすんで、「ニコンに、自らの中止決定の過ちを認めて、自身を含む全ての写真家に謝罪してほしい。そして、もう二度とこのような事態が発生することがないよう、再発防止に努めてもらいたい」というのも、安さんがこの裁判闘争にかけてきた思いだった。

私たちは、安さんのこれらの思いに応えるような和解ができるのであれば、裁判の目的は達成できると考えた。そこで、私たちは、来る和解期日で、次の内容の書面「和解について」を裁判所と相手方に提示することにした。

（和解について）

原告は、本件訴訟を、自らの表現活動の場が不当に奪われたという思いのみで提起したわけではない。今回のような事態が放置され、繰り返されるのであれば、写真表現の自由全般、すなわち写真を通じて表現を行いまたそれを受け取る者の自由が、社会の中でますます困難なものになっていく。それを防止するためにも、本件訴訟を通じて、真相を明らかにし、写真表現の重要な一翼を担う被告ニコンに自らの取った行動の誤りを是正してほしいと考えてきた。

そのような訴訟の目的に鑑みれば、本件訴訟における和解は、単に謝罪や金銭の支払いだけではなく、原告と被告ニコンとが、写真文化の向上とそれを支える写真表現の自由の重要性について、同じ認識を共有するようになることが不可欠であると考えている。そして、そのような和解が実現するのであれば、被告ニコンはもはや写真表現の自由を阻害する者ではなく、写真表現の自由の擁護者として真の写真文化の向上をめざすという、撮影機器販売企業の社会的責任における中心的な役割を担うことが可能になると信ずる。

　それゆえ、本件訴訟の和解においては、以下のような措置が含まれるべきである。

一　被告ニコンは、今般の原告写真展の中止決定及びその後の対応が誤ったものであったことを確認し、原告に対して謝罪を行なう。その謝罪内容は、被告ニコンの広報手段を通じて対外的に表明されるべきである。

二　被告ニコンは、原告が法的手続をとることを余儀なくされたことを含めて、被った実際の損害と精神的苦痛を償うための十分な金銭的給付を行なう。

三　被告ニコンは、今回の事件を契機として、被告ニコンが写真表現の自由の擁護者として真の写真文化の向上をめざすための方策を検討する第三者委員会を設置し、同委員会に具体的方策を答申させる。被告ニコンは、その答申を誠実に実施するものとする。

最後まで過ちを認めなかったニコン

　第一回の和解協議は、二〇一五年六月五日の口頭弁論期日終了後に、和解室に移動して行なわれた。和解協議の期日は、通常の口頭弁論とは違って、公開の法廷ではなく、裁判所の和解室で行なわれる。傍聴者もなく、事件の解決方法について、裁判所の心証も含めた突っ込んだ議論が行なわれることが多い。また、忌憚のない意見交換のために、当事者双方が同席するのではなく、裁判官が、それぞれの当事者から個別に意向を聴取することも一般的だ（片方の当事者が裁判所と協議している間、一方当事者は別室で待機するのである）。

　私たち弁護団が和解室に入室すると、中では裁判長と担当裁判官の二名が待機していた。

「裁判所は、この事件は話し合いによる解決がふさわしいと考えています。本来は、原告と被告は対立しあう関係にはないはずです。和解を成立させるためには、双方が最低限同じ認識を持ち、同じ方向を向くことが必要です。」

　裁判長は、和解協議の方針について、裁判所の考え方を率直に伝えてくれた。これに対し、弁護団は、前記の「和解について」を示し、原告側の基本的な見解を明らかにした。「和解について」を一読した裁判長が、「原告の考えは理解できますが、これをニコン側が受け入れるかどうか。とにかく、ニコンが中止決定が誤りだったことを認めることが大前提ですね。裁判所が可能な限り仲介をしたいと思います」と、考え込むように発言していたことを覚えている。

原告側が退室し、被告側が和解室に入室した。しばらく議論が続いているようだ。

その後、双方が入室して裁判長が整理を行なった。「この事件で和解が成立するためには、中止決定が誤りだったとニコン側が認めることが大前提となります。被告側でその点を検討してください」と裁判長は述べた。どうやら、この日の時点で、ニコン側の弁護士はそれを受け入れる準備ができていなかったので、持ち帰って社内で検討することになったようだった。

その後、和解期日は、七月一〇日、七月二九日、九月七日、九月三〇日と四回開催された。期日のほとんどは、裁判長からニコン側への説得のために費やされた。七月二九日の期日には、岡本取締役が改めて和解期日に出席して、裁判長から直接の説示を受けている。

しかし、ニコンは、「中止決定が誤りだったこと」を組織として受け入れるという決断ができなかったようだ。和解協議は、結局、具体的な内容について議論することもできないまま、「和解の大前提」を乗り越えることができずに決裂することになった。

和解協議が長引いたため、判決は当初の予定よりずれ込み、二〇一五年一二月二五日が判決言渡期日として指定された。奇しくも、この裁判の提訴日は二〇一二年の同じクリスマス、一二月二五日だった。三年にわたる裁判闘争の結論が、いよいよこの日、下されることになる。

判決

二〇一五年一二月二五日、午後一時一〇分、東京地方裁判所六一一号法廷で判決が言い渡された。谷口裁判長が判決主文を朗読する。

「主文。一、被告株式会社ニコンは、原告に対し、一一〇万円及びこれに対する平成二四年九月五日から支払済みまで年五分の割合による金員を支払え。二、原告の被告株式会社ニコンに対するその余の請求並びに被告木村真琴及び被告岡本恭幸に対する請求をいずれも棄却する……」

民事訴訟の判決言渡期日では、判決の主文が朗読されるだけで、理由の読み上げは通常なされない。法廷で主文を聞いただけでは、判決の具体的中身をすべて理解することはできない。

（ニコンに対する賠償が命じられたことは間違いない、よかった。ただどうやら、木村社長と岡本取締役に対する請求は認められなかったようだ。請求認容額は一一〇万円か、もう少し多くてもよかったのに……）

勝訴判決を受けたことの安堵感に続いて、いろいろな疑問が脳内を駆け巡る。とにかく、判決文を確認しなければ。すぐに書記官室で判決文を確認する。

判決は、ニコンと安さんとの間に写真展開催契約が成立していたことを認めた上で、ニコンの中止決定は単なる契約違反にとどまらず不法行為に該当すると明確に判断していた。契約解釈にあたっては、原告が主張した憲法理論の趣旨を十分にくみ取った判断をしていた。私企業が運営する施設であっても、表現活動の重要性を考慮して使用拒否の是非を判断しなければならないとした、画期的な判決といってよかった（判決文は二〇七頁参照）。

賠償額が一一〇万円にとどまった点や役員の個人責任が認められなかった点[*6]に、若干の不満が残らなかったと言えば嘘になる。とはいえ、一一〇万円という金額は、精神的損害に対する賠償としては、まず相場どおりと言えるものだろう。もちろん、ニコンの行為の悪質性を考慮すれば、より高額の賠償が認められるべき事案とも言えたが、その点は欲張りすぎても仕方がない。役員の個人責任も周辺的な論点で、判決の価値を損なうものではまったくない。

判決を傍聴したメディア関係者に次のように「慰め」られた。「李さん、勝訴おめでとうございます。勝訴して当然の事件でも、世の中の雰囲気を見ておかしな判決が下されることも多いこのご時世です。「慰安婦」問題がテーマになった事件で、しっかりと勝ちきることがどれだけ大変か、私はよくわかります。すばらしい成果じゃないですか。」

また、長年「慰安婦」問題に取り組んできた支援者の方からは、「いくつもの裁判を支援し続けてきたけど、勝訴判決を初めて聞きました」という声も聞いた。日本政府の責任を追及した戦後補償裁判では、国家無答責や時効など法律論の壁に阻まれ、原告側はことごとく敗訴し続けてきた。訴訟のハードルがまったく違うとはいえ、排外主義的な風潮に異を唱える側で結果を出すことができたことは嬉しかった。

判決後に司法記者クラブで行なわれた記者会見で、安さんは、「司法が表現の自由を守る判決を出してくれたことが何よりうれしい。ニコンは判決を受け入れてほしい。写真家を支える企業として、同じ方向を向いてほしい」と笑顔で述べた。

判決に対して、ニコンは控訴しなかった。控訴期限である二〇一六年一月八日の経過をもって、東京地裁の判決が確定した。

第3部　裁判闘争の意義

中止決定に至る事実経過の解明

最後に、この判決と裁判闘争の意義について、担当した弁護士としての私見を述べておきたい。

判決後の記者会見（司法記者クラブ）

「中止決定の真の理由」を明らかにすること――何度も述べているとおり、安さんが裁判を提起することを決断した最大の理由は、真実の解明である。支援者のみなさんは、裁判支援の会の名称を「教えてニコンさん！」と名づけたが、安さんの思いを象徴する、名ネーミングだと思う。

真実解明という目的は、裁判の中でかなりの部分が達成された。

ニコンは、五月二一日の最初の抗議メールから、二四時間も経たないうちに写真展の中止を決定した。具体的な検討が二二日の朝からはじまったことを考慮すると、その実質的な検討時間は数時間程度だった。その間にニコンに寄せられた「抗議」なるものの実質は、記録上、電子メールが四〇通、電話が一六件程度にすぎなかった。ニコンは、中止決定までの間に、安さんと一度も連絡をとらなかった。仮にニコンが、本当に安さんの「安全のため」に中止を決定したというのであれば、何よりもまず、安さんの安否を尋ねるべきであろう。そして、ニコンが、写真家とともに表現の自由を守らなければならない、という気持ちをわずかでも持っていれば、安さんに開催についての意向を確認し、ともに悩みを共有すべきだった。しかし、ニコンは、安さんの安否・意向を一度も確認しないまま、拙速に中止決定へと突き進んだのである。

真実解明における白眉は、岡本取締役の法廷における証言である。法廷で狼狽するその姿まで含めて、その証言内容は、この事件のある種の本質を浮かび上がらせていたと思う。

岡本取締役は、ニコンに直接寄せられた抗議はわずか数十件であったにもかかわらず、初めて見た2ちゃんねるの書き込みに狼狽し、在特会のネット動画を閲覧して驚愕し、上司に「怒られないよう」早く結論を出さなければという一心で、中止の判断を下したのである。

ネット上の悪意は、一部上場企業の経営判断に、現実の影響を与えていた。ニコンに直接寄せられた抗議は、街宣車や特攻服を用いた強硬手段ではなく、メール、電話という、ささいなものにすぎなかったのに、ネット上の書き込み・動画とあいまって実態以上に大きな「恐怖」として捉えられ、過剰反応を生んでいた。

これは、現代日本における「排外主義」の一つの現実である。

ニコンが恐れた「抗議」の実際

判決は、経営陣が恐れた「危険」が、いずれも「現実の危険」ではなく、中止を正当化するものではないと断じた。

判決は、「インターネット上の匿名のユーザーによって断片的に書き込まれたこの種の書き込みの存在から、直ちにその言葉どおりの行動が現実に行なわれる危険性が高まっていたと認めることはできない。」、「(ロート製薬事件などの事例について)関係者の生命身体に危害が及ぶような状況にあったとはうかがわれない。」、「本件写真展を開催すれば原告その他の関係者の生命身体に危害が加えられる現実の危険が生じていたとは認められない。不買運動のおそれについても……実際に不買運動が高まり被告会社が多大な損失を被る現実の危険が生じていたとは認められない。」と明確に述べている。

判決が正当に指摘したとおり、ニコンが問題とした抗議行動は、いずれも実態のあるものとはいいがたく、ニコンが、当初から表現の自由を守るという立場を明らかにして毅然と対応すれば事態は収束に向かっていたはずであり、安さんが表現の場を奪われることも、ニコンが表現の自由の「抑圧者」としての悪評を背負うこともなかったと考えられる。

表現の自由を重視した判決

判決は、公の施設の利用関係をめぐって蓄積・発展してきた憲法理論を参照しつつ、そのような憲法理論を私企業が運営する施設の利用関係にも及ぼしたものと評価できる。

公共施設の利用拒否をめぐって、最高裁が展開してきた憲法理論の概要については、先に述べたとおりである。判決は次のように判示して、本件契約の当事者には「契約の目的の実現に向けて互いに協力し、その目的に沿った行動をとるべき信義則上の義務」があり、ニコンの中止決定はそのような義務に反する不法行為であると認定した（傍線部筆者）。

> 本件契約は、原告にとって、良質な表現活動の場の無償提供を得られるという利益がある一方、被告会社にとっても、自社のショールームに併設された展示場で継続的に良質な写真作品の展示を行うことにより、企業評価が高まるとともに、カメラ及び関連機材の販売促進につながるという利益が得られることを期して締結されたものであり、原告の側でも、写真展の開催に向けて、写真パネルの制作その他の準備を自己の負担において進めていたことに加え、本件契約は、原告が表現物を提供し、被告会社が表現活動の場を提供することを主たる債務の内容とするものであって、被告会社がその一方的な判断により会場を使用させる義務を履行しないと、原告は表現活動の機会を失わされることになることも考慮すると、上記のとおりの被告会社の一連の対応は、そのような対応をとったことにつき正当な理由があると認められる場合でない限り、契約の当事者として、契約の目的の実現に向けて互いに協力し、その目的に沿った行動をとるべき信義則上の義務に反し、不法行為が成立するというべきである。
>
> （一二四頁参照）
>
> このような場合、被告会社としては、まずは契約の相手方である原告と誠実に協議した上、互いに協力し、警察当局にも支援を要請するなどして混乱の防止に必要な措置をとり、契約の目的の実現に向けて努力を尽くすべきであり、そのような努力を尽くしてもなお重大な危険を回避することができない場合にのみ、一方的な履行拒絶もやむを得ないとされるのであって、被告会社が原告と何ら協議するこ

となく一方的に本件写真展の開催を拒否したことを正当とすることはできない。

（二一二五頁参照）

つまり、判決は、私企業が運営する施設であるニコンサロンについても、「表現活動の場を提供する」という契約の目的にかんがみれば、正当な理由がない限り、「契約の目的の実現に向けて互いに協力し、その目的に沿った行動をとるべき」であり、抗議行動等については、「まずは契約の相手方と誠実に協議した上、互いに協力し、警察当局にも支援を要請するなどして混乱の防止に必要な措置をとり、契約の目的の実現に向けて努力を尽くすべきであ」ると判断したのである。

このような判示は、前記のような、公の施設の利用関係に関する憲法理論の趣旨を、私企業の運営する施設にも及ぼしたものとして評価できる。私企業が、自身の運営する施設の管理運営権限を有することは当然であるが、判決は、「表現活動の場を提供する」という契約の目的解釈を通じて、私企業の恣意的な利用拒絶に一定の制約を課し、表現者の表現の自由を保障しようとした。谷口裁判長は、尋問の最後に「表現の場を提供する機会を持っている者として、中止判断が社会の在り方に与える影響をどの程度考慮したのか？」という疑念を岡本取締役に投げかけた。これらの判示には、裁判長の思いが込められていると感じる。

「自粛社会」に警鐘を鳴らした判決

昨今、社会内で意見の対立する問題に関する表現について、有形無形の圧力や過度の自主規制を原因に、表現活動が中止・自粛される例が相次いでいる。日本の戦争責任、植民地支配責任を追及・告発する性質を有する表現について、その傾向が顕著である。

これらの事件について、「抗議が殺到し、中止に追い込まれた」という表現を用いることは、必ずしも適切ではない。主催者や施設管理者が、確固とした意思をもって毅然として対応すれば、そのほとんどの事例では、抗議は収まり、表現は守られただろう。

ニコンサロン事件の経験に則して言えば、それはそれほど難しいことではない。「抗議があるからといって、表現を中止すれば、表現活動は成り立たない」「電凸をしたり大量のメールを送りつけて中止に追い込もうという方が間違っているのではないか」――そのような感覚を失わずに、少し立ち止まって、落ち着いて考えることさえできれば、表現を抑圧するという愚行に手を染めずにすんだだろう。

それは、「表現の自由」とか、「正義」とかいう大上段の言葉で表すことが本当はそぐわない程度の、素朴な皮膚感覚ではないか。

実は一番恐ろしいのは、社会全体の雰囲気を察知してあらかじめ混乱の芽を摘んでしまおうとすること、抗議を受けるような論争的な、もっといえば「反日的」な作品は、自主的に「消して」しまうのが一番手っ取り早いという考え方である。

ニコンは何を恐れたのか。ネット上にあふれる匿名の悪意を恐れたのであり、それが可視化された排外主義者たちの直接行動を恐れたのだ、というのが、裁判闘争の過程で明らかになったとりあえずの結論である。それは、社会に充満しつつある、排外主義的な雰囲気を察して、それに自ら屈したということを意味するのだろう。

しかし、裁判の過程で明らかになったのは、ニコンが恐れたそのような危険の正体は、実態を伴わない、幻のようなものだったということである。世界的なカメラメーカーであり、誰よりも写真家と表現者の側に寄り添わなければならないニコンは、そのような危険の正体を正確に見極めて適切に対応すべきだったのであり、そしてそれは容易だった。幽霊を恐れることはなかった。枯れ尾花は、枯れ尾花にすぎない。

実はニコンには、この事件の過程で、あるいは裁判の過程で、自らの行動を改めるチャンスが何回もあった。

中止通告直後に安さんから抗議を受けたとき、あるいは安さんから仮処分手続を起こされたとき、そして何よりも、ニコンの主張を否定する仮処分決定が出されたときに、ニコンは、自らの主張が誤っていたことを認めて安さんに謝罪し、ともに協力して写真展を開催するという原点に立ち戻ることができたはずだ。

裁判所も最後の機会を与えた。裁判長は、中止決定が誤りであったことを認めることが大前提だと、和解協議の場で繰り返しニコン側に伝えていた。

しかし、ニコンは、最後まで、自らの判断の誤りを認めることができず、安さんに対する二次被害を与え続けた。ニコンは、地裁判決に対して控訴せず、同判決を受け入れたものの、現在に至るまで、中止決定の誤りを公式に認めておらず、安さんに対する謝罪も名誉回復もなされていない。ニコンは、表現の擁護者になりそびれ、表現の抑圧者に転落したままである。

安さんの闘いが示した希望

ニコンサロン事件は、「反日」的な表現に関連して攻撃を受けた企業が、毅然とした対応をせず、恐れなくてもいい危険を過大に評価した結果、表現自体を抑圧する側にまわってしまった不幸な一事例である。

しかし、安さんは、そのような抑圧に屈することなく、写真展の開催をもとめて仮処分手続に挑み、さらに真相の究明をもとめて裁判を闘った。その結果、表現者が抑圧に屈することなく立ち上がることで表現の場を回復していくことが可能である、という希望を示すことに成功した。その成果は、行政・企業を問わず、表現の場を管理運営するすべての人びとに対するエールになったと思う。抗議を恐れることなく、それぞれがそれぞれの持ち場で、当然行なうべき判断をいつもどおり行なうだけで、表現の場を守ることはできるのだ。

ニコンサロン事件が起こった二〇一二年からすでに五年がたち、日本社会の息苦しさはその度合いを増しているようである。ネット上の悪意や街頭にあふれる排外主義者の声は、かつてよりどす黒くなり、「それは恐れるに足りない」とは言い切れない時代がきているのかもしれない。ネット上で頻発する「炎上」は、現実の危険となりつつあるのかもしれない。

しかし、だからこそ、この裁判の経験を共有し、希望を受け継ぎたい。

恐れなくてもいいものを、恐れる必要はない。社会における表現の自由を維持し発展させる営みは、一人ひとりのささやかな実践からはじめることができる。

判決報告集会にて。2015年12月25日、弁護士会館

＊1　プリンスホテル事件：日本教職員組合（日教組）が、教研集会の会場としてホテルの宴会場などを予約していたところ、右翼団体による街宣・抗議行動が予想されたことで混乱を恐れたホテル側が、他の宿泊客や近隣に被害が生じることなどを理由に一方的に予約をキャンセルした事件。二〇〇七年一一月発生。この事件では、日教組側が一方的なキャンセルを受け入れず、契約に沿った使用を求めて裁判所に仮処分申請を行なっており、東京地方裁判所は、日教組側の申立を認め、ホテル側に、契約に沿ってホテルの会場を使用させるよう命令を出した。しかし、ホテル側はそれでもなお会場の利用を拒否し、結局、日教組は会場を変更して教研集会を開催せざるを得なかった。日教組はその後正式訴訟を提起し、二〇〇九年勝訴（東京地裁）。ホテル側は控訴したが、二〇一〇年控訴棄却（東京高裁）、確定。

＊2　安さんが申し立てた仮処分命令申立の手続は、正規の裁判手続の結論が出る前に、債権者の権利の実現を仮に確保するために利用される、保全手続の一種類である。たとえば、金銭請求事件で、判決が確定するまでの間に債務者が財産を隠匿・処分してしまう危険性がある場合に認められる、仮差押えの手続が典型例である。保全手続には、相手方（債務者）の意見を聞かずに発令が認められる手続と、相手方からの反論を踏まえてでないと原則として発令が認められない手続（要審尋事件）の二種類が存在する。本件のように施設の利用を命じる仮処分は、要審尋事件とされており、相手方であるニコンの意見、反論をふまえて裁判所が判断する必要があった。

＊3　地方自治法二四四条は次のように規定している。
第二百四十四条　普通地方公共団体は、住民の福祉を増進する目的をもつてその利用に供するための施設（これを公の施設という）を設けるものとする。
2　普通地方公共団体……は、正当な理由がない限り、住民が公の施設を利用することを拒んではならない。
3　普通地方公共団体は、住民が公の施設を利用することについて、不当な差別的取扱いをしてはならない。

＊4　一般に民事訴訟では、双方が法律上、事実上の主張を尽くし、争点が整理された後に、争いのある事実関係を解明するために人証（当事者および証人）の取り調べを行なう。裁判では提訴の直後から、数多くの書証が提出される。書証はその場で裁判官が内容を把握して、その都度心証を形成していくが、双方の主張に食い違いが残る場合、当事者や証人などを裁判所に呼び出し、裁判官の前で直接尋問をしてその認識を聞き、事実を認定する。このように審理が終盤にさしかかった段階で行なわれる証人尋問等を、実務上単に「証拠調べ」ということがある。

＊5　ロート製薬事件：二〇一二年三月、在特会の元幹部ら四名が、大手医薬品製造会社「ロート製薬」（東証一部上場）が韓国人女優をCMに起用したことなどに抗議して、同社本社を直接訪問して対応した従業員らに「（韓国人女優は）竹島は韓国の領土と宣伝する反日活動家。CMに使ったらだめでしょう」「右翼紹介したる」などと脅したり、本社前で過激な街宣を行なうなどした事件。実行者四名はその後強要罪で逮捕・起訴され、有罪判決が言い渡された（主犯については実刑判決）。

＊6　判決は、取締役らの判断が「客観的にみれば、本来重視すべきでない事情を重視し、考慮すべき事情を十分に考慮せずに行われた誤った判断であった」としながらも、「突発的に生じた問題に対し困難な判断を迫られた中で利益衡量を誤ったにとどまる」などとして、取締役らの個人責任をかろうじて否定した。

裵三葉　1937年動員　当時 13歳
慰安所での日本名：けいこ、すみこ
当時の慰安所: 内蒙古包頭　3年間

金順玉　1942年動員　当時 21歳　慰安所での日本名：かよこ　当時の慰安所: 東寧、石門子　3年間

朴徐云 1934年動員　当時 20歳　慰安所での日本名：さしき　当時の慰安所: 春花　3ヵ月間

カルミンダ ドウ　東ティモール 1942年動員　当時16歳推定　3年間

ヌリア　インドネシアのスラウェシ
1944年動員　当時19歳　1年間

ルシア　リリズ　フィリピンのアラヤトゥ
1942年動員　当時12歳推定　2ヵ月間

金福得　1939年動員　当時 21歳
慰安所：中国の大連、フィリピン　7年間

曹黑毛（Cáo hēi máo）　中国の山西省
1941年動員　当時20歳推定　1年間

マニアリ　インドネシアのスラウェシ
1942年動員　当時16歳　6ヵ月間

マルチナ　東ティモール
1942年動員　当時12歳推定　3年間

2

ニコン事件の本質とは何か

レイシズムと〈反日〉攻撃のなかで表現の場をつくりだすこと

板垣竜太（朝鮮近現代社会史、文化人類学／同志社大学教授）

ひとりの齢を重ねた女性が寝台の上にあぐらをかき、左手は右足の先をつかんでいる。右手は、肘を右ももの上に軽くのせ、掌を上に向けている。声を出す調子と合わせるようにすっと上げているのか、右手の指先はぶれて写し出されている。「福」と記された暦が壁にテープで貼られたその部屋の様子は、一見してそこが中国であることを示している。目をつぶり、眉間に皺をよせながら、彼女は滔々と何かを語っているように見える。横の窓から差し込んでくる外の光によって、顔の皺はより一層くっきりと浮かび上がっている。この写真には色がなく、ただモノクロのコントラストだけがフレームのなかに表象されている。それに、どこにもキャプションが付けられていない。しかしそのことが、かえって数多くの問いを見る者に喚起する。彼女はいまどのような光景を脳裏に思い浮かべながら、何を語っているのか。この表情は苦痛に満ちた瞬間なのか。いや、あるいは何かを吟じながら歌っている姿なのか。年輪のように刻まれた皺は、彼女のどのような経験の積み重ねの結果なのか。なぜ、どのような道のりを経て、彼女は中国の一室で余生を過ごしているのか。

これは、写真家・安世鴻（アンセホン）が、二〇〇三年に、身寄りのない老人と障がい者の住む「道河鎮敬老院」（黒竜江省）の三号室で、李寿段（イスダン）さんというハルモニの語りに耳を傾けながら、カメラのシャッターを切った瞬間の写真である。[*1] 平安南道粛川(ピョンアンナムドスッチョン)出身の李寿段さんは、一九四〇年、一九歳のときに「雑用の仕事」だと聞いて受け取った前金を母に渡して黒竜江省に来たところ、日本軍「慰安所」に閉じ込められ、日本兵の相手をさせられることになった。戦争が終わっても故郷に帰れず、漢族の男性と結婚したが、家庭内暴力が繰り返され、子どもも産まれなかった。夫の死後、この施設に入った。かつて日本軍の「慰安婦」とされ、折り重なる暴力を生き延びてきた朝鮮人女性たちの生を撮った写真群に、安世鴻は「重重(じゅうじゅう)」(Layer by Layer)と名をつけた。

写真にはことばがない。しかし、そのことゆえに、むしろ多くをものがたる。そのような写真の力とでもいうべきものを、安世鴻の諸作品は存分に発揮している。それらは、ハルモニ自身の生の一瞬を印画紙に焼き付けることで、時間と空間を隔ててそれを見る者に、その生とその背後にある無数の死に対してどのような応答をするのかと問いかける。その解答は写真自体には示されていない。見る者がそれをどう受けとめ、応えるかにただ委ねられている。そうして並べられた一二人の女性たちの写真は、日本軍「慰安婦」問題に対する問いかけと応答可能性＝責任(responsibility)の場を作り出す。[*2] 安世鴻は「被写体―写真家―大衆間の疎通が成し遂げられること」に写真展の意義を見出していたが、[*3] それは、見る者がそれぞれの立場性においてハルモニたちの生の痕跡を受け止めて応答し得るような場とも言い換えられるであろう。そのような場は、展示場という空の空間が作り出すのではなく、媒介としての写真とそれを見る者たちが作り出すのである。

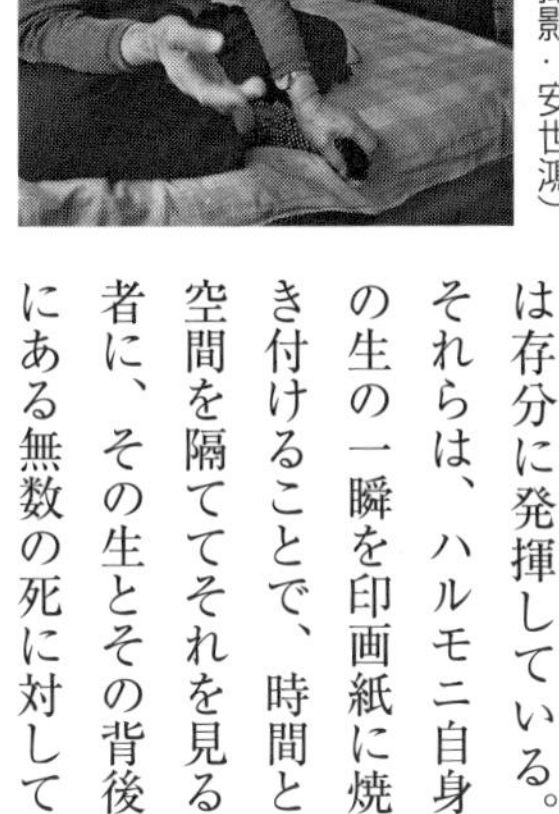
李寿段さん(撮影：安世鴻)

〈反日〉という記号をめぐる攻撃

しかしながら、ニコンサロンの写真展をめぐって二〇一二年五〜六月に起きた出来事は、この安世鴻の写真と向き合う以前に、記号として流通したことばをめぐって進行した。〈日本〉の企業であるニコンが〈朝鮮人〉の日本軍〈慰安婦〉に関する〈韓国人〉写真家の作品を展示するという〈反日〉活動を支援する……、そうしたキーワードが攻撃的言辞を生み出すスイッチとなってインターネット上で増殖し、ニコンに対する抗議活動となって表れたのであった。*4

ニコンに対する最初の抗議メールが直接送付されたのは、二〇一二年五月二一日の一三時五九分のことであり、それから二四時間足らずのうちに、ニコン側担当者は写真展の開催中止を一方的に決定した。この一本目のメールからして、ほぼすべてのキーワードが盛り込まれているが、ここではより明確にキーワードが登場する二本目のメールを引用しておこう*5（傍線は引用者）。

［件名］サイトトップQ：反日活動は断固反対!!!
ニコンが、新宿ニコンサロンで、韓国人カメラマン「安世鴻」の写真展を六月二六日から七月九日まで開く予定で居ます。この写真展の内容がとんでもないもので、この韓国人カメラマンが中共満州に、元日本軍慰安婦を尋ね（ママ）て、取材し写した写真の個展らしくて《中国に残された朝鮮人元慰安婦の女性たち》というものだそうです。こんな虚構を基にした写真展をなぜ、ニコンが応援してやるのか、さらに許せないことに新宿ニコンサロンの後、大阪、名古屋、広島、ソウル、ニューヨーク、パリ、ベルリン、ロンドンで開催されるということ。韓国が言い募るこんな虚構の事実を、なぜ日本の企業であるニコンが支援してまで世界に広める手助けをするのか。〔以下略〕

このようなメッセージは、安世鴻の写真を見て、それに対してコメントしたものではない。〈韓国人〉が行なう日本軍〈慰安婦〉写真展を〈日本〉企業がサポートする――そうした情報が記号として独り歩きし、それを〈反日〉だと規定して、阻止すべく攻撃をしかけたものである。そこでは、日本軍「慰安婦」問題など、日本の植民地支配責任および戦争責任に関わることについて、今もなお未解決の何かがあることを示唆しただけで、それを〈反日〉と名づけて攻撃する言説権力が作動している。かつて日本軍「慰安婦」とされた朝鮮人女性が中国に残されていること自体は、右翼でさえ否定しようのない事実だが、それすら「虚構」と言い募り、事実を否定しようとするばかりか、写真展示の場を与えることすら批判の対象としたのである。

それだけではない。インターネット上の写真展批判は、安世鴻や日本軍「慰安婦」制度の朝鮮人サバイバーたち、さらに一般化された〈朝鮮人〉〈韓国人〉に対する人格否定をともなう人種差別的な誹謗中傷として展開された。いくつか、二〇一二年五月二一日時点の掲示板2ちゃんねるから拾ってみよう。

スレッド「ニコン不買運動か。新宿ニコンサロンで「慰安婦」の写真展」(17:12)
36 (17:21) 朝鮮人って本当に世界の癌だな
58 (17:25) で、売春婦のまたぐらから生まれてきた子孫のきみたち、いま、どんな気分ですか? wwwwww
184 (17:55) 韓国人を放置してるとあることないこと延々言ってくるな
232 (18:07) これがホントのバカチョンカメラってかwwwwwwwwwwwwwwwwww
355 (18:41) 意図的に日本企業にやらせてるなもう暗殺で対抗するしかないんじゃないかこんなんw

さらに引用するのも躊躇われるような書き込みも多々あるが、この程度で十分であろう。

日本軍「慰安婦」問題は「捏造」だ、それを言い募るのは〈反日〉だ、だから〈韓国〉〈韓国人〉〈朝鮮人〉は「嘘つき」の〈反日〉だ、それを〈日本〉の企業が支持するのは〈国賊〉だ、このような〈反日〉や〈国賊〉は日本から出ていけ――こうした言辞は、現在インターネットのみならず、右派保守系のマスメディアなどで連発され、名誉毀損や人種差別の責任を問われることもなく放置され、再生産されつづけている。ちょうど本件裁判が進行している二〇一三～一四年にかけて、国連の人権関連機関が日本政府に対し、「彼女ら〔＝日本軍「慰安婦」被害者〕をおとしめるヘイトスピーチ及びその他の示威運動を防止するために、「慰安婦」が被った搾取について公衆を教育すること」(社会権規約委員会)、「被害者を中傷しあるいは当該案件を否定するあらゆる企てへの反論」(自由権規約委員会)、「いかなる名誉毀損の試みあるいはそのような事象の否定を非難すること」(人種差別撤廃委員会)を次々に要請、勧告したのは[*6]、まさにそうした状況を深く憂慮してのことであった。ところが、ニコン側がしたことはといえば、日本軍「慰安婦」制度の被害者を愚弄する発言を非難することではなく、そこまでいかないとしても芸術擁護の観点から写真家とその作品を守ることですらなく、むしろこれらのヘイトスピーチと足並みを揃えるように、一方的に写真展を中止に追い込もうとしたのであった。

ニコンの対応と排外主義

なぜこうなったのか。裁判記録を通じて、五月二一日の抗議開始から五月二二日の開催中止決定にいたるまでのプロセスを見れば見るほど、私には、それが社会学者ロバート・マートンのいう「予言の自己成就」の典型例だと思えてならない。客観的には資産が健全であった銀行に、支払い不能のうわさが立って取り付け騒ぎが起き、本当に支払い不能になってしまったというような具体例をあげながら、マートンはそのメカニズムを次のように一般化する。[*7]

人は、ただある状況の客観的な諸特徴に対して反応するだけではない。自分たちにとってその状況がもつ意味に対しても反応するものであって、ときにはそちらの方が最重要なものとなる。そして、ひとたび人々がなんらかの意味をその状況に付与すると、かれらがそれに続けて行なう行動や、その行動がもたらした結果は、その付与された意味によって規定されることになる。

原告側が主張し判決でも認められたとおり、五月二一〜二二日段階の客観的状況としては、本当にニコン商品の不買運動が高まって多大な損失をこうむる恐れなどなかったし、関係者の生命身体に危害が及ぶほどの現実の危険もあったとはいえない。にもかかわらずニコン側担当者は、中止せよ、さもなければ不買運動だ、直接抗議活動だ、といったインターネット上のメッセージを真に受け、それによって初期段階から状況を一色に意味づけてしまったのである。裁判記録を見れば[*8]、二二日朝にニコンサロンの担当者が出社したところ、マーケティング本部長とゼネラルマネージャーが「青ざめた表情」で「もうメールがすごいことになっている」と言って部屋に「飛んで入ってきた」とか、それから一時間かけてかれらが「必死に全部、手当たり次第に情報をインターネットから取ろうと」したとか、最初から一方向的に意味づけがなされ、情報収集行動に駆り立てていたことが分かる。その意味づけと、インターネットの検索結果、次々に舞い込むメール、そして絶え間なく鳴り響く抗議電話とが悪循環を起こし、契約不履行と不法行為のリスクを冒してまでも、ニコン側自らが実際に中止を決断するにいたったのであった。

しかしながら、ニコン側はただ直接の抗議行動を恐れただけではなかろう。それに加えてニコン側が、インターネット上の表象に影響を受けて、安世鴻に対しても否定的に認識していた（あるいは、排外主義者たちに対するのと同じぐらい距離を置こうとしていた）可能性があることは、仮処分申立に対するニコン側の「答弁書」（二〇一二年六月一〇日）に表れ出ている。

ニコンは、五月一九日の朝日新聞と、五月二一日以降ニコンに寄せられた抗議電話、メール等により、安さんの写真展が「政治活動の一環」であり、「政治性」を有するものであることを認識した。

五月一九日の『朝日新聞』名古屋本社版の記事のどこを読むと「政治活動の一環」であると判断されるのかは不明だが、はっきりしているのは、少なくともその記事が出た時点でニコン側が何の反応もしていなかったことである。むしろ、人種差別的な内容をも含んだ五月二一〜二二日の抗議メッセージの中身に接し、それを契機として「政治活動」なる解釈の枠組みが明確に形成され、そこから遡及して安世鴻の当初の企画意図や新聞記事を解釈しなおすことになったというべきであろう。

同年六月に開催されたニコンサロンの写真展のラインナップを見ても、リビアにおける「アラブの春」を撮った作品、アフガニスタンでの米軍の最前線で起きていることを撮った作品、差別を受けながらも「屠場」で働いてきた職人たちを撮った作品など、およそ「政治性」を外しては理解しがたいものが展示されていた。とすると、ニコン側がいう「政治性」とは、そのような一般的な意味におけるそれではなく、写真展に対して攻撃者たちが作り上げた〈反日〉の言説を基礎とし、〈反日〉活動を繰り広げる〈韓国人〉とそれに対する攻撃という対立の表象に対して設けられた特殊カテゴリーであると考えざるを得ない。上記答弁書は、そうした「政治」に自らは巻き込まれたくないというニコン側の姿勢を示すものと考えられる。だが、このような「政治性」から意識的に距離を置こうとする姿勢は、実のところ排外主義者らが作り上げた表象上の対立（〈反日〉対〈愛国〉など）の土俵自体を共有しているからこそ成立し得るものであって、その意味では中止の判断根拠自体が実に「政治的」なものであった。

このニコン側のスタンスは、裁判所の仮処分決定後にも引き継がれた。写真展開催の仮処分が決まっても、ニコン側は当初の判断を一切反省することはなく、それどころか、写真家・安世鴻や日本軍「慰安婦」制度の被害者たちに対する非難が、ニコンに対する攻撃にならないよう、問題を切り離すことに注力した。そうした切断の所作は、写真展スケジュールを掲載したウェブサイトの案内にはっきり表れている。他の写真展であれば、展示の趣旨や作家のプロフィール、作品見本などが掲載されるところ、仮処分決定後の安世鴻写真展の欄には次のようなメッセージだけが載っている。[*9]

> 安世鴻写真展は諸般の事情により中止することといたしておりましたが、東京高等裁判所から、「ニコンサロンを安世鴻氏の写真展のために仮に使用させなければならない」との仮処分が発令されましたので、これに従って、安世鴻氏に対し新宿ニコンサロンを仮にご使用いただくことといたしました。

写真展の中止決定は正当だと依然考えている、裁判所が仮処分決定をしたから「仮に」会場を使ってもらうだけだ、その判断責任は裁判所にある、内容の責任は写真家にある、非難するのならニコンにではなく裁判所か写真家に対して言え——このメッセージからは、そのようなメタメッセージがはっきり浮かび上がっている。写真家側に対しては批判的スタンスを貫く一方で、日本軍「慰安婦」問題否定論を核に広範に展開される排外主義側にはイエスともノーとも言わない。こうした姿勢は価値中立的なものともいえず、結果的に排外主義側との共存可能性の方に強く傾いたものであると考えざるを得ない。

歴史修正主義がもたらす沈黙効果

それでもニコンサロンは、少なくとも一度はその作品の意義を認めて写真展の開催を決定したのだし、渋々ながら実際に会場を提供もしたのだが、ここで私が思いをいたさざるをえないのは、それ以前の段階で止められ、表に出ることすらかなわなかった声が無数にあるということである。現代日本社会においては、インターネット等における〈反日〉に対する攻撃や実際の抗議運動などをおそれて、そもそも最初から日本軍「慰安婦」問題をはじめとした日本の植民地支配責任および戦争責任に関わる問題については公的には扱わない、あるいは扱うとしても日本政府側の姿勢からは一切はみ出さない、さらには問題の所在が〈韓国〉などの国外にあることを強調する、といった自主規制が広範に存在している。[*10] そうしたなかで、マイノリティの声、日本の責任を問い直す声は、それを発する場を次第に失いつつある。この事件を「表現の自由」をキーワードに考えるとき、重要なのはレイシズムをともなう歴史修正主義がもたらす、そうした沈黙効果である。

それは、一見構図が異なっているように見えるフジ住宅のレイシャル・ハラスメント事件と並べてみたときにはっきりする。[11] 同社では会長らが、〈韓国〉〈韓国人〉に対する非難と攻撃を含む歴史問題に関する膨大な資料（日本軍「慰安婦」問題をはじめとしたさまざまな歴史・外交問題に関する保守論壇雑誌記事やインターネット情報など）を社内で頻繁に配布していた。これに対し韓国籍の在日コリアンの一社員が精神的苦痛を覚え、会社側に改善を申し入れた。それでも文書の配布が続けられたため、この社員が大阪弁護士会に人権救済申立を行なったりしていたところ、退職勧奨まで受けることになり、危機感を覚えてやむをえず会長と会社を大阪地裁に提訴するにいたった（二〇一五年八月）。この場合、いささか驚くべきことだが、裁判のなかで「表現の自由」を主張したのは、被告たる会長側であった。その点だけを表面的に見れば、ニコン裁判は写真家の「表現の自由」、フジ住宅裁判は企業側の「表現の自由」をめぐっての争いであり、フジ住宅裁判は企業側の「表現の自由」をめぐる争いのように見えなくもない。しかしながらフジ住宅問題の場合も同様に、会社内の権力関係、日本社会におけるマジョリティ／マイノリティ関係、保守論壇と政治権力のつながり、インターネット言論における「嫌韓」と連動した歴史修正主義の広がりといった、圧倒的に非対称的な関係性のなかで、かろうじて発せられた一社員の異論さえ会社側が封じようとしたのであった。

民族的なマイノリティの声、それも日本の歴史的責任をめぐっての異質な声が、より大きな力によって抑圧されたという点においてはむしろ通底する問題を抱えている。

安世鴻写真展の場合、事前にインターネットでも公開された趣旨文を見れば、実のところそこには日本政府の責任を追及するような明確な文言が記されてはいない。「被害者」「戦争の苦しみ」「恨（ハン）」「苦痛」といった表現はあるが、彼女らのそうした苦しみの原因と責任がどこにあるのかといった問題にまではあえて踏み込んで書いていない。日本軍「慰安婦」としての経験が彼女らに苦痛を与え、その後の人生にも大きな影響を及ぼしたということは企画の大前提であるが、彼女らの苦痛は決してアジア太平洋戦争に動員されていた時期だけに限定されるものではない。重なり、また重なる苦しみ――その経験が刻まれた姿をフィルムに写し取ることが「重重（じゅうじゅう）」プロジェクトの核心であった。それは、もちろん日本の政府や国民の責任を相対化し無化しようとするようなプロジェクトではない。冒頭に記したように、写し出されたハルモニたちの姿を見る者に、その受け止めが委ねられている。かように安世鴻はあくまでも「低い声」[12]で写真とともに語っているのみである。そのような「低い声」で語られたことばですら、レイシズムと歴史修正主義による集団的な攻撃と、そうした「世論」をおもんばかった一企業の選択によって封殺されかけたところ、写真家とその周囲の人々の懸命の努力によってかろうじて免れた、というのがこの事件である。今もなお無数の声がかき消されるなかで、この裁判闘争のプロセスと結果は、ひとつの可能性を切り開くものである。

＊1 安世鴻『重重：中国に残された朝鮮人日本軍「慰安婦」の物語』大月書店、二〇一三年、一六頁。

＊2 応答可能性としての責任については、高橋哲哉『戦後責任論』（講談社、一九九九年）を参照。

＊3 原告側陳述書（二〇一四年九月二四日）より。本書一九四頁参照。

＊4 「反日」攻撃については、拙稿「基調報告 日本のレイシズムとヘイトスピーチ」（LAZAK（在日コリアン弁護士協会）編『ヘイトスピーチはどこまで規制できるか』影書房、二〇一六年）で論じた。また、鄭栄桓「「反日教育」批判の系譜」（『人権と生活』35、二〇一二年）も参照。

＊5 被告側提出証拠・乙第一二三号証、一～三頁。メールの日時は五月二一日一五時五七分となっている。

＊6 それぞれ、社会権規約委員会の「第50会期において委員会により採択された日本の第3回定期報告に関する最終見解」（二〇一三年五月一七日、26段落）、自由権規約委員会の「日本の第6回定期報告に関する最終見解」（二〇一四年八月二〇日、14段落）、人種差別撤廃委員会の「日本の第7回・第8回・第9回定期報告に関する最終見解」（二〇一四年九月二六日、18段落）より。

＊7 Robert K. Merton, *Social Theory and Social Structure*, Revised and Enlarged Edition, The Free Press, 1957, pp. 421-422. マートン「予言の自己成就」は日本語訳（森東吾ほか訳『社会理論と社会構造』みすず書房、一九六一年、引用箇所は二八三頁）があるが、ここでは読みやすく改訳した。

＊8 第11回口頭弁論（二〇一五年四月二〇日）における被告会社側証人の陳述より。本書二四四頁参照。

＊9 これは判決が確定した現在（二〇一七年七月）でも、そのまま残されている（http://www.nikon-image.com/activity/salon/schedule/back/201206.html）。

＊10 歴史問題だけではなく、フジテレビ前のデモ（二〇一一年八月）以来、K-POPが地上波からすっかり姿を消してしまったことも、同じ脈絡において考えるべきであろう。

＊11 ここで事件の詳細を語る紙幅の余裕はない。基本的な状況については「ヘイトハラスメント裁判を支える会」のパンフレット（http://www.taminzoku.com/information/1514）を参照。また、私が大阪地裁に対して提出した意見書のなかでこの問題を具体的に分析しており、いずれ公表する予定である。

＊12 日本では「ナヌムの家」とのタイトルで公開された映画（一九九五年、邊永柱監督）の原題は「低い声」（낮은 목소리）だった。

写真／検閲／ナショナリズム

小倉利丸

（思想・文化・運動批評、元富山県立近代美術館検閲訴訟原告事務局）

写真の歴史と検閲は切り離せない。にもかかわらず、日本の写真史が検閲の問題に注目して多くのページを割くことはあまりない。伊奈信男、木村伊兵衛、土門拳など戦時中に戦争報道に深く関与した人々が、そのまま批判的検証もされずに戦後日本の写真界の中核を構成する。しかも、日帝統治下の台湾や朝鮮の写真表現の検閲に関心を寄せる写真史や回想録の類いはほとんど見当らない。

このことに私は、崔仁辰『韓国写真史 1631—1945』（青弓社）を読んで気づかされた。崔は日帝統治下の韓国の写真検閲に多くのページを割き、検閲の背景や検閲に抵抗する写真家やジャーナリストにも言及する。検閲を支えた日本の自民族中心主義とナショナリズムの写真表現は、その相貌は変わりはしたものの、地続きで、今現在まで生きているのではないか。安世鴻の作品展中止の出来事はその端的な表れともいえる。

何をどのように「見せないか」をめぐる枠組み

検閲は、突然、大きな制度や組織が有無を言わせず外から押しつけてくるものではない。むしろ、こうした力の側にとっても、押しつける相手の服従や黙認の対応を見越して、その力を行使する。

写真を「見る」と一概に言っても、検閲者たちは鑑賞者の目とはまったく別の意図をもって写真を凝視する。彼らは、写真を法や既存の権力の秩序といった制度の利益の観点から細部にわたって解釈をほどこし、何を「見せない」ことが自分たちにとっての最大の利益になるのかに関心をもって写真を凝視し、公開の是非の判定を下す。この検閲者の目に繰返し晒されることによって、写真家や編集者は検閲の目を内面化し共有するようになる。こうして、写真家であれギャラリーであれ、検閲者の「見せない」という動機を内面化した作品の制作や展示を前提して、そもそもカメラを向けない、「見ない」、あるいは展示として選択しないという判断をとり、「見ない」対象への無関心が生み出される。あたかも自由な対象選択のなかで制作から展示までがなされると実感され、鑑賞者もまた「見せない」ことで生み出される写真の外部への関心を失なう。その結果として「見ないこと」への反省が欠落することになる。対象選択は、見る行為の最も根源的な問題だが、この根源に検閲は深く介入する。

　この検閲者の目をめぐる問題のなかで、最大の問題のひとつが、戦前戦後を一貫してナショナリズムの問題として現われる。安世鴻（アンセホン）のニコンサロン展示の経緯は、ナショナリズムが検閲を黙認する構造として機能した端的な事例である。選定に関わった選考委員、土田ヒロミ、大島洋、伊藤俊治、北島敬三、竹内万里子は安の作品を選定しながら、その後の展示中止に関して一貫して沈黙している。唯一竹内のみ、直後にニコンに抗議する意味で辞任したと言われていることが救いである。以下では主に彼らのこれまでの作品や文章を検討しながら、ナショナリズムと表現の自由を考えてみたい。

「日本人」への自足

　戦後の写真表現のなかで、広島・長崎の被ばく体験や原爆被害の記録への写真界の関心とナショナリズムは重要な主題といえる。なかでも土門拳の『ヒロシマ』は、ドキュメンタリーの傑作ともいわれたが、彼の視線は、民族的被害としての原爆被害の視点を超えることがなかった。戦時期の土門が「カメラを持った憂国の志士」として「報道写真家としての技能を国家へ奉仕せしめんとする」写真家であったそのナショナルなアイデンティティを、戦後日本の民主主義の枠に横滑りさせる以上の観点を持つことはなかった。

　土門よりも若い世代でヒロシマに関心をもった写真家のなかで、比較的土門の関心の持ち方と重なると思われるのは、土田ヒロミだろう。土田のヒロシマとの出会いは、七〇年代後半に入って初めて読んだ被爆体験記『原爆の子』

（岩波書店、一九五一年）がきっかけだという。この体験記に寄稿していた一八六人を探し出して取材し写真に収めるという企画から、取材に応じた九一人の写真が『1945～1979 ヒロシマ』（朝日ソノラマ）に結実する。土田は「戦後三〇年を経た広島に立ったとき、繁栄の都市が広がるばかりで、撮るべき対象は、もはやどこにもないように見えた」。だからこそ「見えないヒロシマを対象化」することは「ヒロシマを風化にまかせた戦後の日本人の意識を対象化すること。それはとりもなおさず私自身のそれを検証すること。」（「〝見えない〟ヒロシマ」、『土門拳全集第十巻』月報）だと述べている。そして土田は、土門との違いを意識して、「私の作業には、『見ようとしてこなかった、私を含めた非被爆者たちの意識を見るべきだ』、そのことを通してヒロシマに近づこうとする屈折したかたちがある」とも述べている。

土田の作品にあらわれた「ヒロシマ」は、その表現と対象だけ見れば、土門とは対極的なアプローチにみえる。鈴木佳子は、この土田の作品について「ヒューマニズムからの視点で共感を促した土門拳の「ヒロシマ」とは異なる、記録に徹して検証することによって事実を正確に把握するという方法を選択した」と土門との違いを強調するが（鈴木佳子「ニッポンの土田ヒロミ――聖なるもの、俗なるもの」）、私は別の意味で土門との共通性を感じる。他の土田の作品とは異なり、『1945～1979 ヒロシマ』には作家が対象に抱く思いが如実にあらわれている。土田は『原爆の子』を読み、その書き手を二〇数年の年月を経て探し、出会い、話を聞くという、一連のプロセスを通じて、対象として出会った人々との間に内面的な繫がりを構築してきた。事実の記録に還元できない関係を対象との間に築いたことによって、彼の「思い」が写真家としての主体を消し去れないものとして残したのだと思う。ここに土門との共通性を感じる。

土田もまた土門とは別の方法を通して「日本人」という枠組みを前提にしてきた作家だといえる。それは、「人間があああいう形で殺したという重い事実」や「市井の人間から彼が見ているヒロシマ（吹上流一郎「『原爆の子』たちは大人になっていた」、土田ヒロミ『1945～1979 ヒロシマ』所収から引用）が、「日本人」という枠組みのなかで語られるところから離れられていないように思うからだ。

戦争における被害の体験と記憶が、日本人の写真家にとって広島・長崎に象徴されるとすれば、朝鮮人の写真家にとっては何になるのだろうか。それは日本による戦争の加害を朝鮮人の側から、戦争の被害として表現することになるだろう。植民地支配による弾圧であり、強制連行や日本軍「慰安婦」あるいは「皇軍」兵士としての戦争体験など、おびただしい被害の経験であるだろうことは容易に想像できる。このなかで日本の加害責任が問われるのはむしろ当然のことだろう。安世鴻が朝鮮人として、「慰安婦」被害者のポートレートに取り組むことは、当然ともいえる問題意識であった。この当然が、日本では今に至るまで共有されていないのである。

巧妙な黙殺に抗う表現

ルワンダにおけるジェノサイドや性的暴力の被害者の女性と性暴力の結果として生まれた子どもたちのポートレートを撮り続けた写真家にジョナサン・トーゴヴニクがいる。彼女の写真集『ルワンダ ジェノサイドから生まれて』(赤々舎)の訳者あとがきで、写真批評家でもある竹内万里子は次のように述べている。

「女性たちが語るのはジェノサイドをめぐる壮絶な個人的体験の数々である。言うまでもなく性的暴力はそのデリケートな性質ゆえ、正面から語ることの大変難しい問題である。にもかかわらず自らカメラの前に立ち、その経験を語るということが、女性たちにとってどれほど重い意味とリスクを伴うかは想像に余りある。」

そして竹内は、ルワンダのジェノサイドがフツとツチのいわゆる部族対立などとして報じられるような出来事として解釈されるのではまったく不十分であって、「ベルギーの植民地政策やフランスの軍事支援などを通して作り出された政治的対立の結果だった」こと、「国際社会つまり私たちの世界は、それを巧妙に黙殺した」ことを強調している。

このアフリカの遠い国で起きている出来事を自分たちの経験に重ね合せて理解しようとする場合、このトーゴヴニクの作品は、韓国や中国と日本の読者たちとの間で、その反応は同じものとなるだろうか。とりわけ日本では、戦争体験や記憶のなかで、性暴力の加害の問題は、「巧妙に黙殺」され、共通の戦争体験理解にはなっていないのではないか。竹内が先で言及していることがらのほとんどすべて、つまり、写真に収まることを決意したそれぞれの女性たちの表情からマクロな歴史的な背景、そして彼女や子どもたちを生み出した戦争の背景と彼女たちを切り捨てようとする大国の思惑まで、ほとんど例外なく、「慰安婦」被害者の女性たちのポートレートにもあてはまるとはいえないだろうか。

竹内は、『ルワンダ』を刊行しようとした理由として「アートやジャーナリズムといったジャンルを越えて語りかける力を、本書に強く感じたからだった」という。戦争と性暴力という主題は、それ自体がアートやジャーナリズムというカテゴリーに収まりきらない幅と深さをもっていることを指摘している。ルワンダのこの女性たちのポートレートの作品と「慰安婦」被害者の女性たちのポートレートを交差させながら、過去の戦争から現在のアフリカの内戦までを貫くひとつの「構造」のなかに収めて理解すること、その可能性を安世鴻の写真展は与えうるものであった。はたして竹内はどのように考えるだろうか。

散種を拒否する土地の漂流者

世界を駆け巡る写真家は、ときには遊牧民や漂流する者のようにみなされ、それだけで、あたかもナショナルなアイデンティティを相対化する主体であるかのようにみなされることがあるが、果してそうだろうか。

伊藤俊治は「記録・記憶の漂流者たち」(『記憶／記録の漂流者たち　第3回東京国際写真ビエンナーレ』東京都写真美術館企画、光琳社出版)のなかで、「写真家は植物の種のようなものであり、彼はさまよいながら、どこにでも根を張ることができる」として次のように述べている。

「写真家は新しい土地に自分の持っていた、流れ去る記録／記憶を有機的に受け渡すことによってのみその土地に痕跡を残すことができる」

ここで伊藤は、よもや写真家が根を張ることを否定される場合があるなどとは想像もしていない。しかし、検閲という写真史にとって不可避の事態を念頭に入れたとき、種の着床を拒否する「土壌」があることを自覚しなければならない。伊藤の上の指摘を転用して表現すれば、根を張ることの拒否とは、記録／記憶の痕跡をその土地に残そうとする写真家の意図をその土地が受け入れないということだ。自らの土地に関わる記録／記憶の痕跡をむしろ消し去ろうとするその土地の意思は決して例外ではない。むしろ写真が「記録」あるいは「ドキュメンタリー」としての性質をもってきたその歴史全体を覆う問題でもある。ここには、流れ去る記録／記憶を有機的に受け渡すことで土地に痕跡を残そうとする写真家と、これに抗って痕跡を消去しようとする力との間の弁証法が存在する。安世鴻は、伊藤の表現を借りれば、記録・記憶の漂流者であり、朝鮮人として日本という場所に漂着し、そこで根づかせようとした種が、この場所で排除された問題だということである。

写真史における検閲を正面に据えて、再度写真家が土地の記録／記憶に果す痕跡としての作業を「痕跡」を残すことを否定する力をも視野に入れたとき、記録／記憶は、根本から再定義されければならなくなるだろう。伊藤は、今回の展示拒否に直面して何を考えたか。安が朝鮮人であることや、その主題が「慰安婦」被害者であることという事柄の具体性を自らの側に引き受けうるような枠組みを入れうるような再定義は果してなされたか。

写真の歴史性と同時代性

漂流は写真家の宿命かもしれない。どこへ？　なぜそこへ？　という問いは、写真家にとって必ず問われると同時に、作品となったその場所や人物を提示するだけでは見る者を納得させえない、写真表現の残余部分を常に抱え込むことになる。北島敬三は、ヤマトの出身者でありながら、沖縄を起点として、世界を巡った写真家だという意味で、常に他所者としての種を撒き続けてきた写真家ということができるかもしれない。沖縄で彼は性産業に働く女性たちや底辺に生きる人々に関心を寄せ、四方田犬彦の「ニューヨークの北島敬三」を読むと、ニューヨークへの関心もまた、アジアからの移民たちへの関心であったことがわかる。グローバリズムの世界の地理的な中心であれ周辺であれ、彼は社会的な周辺に、グローバリズムの周辺に半ば本能的に引き寄せられているようにみえる。

北島は、写真の速報性をほとんど気にしない作家でもある。沖縄のコザで撮られた作品も、旧ソ連で撮られた作品も、公開されるのはずっと後のことになる。作品を撮るという行為と、撮られた作品を再度対象化して、その意味づけを慎重に構築するために必要な長い熟成の時間、その両者を経て、見る者に表現として提示しうるものとなると考えているようにも思われる。強烈な同時代性を色濃く持つ写真をあえて封印することによって、写真が撮られた時代の意味を、その何十年も後に、今ここで問う可能性へと開くことを可能にした。これは、写真に歴史性を付与する特異な方法でもある。

北島は、二〇〇七年に沖縄の写真家、比嘉豊光とともに「写真０（ゼロ）年 沖縄」を開催する。このなかで「戦争の残響と占領の継続を引き受けなければならなかった沖縄の記憶を刻んだ七〇年代の写真に再び現在性を与え返す」としてコザのスナップショットを出品する。北島は安世鴻の作品について沈黙を維持しているが、こうした彼の関心の所在や彼の知的なバックグラウンドと安が「慰安婦」被害者にこだわって、日本と中国、東南アジアへと漂流するかのように往還することとの間に、彼らの体質的な違いにもかかわらず、私は奇妙な重なりを感じる。北島が比嘉とのコラボレーションを成し遂げたように、安世鴻との接点を必ずやいずれ持ちうるのではないかという期待を捨てきれない。ただ一点だけ、この私の予感を裏切るものがあるとすると、それは、この国に政治と経済――この場合は写真業界のことを指すのだが――が構築してきた検閲の構造が巧妙にこうした交流や討議の場そのものを妨げ、それを北島が黙認してしまうのではないかという、ただその一点のみである。

ノイズのなかの「真実」

漂流せず、散種を限定されたテリトリーに留まる写真家たちはどうなのか。大島洋は、「夢の視線」(『写真幻論』晶文社)のなかで、昭和天皇の死去の頃、皇居前に出向いた著者が目にした風景を次のように書いている。

「皇居前広場には、息を急き切らしたナレーションも緊張を強いてくるような言葉遣いも、あるいは「天皇崩御」のテロップも無いのであって、テレビの実況とくらべて現場には張りつめたような空気はほとんど感じられない。

ただ驚いたのは、二重橋の前に報道関係の脚立が林立し、一度にみるカメラマンの数としてはめったに見ることができないほどの沢山のカメラを持った人たちが群なしている。目を閉じて手を合わす人がいると一斉にシャッター音が雨のような音をたて、日の丸の旗を持った右翼や地べたに頭を擦りつける人の姿でも見つけようものなら、カメラの群がマスゲームのように移動し、シャッターの嵐となる。その過剰さは、その場にいながらシャッターを押さないでいることをカメラマンにあるまじき態度であるかのような罪の意識に陥れるようなところがある。いうまでもなく、それは私自身の意識のうちに潜在するものである。」

大島は、「皇居前でひれ伏す人たちのあの一連の写真や映像の嘘っぽさ」という。大島が問題にしているのは、写真でもカメラという道具でもなく、報道写真を撮る写真家という主体に内在する「態度」「罪の意識」あるいは彼自身にも「潜在」する「意識」そのものが構成する「事実」の相である。皇居前で土下座する人は確かに存在した。だからといって、こうした人を写した写真は「真実」を写したことにはならない。皇居前にいた大島にとって、真実は「写真」として流布された夥しい数の皇居前広場の写真から排除された風景である。では、誰が何の目的で排除したのだろうか。その排除のルールとでもいうべき振る舞いが、どの写真にも同様に見出せるとすれば、それは、個々の報道カメラマンやメディアの個別の意思ではなく、集合的な意思を想定しなければならない。天皇の死を「崩御」と呼び、このような事態に際して振る舞うべき態度とあらかじめ想定された光景に同調する写真は、「真実」を標榜して、このステレオタイプのプロパガンダに加担することになる。これを当然のこととするには個々の写真家もメディアの編集者たちも、この社会が天皇の死に際してとるべき振舞いを内面化していなければこうした事態が社会現象としては生まれない。

大島は、天皇の死に際しての皇居の報道写真を「ノイズを排した、世界と向かいあうことのない写真」だと批判したが、この彼の言い回しを借りれば、ニコンサロンによる安世鴻の作品の排除は、「ノイズを排した、世界と向かいあうことのない写真」こそが展示すべき写真であるという立場を表明したものといえるのではないか。ここでも「日本」という暗黙の文脈が「ノイズ」や「世界」といったカテゴリーの暗黙の前提となっているということなのである。そのことを、安世鴻の作品の展示中止というニコンサロン側からすればノイズでしかない出来事を「世界」のなかに復権させることは、大島の問題意識にとっても避けて通れない課題なのではないかと思う。

ナショナリズムとしての「制度としての視角」

選考委員たちから離れて最後に一言述べたい。中平卓馬は『なぜ、植物図鑑か』(晶文社)のなかで、映像の時代と呼ばれる現代では映像が「擬似現実とでも言うべき第二の現実を形成」し「現実を装った虚構の視覚を恒常的に強制してくる」と述べ、これを「制度としての視角」と呼んだ。「その政治的な役割はあきらかに現実からわれわれの眼をそらせ、ありもしない宙空に眼を組織化することにある」と指摘した。中平は、同時に、こうした制度としての視角と「個」としての作家の固有性とは矛盾しないと考えていた。しかし、そうである限り、世界は歪曲される。

「作家はア・プリオリなイメージに従って世界を見、世界に触れることが要求されていた。だがそれは結局のところ個による、さらに言えば、人間による世界の歪曲、世界の人間化を意味するにすぎなかったのではないだろうか。われわれはそのことを社会的な水準において、さらにわれわれのあらゆる思考、知覚の水準において深く反省せざるを得ない歴史の岐路に立たされているに違いないのだ」

なぜこうした歪曲に「個」としての作家が囚われるのか、「社会的な水準において」という場合の「社会」とは何なのか。中平が、抽象的に「人間」として語ったところに中平の指摘の限界があった。西欧近代が「人間」に言及するとき、そこには労働者階級も放浪民も「新大陸」に売りとばされる奴隷たちも、先住民もその範疇には入らなかった。近代日本はこの図式を転用して西欧近代の普遍的人間の位置に「日本人」を据えた。中平が「人間」として普遍化した概念を、「日本人」と読み替えて、その境界を明示し、その外部を意識化すると、中平の指摘は次のような変奏を示す。

「日本人の作家はア・プリオリなイメージに従って世界を見、世界に触れることが要求されていた。だがそれは結局のところ個による、さらに言えば、日本人による世界の歪曲、世界の日本人化を意味するにすぎなかったのではないだろうか。」

「作家たる日本人がもつ世界についての像が全てに優先され、それを作品を見、作品に触れる多数者の日本人のもつ同様な像に合致させるということ」

中平が批判したかったことはむしろこのことではなかったかと思う。安世鴻の作品は、日本が構築してきた「現実を装った虚構の視覚」とはっきりとした対立を示すことになった。中平が制度としての視角と呼んだまさに、その制度としてのニコンサロンと、この制度の一角をなす選考委員たちの沈黙（これは「恒常的に強制」された虚構の視角が言葉に課した猿轡であったわけだが）は「世界をあるがままに視つめることではなく、それどころか世界から眼を閉ざすことを意味した」ことのあらわれであり、作家個人がもつ世界についての像を否定したのである。安にとって、自己の民族的なアイデンティティと写真家としての個が世界を切り取り、対象を選択し、そこに「世界」を写真として再構成する自然な成行きが、同時に、日本の社会に包摂されている写真の世界が前提する制度化された視角、現実を装った虚構を暴くことになった。多くの社会や政治に触れる日本の作品が、どこかしら、日本の鑑賞者のナショナリズムに肯定的な逃げ場を用意することによって、「日本」という虚構を再生産し、鑑賞者を免罪できるような「甘さ」を持つのに対して、安は、こうした逃げ場を一切考慮することはなかった。

「沈黙＝死」の淵から帰還する

戦争への評価が、日本社会においては、圧倒的に被害者の側に過剰なまでに比重が置かれ、加害への意識を抑圧する「日本人」による歪曲、戦争の「日本人化」があるなかで、こうした歪みは、「日本人」ではない人々や「日本人」というナショナルなアイデンティティを相対化あるいは否定する「日本人」による「歪み」によってしか正すことはできない。ナショナリズムが生み出す「歪んだ」世界像の思惑に抗う方向へと歪ませる私たちの「歪んだ」視覚を持つこと、これが制度としての視覚に抗うことではないか。中平が「社会的な水準において、さらにわれわれのあらゆる思考、知覚の水準において深く反省せざるを得ない歴史の岐路に立たされている」と述べたことを私はこのように理解したいと思う。

安世鴻の作品への検閲が起きた場所は日本であり、ニコンは日本の資本であり、選考委員は皆日本人である。もしこうした条件が外されていたら、この検閲はまず起きようのない問題であった。「日本」と「日本人」が検閲を構成する根源にある。

戦争は被害と加害の両面があるにもかかわらず、写真表現のなかでは加害の国としての日本が表現されることが余りに少ない背景に「日本人」というナショナリズムの無自覚がある。鑑賞者としての「日本人」たちもまた、自国の加害を直視するよりも被害の体験を語ることを選びとってきた。これが戦後日本の「平和」言説における視点の歪みを支えてきた。だからこそむしろ侵略された側からの戦争の表現を、私たちは積極的に歓迎すべきなのである。写真がかつて国家の戦意高揚とプロパガンダに呑み込まれた歴史的な経緯を振り返ったとき、ヒューマニズムと批判的なドキュメンタリーを標榜する写真家や批評家たちの沈黙が、現代日本の時代の「空気」に与えた負の影響は決して小さいとはいえない。沈黙を続けるならば、やはり写真はまた再び、プロパガンダの道具になるのではないか。だからこそ日本の写真界や写真ジャーナリズムの当事者が、写真表現に関心を寄せる鑑賞者たちが安世鴻への検閲問題に沈黙せず、発言する可能性への期待を捨てたくない。表現の死の淵からの帰還はまだ可能であると思いたいのである。

〈引用・参考文献〉（安世鴻関係の文献を除く）

伊藤俊治「記録・記憶の漂流者たち」、『記憶／記録の漂流者たち　第三回東京国際写真ビエンナーレ』ギャビンフルー、ベヒシュタイン玲子、横山文子著、光琳社出版、一九九九年。

大島洋『写真幻論』晶文社、一九八九年。

北島敬三『北島敬三1975–1991　コザ／東京／ニューヨーク／東欧／ソ連』東京都写真美術館、二〇〇九年。

鈴木佳子「ニッポンの土田ヒロミ――聖なるもの、俗なるもの」『土田ヒロミのニッポン』東京都写真美術館／福井県立美術館、二〇〇七年。

竹内万里子「ルワンダ ジェノサイドから生まれて」、ジョナサン・トーゴヴニク『ルワンダ ジェノサイドから生まれて』所収。二〇一〇年。

崔仁辰『韓国写真史1631–1945』犬伏雄一監訳、青弓社、二〇一五年。

土田ヒロミ『1945–1979 ヒロシマ』朝日ソノラマ、一九七九年。

土田ヒロミ『ＨＩＲＯＳＨＩＭＡヒロシマ２００５』ＮＨＫ出版、二〇〇五年。

ジョナサン・トーゴヴニク『ルワンダ ジェノサイドから生まれて』竹内万里子訳、赤々舎、二〇一〇年。

土門拳『ヒロシマ』研文社、一九五八年、『土門拳全集第十巻 ヒロシマ』小学館、一九八五年。

中平卓馬『なぜ植物図鑑か』晶文社、一九七三年（ちくま学芸文庫、二〇〇七年）。

吹上流一郎「『原爆の子』たちは大人になっていた」、土田ヒロミ『1945–1979 ヒロシマ』朝日ソノラマ所収、一九七九年。

四方田犬彦「ニューヨークの北島敬三」、前掲『北島敬三1975–1991』東京都写真美術館、二〇〇九年。

「表現の自由」と「慰安婦」問題

金富子（ジェンダー史・ジェンダー論、植民地期朝鮮教育史／東京外国語大学教授）

なぜ、ニコン「慰安婦」写真展（正式には、安世鴻（アンセホン）写真展「重重─中国に残された日本軍元『慰安婦』の女性たち」）中止事件が起こったのか。

本件が、日本の世界的企業ニコンによる「表現の自由」の抑圧に関わる重大な事件であるのはもちろんだが、写真家・安世鴻による写真展のテーマが日本軍「慰安婦」問題であり、写真の被写体がすべて「慰安婦」被害女性たちだったからこそ起こったという側面を見逃すことはできない。つまり、「慰安婦」問題を狙い撃ちにする「新しい歴史教科書をつくる会」（一九九七年一月結成。以下「つくる会」）の登場から本格的に始まり、現在も日本社会を席巻している歴史修正主義が密接に関係している。

実際に、写真展前にはニコン側に（写真展を開けば）「慰安婦」問題を認めることになるとか、「反日企業」などという抗議メールや抗議電話、2ちゃんねるへの書き込みなどがあったという（ニコンは、これらに過剰反応して写真展の一方的中止を通告した）。写真展の当日もニコンサロン（東京新宿）があるビルの前で、「在日特権を許さない市民の会」など排外主義団体による街宣活動が行なわれた。

にもかかわらず、来場者は累計七九〇〇名に達したという。写真展は一五日間にわたり開催されたので、一日平均約五二七人に達する。この種の写真展では異例なほど多い入場者数だったのではないか。企業が一部の歴史修正主義者の圧力に屈して「表現の自由」を抑圧しようとしたのに対して、安世鴻と日本の市民たちは、これをはねのけて「表現の自由」を守ろうとしたのである。

「慰安婦」問題を攻撃する心性──恥意識と被害者意識

では、なぜ日本の歴史修正主義者たちは、「慰安婦」問題を攻撃するのか。「つくる会」創立時のメンバーであり、「慰安婦」を自発的で計算高い売春婦として描いた漫画家・小林よしのりは、「祖国のため子孫のため戦った男たちの性欲を許せ」「慰安所を利用して死んでいったじーさんたちを強姦魔と決めつける連中って一体どんな鬼畜生なんだ」[*1]と漫画で描いて一定の支持を得たように、日本の歴史修正主義者たちは──その多くは男性であるが──「慰安婦」問題を「日本を貶める」というナショナリズムの問題としてだけでなく、「日本の男を貶める」という意識的／無意識的なジェンダーの問題として理解していると考えられる。ここには二つの正当化がある。侵略戦争を「祖国のため子孫のため戦い」と正当化し、「慰安婦」制度を「男たちの性欲を許せ」「強姦魔と決めつけるな」と都合よく正当化している。小林には、「慰安婦」問題を女性の人権とみる視点や、侵略戦争と植民地支配を引き起こした植民地主義への反省がみられない。

こうした一部の日本人、とくに男性たちの心性の根底には、「慰安婦」問題に対する以下のような恥意識、被害者意識、自己防衛反応が関わっていると考えられる。

まず、恥意識からみよう。「慰安婦」問題は、日本軍と過去の日本の恥部を直撃する。小林よしのりの言う「強姦魔」という名指しは、「日本の男の誇り」をズタズタにする。また日本の代表的な歴史修正主義者の八木秀次はいみじくも、「慰安婦」問題は「日本の『加害の歴史』を象徴するとともに、男が女を陵辱したという『ジェンダー』にかかわる問題と考えられているからだ」としながらも、「謂われなき贖罪意識をいつまでも持ち続ける必要はない」[*2]と語った。「慰安婦」問題とは、過去の日本を賛美する者たちが隠しておきたい加害の歴史であるとともに、戦時性暴力の犯罪者という、ナショナリズムとジェンダーに関わる二重の恥部を直撃するために、必ず否認・除去しなければならない障害物となるのではないか。

次に、被害者意識をみよう。「つくる会」創立メンバーの藤岡信勝が「『従軍慰安婦』問題で日本人は世界中で軽蔑され、糾弾される状況になりつつある」[*3]と述べたように、一九九〇年代から右派にはこの意識が根強い。最近でも、安倍首相が、国会で二〇一四年一〇月に朝日新聞問題に関連して、「日本のイメージは大きく傷ついた。『日本が国ぐるみで性奴隷にした』とのいわれなき中傷が世界で行われている」と述べたものも、被害者意識の現れである。

また日本の右派メディアの代表である産経新聞も、「「慰安婦」問題は「歴史認識の見解の違いではなく、『戦い』＝「歴史戦」」であるとして、「慰安婦」問題では日本国内で勝利したが、海外では負け続けているという認識をもつ。つまり「仕掛けられた歴史戦に負け続ける被害者としての日本」[*4]という自己認識なのである。これは、DVの加害男性が、自分が暴力をふるうのは女性が悪いためであるという被害者意識をもつことと通底する精神構造である。

過剰な自己防衛反応と〈少女像〉バッシング

こうした恥意識、転倒した被害者意識は、過剰な自己防衛反応を引き起こす。この事情をジョルダン・サンドは、以下のように説明した。[*5]

> 「慰安婦」問題には、規模を大きくしたレイプ訴訟のような性質がある。この構図のなかで、通常圧倒的な力を持つ男性が、その行為を恥じるべきものとして公のまえにさらけ出される。性暴力についての社会的、法的規範は第二次世界大戦以来著しく進歩してきたのである。にもかかわらず、多くの男性にとっては、性暴力は依然として犯罪の深刻さを理解しづらい、また自分の男性としてのプライドに触れるものとして、特殊な感情で受け取られる。この感情がナショナリズムの感情と融合すると強い自己防衛的反応を引き起こす。

つまり、一部の日本人男性（右派勢力含む）は、「慰安婦」問題を通じて、「男性としてのプライド」を刺激するジェンダー的な感情が、「日本のプライド」という国家と自己を一体化した感情的ナショナリズムと結びついて、強い自己防衛的反応を引き起こしているというのである。

実際に、こうした被害者意識や自己防衛反応を体現する出来事が、最近、米国で起こった。二〇一七年六月三〇日、〈少女像〉が米国ジョージア州の小都市ブルックヘブン市立公園に設置された。同州アトランタでの設置が頓挫したためであったが、米国では二体目の〈少女像〉である。しかしその直前の二六日、アトランタ駐在の篠塚隆日本総領事が地元紙のインタビューで「慰安婦は売春婦」という趣旨の発言をしたと報道され、国際的な波紋を呼んだ。その後、日本の外務省は「売春婦」発言部分を否定したが、日本総領事の実際の音声では「(「慰安婦」に関して)歴史的な事実として、女性は性奴隷ではなく、強制されていない」と語ったことが確認された。さらに〈少女像〉に対して「ブルックヘブン市での慰安婦像は多くの論争を巻き起こす政治的なツール。日本に対する憎悪と憤りの象徴だ」とも語った。[*6] この総領事は〈少女像〉設置を阻止するために、ブルックヘブン市長と市議会に対して反対ロビー活動をしてきたという。[*7] 日本総領事が〈少女像〉に対して「日本に対する憎悪と憤りの象徴」だとあらわな嫌悪感情で語ったのは、「慰安婦」問題を「日本を貶める」「反日」攻撃の一環としてみなして被害者意識を高揚させ、〈少女像〉を除去することで「慰安婦」問題を終わらせたい、消してしまいたいという自己防衛反応に走ったからではないだろうか。

性暴力の告発に抑止的な日本社会

なぜ、そうなるのか。日本に暮らしていると忘れがちになるが、日本は世界に冠たる男性優位社会である。たとえば、国会議員のうち女性が占める割合は衆議院九・三％(四四人)、参議院二〇・七％(五〇人)だ(二〇一七年一月現在)。民間企業(一〇〇人以上)での管理職では、課長相当職は一〇・三％、部長相当職は六・六％である。裁判官・弁護士・検事の女性比率は二割前後であり、女性の記者も一八・四％に過ぎない(二〇一六年)。女性の貧困も深刻だ。国際的に見ても、二〇一六年のジェンダー・ギャップ指数(Global Gender Gap Index、GGGI)の日本の順位は、一四四カ国中一一一位である。[*8] 政治・経済・司法・メディアなど、ほとんどの分野を牛耳っているのは、男たちである。

こうした男性優位の日本社会のなかで性暴力を告発した女性は、主に男性たちから激しいセカンドレイプにさらされる。最近では山口敬之事件(別名は詩織さん事件)がその典型である。[*9] 被害女性は加害男性を告発したりせず、恥じ入って公にしないことを期待されるのだ。またレイプ裁判において加害男性がつねに持ち出すのが被害女性の「合意」言説である。「慰安婦」問題ではこの「合意」言説にあたるのが「売春婦」言説であり、性奴隷／強制性／「少女性」(朝鮮人「慰安婦」の場合)の否定である。ここに共通するのは、加害責任から逃れたい、被害女性に責任転嫁したいという隠された欲望である。

このように、男性優位で、性暴力の告発に抑圧的な日本の社会的土壌があるからこそ、「慰安婦」問題という、植民地主義と結びついたナショナリズムと男としてのジェンダー意識に直接関わる「表現の自由」に対しても、抑圧的に作用していると考えられる。

「表現の自由」と「慰安婦」問題

「慰安婦」問題と「表現・言論の自由」の抑圧に関わる先例としては、二〇〇一年に起こったNHK番組「問われる戦時性暴力」改ざん事件がある。その前年である二〇〇〇年一二月に開廷した「日本軍性奴隷制を裁く女性国際戦犯法廷」(以下、女性法廷)を取り上げるはずだった同番組は、無惨にも改ざんされて放映された。

女性法廷とは、「慰安婦」制度という名の日本軍性奴隷制がどのような点で戦争犯罪なのか、誰にその責任があったのかについて証拠に基づいて審理し、処罰されるべき戦争犯罪であったことを明らかにすること、それによって世界各地で現在もつづく武力紛争下の性暴力不処罰の連鎖を絶つという目的で開かれた民衆法廷だった。女性法廷の当日には、八カ国(韓国、北朝鮮、中国、台湾、フィリピン、オランダ、インドネシア、東ティモール)から被害女性六四名が参加するなかで、首席検事団・各国検事団によって、被害者(サバイバー)本人・ビデオの証言、証拠展示、裁判官の質問、専門家証人、日本軍元兵士の証言などが行なわれた(日本検事団には東澤靖弁護士=ニコン裁判の弁護団長がいた。筆者も起訴状作成チームのメンバー)。判決日には、国際法の世界的権威によって構成された判事団が、当時の国際法に拠って、「昭和天皇の有罪」「日本政府に国家責任」という歴史的判決(=正確には「認定の概要」)を下した。

しかしながら、同番組は、肝心の女性法廷や判決を伝えず、中国・東ティモールの「慰安婦」被害女性の証言や元日本軍兵士の加害証言をカットし、女性法廷を高く評価したコメンテーター・米山リサの発言をゆがめ、女性法廷を否定し被害女性を冒涜した秦郁彦の発言を入れたのである。

同年七月、女性法廷の主催団体VAWW-NETジャパン(VAWW RAC=「戦争と女性への暴力」リサーチ・アクション・センターの前身)と松井やより(初代代表)が原告となり、NHK、ドキュメンタリー・ジャパン(DJ)、NHKエンタープライズの三者を相手に東京地裁に提訴した。松井は、提訴した理由を「沈黙すれば、暴力による言論弾圧や権力に迎合する報道機関の自主規制を許すことになる」と語った(松井亡き後は、西野瑠美子・東海林路得子が原告を引き継いだ)。元DJのディレクターで、番組直後から最も早く告発した坂上香がいたことも支えとなっ

女性国際戦犯法廷　2000年12月（提供：VAWW RAC）

た。約七年間に及ぶ裁判のなかで、長井暁（当時NHKの番組デスク）の内部告発、原告・弁護団の尽力と市民たちの支援により、NHK上層部が政府高官・政治家の「意図を忖度」（高裁判決文）したこと、つまり政治介入を背景に番組改ざんが引き起こされたことが明らかになった（最高裁で逆転敗訴[*10]）。

NHK番組改ざん事件は、NHK上層部が歴史修正主義者の政府高官・政治家の「意図を忖度」することで、番組の制作現場に圧力をかけ改ざんさせた事件だった。この番組がターゲットになったのは、単に「慰安婦」問題を扱っただけでなく、昭和天皇をはじめ日本軍の高官が被告になり、国際法により日本軍・政府の責任を明らかにした女性国際戦犯法廷を取り上げた番組だったからだったという西野の指摘も重要だ[*11]。一方、ニコン「慰安婦」写真展中止事件は、一部の歴史修正主義者たちから抗議のメール・電話、2ちゃんねるの書き込みなどがあっただけであり、これを真に受けた担当役員が社長の意図を「忖度」して、写真展を中止に追い込もうとした事件だった。前者には実際の政治介入があったが、後者の抗議には実態がなく「幻」といえるものだった。しかも写真展では、写真以外にいっさいの説明がなく、ニコン側が主張した「政治活動」の根拠もなかった。

NHK番組改ざん事件から十一年後の二〇一二年に起こったニコン「慰安婦」写真展中止事件は、「慰安婦」問題を排除しようとする日本社会の「忖度」が空気のように浸透し、より深刻になったことを示している。

性差別的な性暴力表現と森美術館問題

ところで、女性蔑視的な性暴力表現作品が〝芸術〟として絶賛された展覧会が、ちょうどニコン「慰安婦」写真展中止事件と同じ年に開催された。六本木にある森美術館で、二〇一二年一一月からはじまった「会田誠展：天才でごめんなさい」である。この会田誠展は、NHKの「日曜美術館」でも取り上げられ、『美術手帳』でも賞賛する特集が組まれた。展覧会も盛況であり、若者もたくさん来場していた（筆者も後述するＰＡＰＳの指摘で鑑賞した）。森美術館のＨＰには、会田が「美少女、戦争画、サラリーマンなど、社会や歴史、現代と近代以前、西洋と東洋の境界を自由に往来し、奇想天外な対比や痛烈な批評性を提示する作風で、幅広い世代から圧倒的な支持を得ている」と紹介されている[*12]（下線部筆者）。

しかし展示期間中に、会田誠展で展示された「犬シリーズ」などの作品群が、「ポルノ被害と性暴力を考える会（ＰＡＰＳ）」などによって女性侮蔑的な性暴力表現であることを指摘されて、問題になった（展示の一部は一八禁部屋としてゾーニングされた）。「犬シリーズ」とは、全裸の「美少女」が四肢切断されて首輪につながれた6連の絵画である。それ以外にも、「若い女性の裸体へのペインティング、全裸の少女が食べ物としてスライスされたり焼かれたりしている『食用人造少女、美味ちゃん』シリーズ、裸体の若い女性（実写）がキングギドラの頭部でレイプされている『巨大フジ隊員VSキングギドラ』、無数の少女がミキサーで潰されている『ジューサーミキサー』など」[*13]である。現在でもネットで「犬シリーズ 会田」と画像検索すると簡単に出てくる（二〇一七年七月二二日現在）。

ＰＡＰＳが抗議したのは、作者である会田誠本人ではなく、森美術館だった。それは、「どのようなものを描こうとも、それが広く公開展示されていないかぎりは個人の自由、個人の内面の問題」だが、「女性の人権や尊厳を著しく侵害する作品が森美術館のような公共的な性格を強くもった場に無批判に展示した美術館の姿勢[*14]」であることを問題にしたかったからだ（森美術館問題）。ＰＡＰＳが性暴力表現作品の撤去を求めて森美術館に抗議行動[*15]をはじめると、多くの団体や個人からも抗議文が出され、さまざまな主催団体によって討論集会などが開かれ、新聞でも報道された。ＰＡＰＳと森美術館との間で話し合いがもたれたが平行線に終わり、性暴力表現作品は撤去されないまま、予定通り二〇一三年三月末まで、四ヵ月以上にわたって開催されたのである。

強者に都合のいい主流秩序と「表現の自由」

森美術館問題とニコン事件とは、「表現の自由」をめぐって一見、真逆の経過をたどったようにみえる。前者では性暴力表現作品が長期にわたって大々的に展示され、後者では「慰安婦」写真展が中止寸前にまで追い込まれたからだ。

このことを、イダヒロユキのいう「主流秩序」という言葉をつかって考えてみたい。主流秩序とは「その社会の強者による価値観で人のありようを望ましいものから望ましくないものへと並べ、競争的に適合させる、その全体」であり、強者にとって都合のいい主流秩序が社会的な少数派、弱者、被差別者への差別や抑圧をもたらしている。強者とは、先述のように、日本人で（健常者の）男性をさすだろう。この主流秩序には、異性愛で男／女らしくあるべしというジェンダー秩序、見た目秩序（美の秩序）、モテる秩序、弱肉強食秩序、若さ秩序、性的欲望秩序、コミニュケーション秩序、流行秩序などの「サブ秩序」から形成されている。とくに性的欲望秩序とは「性的欲望に無批判的で、性的欲望を利用して成功しよう、性的悦楽の追求が大切」という秩序をいう。[*16] これらに加えて東アジアに対しては、日本を頂点とする植民地主義的な民族秩序も加わるだろう。日本の戦争責任や植民地支配責任を追及しない社会秩序も入るかもしれない。多くの人々は、この主流秩序に意識／無意識的に沿いながら日常を送っている。

会田作品は、「奇想天外な対比や痛烈な批評性」があり、高尚なアートと低俗なポルノ（マンガ）を「自由往来」する作風とされているため、権威に対して一見、反逆的に見える。しかし「犬シリーズ」が典型的にそうであるように、その内実はこうしたジェンダー秩序、見た目秩序（美の秩序）、モテる秩序、弱肉強食秩序、若さ秩序、性的欲望秩序、流行秩序、さらには性差別秩序、性暴力容認秩序などの日本社会の強者優先主流秩序の価値体系に沿った作品群にすぎない。小林よしのりのいう「男たちの性欲を許せ」と通底する発想だ。

一方、安世鴻の作品は、中国に半世紀以上も置き去りにされ望まない異境暮らしを強いられた朝鮮人「慰安婦」被害者のしわだらけの顔や日常生活を淡々と映し出しながら、観る者に苦痛と孤独、悲しみと絶望、帰ることができな故郷への断ちがたい思い、厳しい暮らしぶりを想像させ、その向こうに過去の日本による戦時性暴力の事実と責任、ひいては戦争責任・植民地支配責任を問いかけてくるために、加害の過去を消してしまいたい日本社会の主流秩序に対して根源的に反逆する、深い批評性・批判性をもつものになっている。

会田作品が主流の性的欲望秩序・性暴力容認秩序の反復だとするならば、安世鴻作品は性暴力容認秩序、加えて民族秩序の転覆をはかろうとするものだ。だからこそ日本社会のなかで、前者は「圧倒的に支持」され、後者は排除されようとしたのであろう。しかしながら、権力批判としての「表現の自由」の名において真っ先に擁護されるべきは、主流秩序に異議申し立てをした後者の方であるのは言うまでもない。

平和と人権が優先される社会秩序を

ＶＡＷＷ-ＮＥＴジャパンがＮＨＫに対して裁判を決意した最も大きな理由は、西野瑠美子によれば、「『慰安婦』被害者と女性法廷のアイデンティティと人格権が深く傷つけられ、誤った情報が広く社会に垂れ流されたことへの怒りであり、なぜこのようなことになったのか、真相を明らかにしたいという強い思い」[*17]があったからだった。番組で歪曲された被害女性の人権を守るために裁判をしたからこそ、真実の一端は明らかになった。

ニコン「慰安婦」写真展事件も裁判をしたからこそ、写真展を中止しようとするにいたる抗議の実態や企業の内部事情が明らかになり、「表現の自由」を保障しようとする判決を得て勝訴した。しかし勝訴して得たのは、「表現の自由」だけではない。安世鴻の写真作品が映し出そうとした「慰安婦」被害者のアイデンティティと人格権でもあったと思う。私たちの課題は、これまでの幾重にも抑圧的な主流秩序をいかに転覆させて、植民地主義を清算し、平和と人権を優先させる社会秩序をつくっていくのかにあるのではないだろうか。

＊1 「小林よしのり『新ゴーマニズム宣言3』小学館、一九九七年、八二、八九頁。

＊2 八木秀次「重ねて『河野談話』の撤回を求める」『産経新聞』二〇〇五年二月一〇日付。

＊3 『現代教育科学』明治図書、一九九六年十一月号。

＊4 山口智美ほか『海を渡る「慰安婦」問題——右派の「歴史戦」を問う』岩波書店、二〇一六年、vi頁

＊5 ジョルダン・サンド「歴史認識のギャップをどう縮めるか〜「慰安婦」問題と感情的ナショナリズム（上）」『WEBRONZA』二〇一五年八月一四日 http://webronza.asahi.com/politics/articles/2015081300011.html（二〇一七年七月七日最終閲覧）

＊6 「慰安婦は売春婦 米アトランタ日本総領事発言が波紋（こちら特報部）」『東京新聞』二〇一七年六月二九日付。

＊7 「米アトランタ日本総領事「慰安婦は売春婦」妄言 現地韓国人社会に波紋」『中央日報［日本語版］』二〇一七年六月二七日付。

＊8 内閣府『男女共同参画白書』2017年版 http://www.gender.go.jp/about_danjo/whitepaper/h29/zentai/index.html

＊9 詩織さん事件ではなく、山口敬之準強かん（もみ消し疑惑）事件とすべきである。二〇一五年にジャーナリスト山口敬之氏か

ら準強かん被害に遭った女性・詩織氏が山口氏を告発したが、山口氏を逮捕する直前に逮捕は取りやめになり、検察は不起訴処分とした。二〇一七年五月に彼女はこれを不服として検察審査会に審査を申し立て、〝実名・顔出し〟の記者会見を行なった。山口氏は「合意」だったと否定したが、山口氏が安倍首相に近い人物であったことから、官邸によるもみ消し疑惑も浮上した。その後、彼女に対しては、励ましがある一方、「(記者会見で)胸元を開けすぎ」「ハニートラップ」などの激しいバッシングにさらされた。「詩織さん会見　名前と顔公表　反響は励まし、バッシング」『毎日新聞』二〇一七年六月八日。

＊10　詳しくは、VAWW-NETジャパン編、西野瑠美子・金富子責任編集『消された裁き――NHK番組改変政治介入事件』凱風社、二〇〇五年。及び同編、西野瑠美子・東海林路得子責任編集『暴かれた真実――NHK番組改ざん事件　女性国際戦犯法廷と政治介入』現代書館、二〇一〇年。

＊11　西野瑠美子「人間の生きざまを問うたNHK番組改ざん事件」西野瑠美子・東海林路得子責任編集同前書所収。

＊12　http://www.mori.art.museum/contents/aidamakoto_main/artist/(二〇一七年七月二二日最終閲覧)

＊13　ポルノ被害と性暴力を考える会編『森美術館問題と性暴力表現』不磨書房、二〇一三年、五頁。

＊14　同上書、七〜八頁。

＊15　PAPSによる「森美術館への抗議文」では、会田の「犬シリーズ」などの諸作品が①作図による児童ポルノ、少女への性的虐待、商業的性搾取、②(「犬シリーズ」は)描写を通じた性暴力の一形態、③身体障がい者への差別と侮蔑行為、④こうした諸作品を、公共性をもつ森美術館が公開することは差別と暴力の公認、推進にあたる、⑤少女の局部の描写は刑法のわいせつ物頒布罪・陳列罪に当たるとして、女性の尊厳を傷つける諸作品の撤去を申し入れた(同上書、一五四〜一五五頁)。ただし、PAPSの抗議行動に対して「会田誠展を弾圧するとは何事だ！　絶対に許さないぞ！　表現の自由を何だと思っているのだ！　表現の自由を奪うやつは民主主義の敵である！　日本は中国とは違うぞ！」などの中傷メールが送られてきたという(森田成也「ポルノ表現と性暴力」同上書、九一頁)。

＊16　イダヒロユキ「性暴力被害者に耳を傾けず主流秩序にいなおる森美術館」同上、一一四〜一一五頁。

＊17　西野瑠美子前掲文、九頁。

3

裁判を支えた人びとの記録

企業は人権のためにどう行動すべきなのか

東澤 靖（ニコンサロン「慰安婦」写真展中止事件弁護団長）

この裁判で問題とされたのは、いうまでもなく安世鴻さんの人権である。その影響が現在もアジア太平洋地域に残されている日本軍性奴隷制度を、自らの写真によって伝えようとする「表現の場」が、理不尽なニコンの決定によって奪われた。憲法学の世界には、人権は公権力による侵害だけではなく、社会権力によるものからも保護されるべきだとする、「人権の私人間効力」という考え方がある。その枠組みで考えれば、安さんの人権はニコンという社会権力によって奪われ、そして、裁判所は、そのようなニコンの社会権力の行使が違法なものだと判断したとも言える。

だが、こうした法的な道筋とは別に、それがあるべき解決であったのか。その思いは、事件を通じて頭の中から振り払うことはできなかった。

いうまでもなく、ニコンは、写真表現に敵対するはずの企業ではない。むしろニコンサロンという場を通じて、有望な新進の写真芸術に、その表現の場を与えてきた。そしてその選考委員会が、安さんの写真に写真芸術として卓越したものを見い出し、新宿展のみならず大阪展で広くその写真を人々に見てもらおうとしたことは、写真文化の向上に貢献しようとする企業の積極的な社会貢献活動であろう。そのことは、自社の写真機器の市場拡大につなげようとする狙いがあったとしても、否定されるものではない。

しかしこの件でニコンは、「慰安婦」問題へのネットや電話での匿名の抗議を受けて、直ちにその姿勢を捨ててしまった。裁判を通じて明らかになったように、そのような状況への対応は、あまりにも安易に、必要な検討もなしに決められてしまった。危険を感じたというニコンは、警察はおろか、安さん本人に相談することなしに、自社の利益を優先しようとした。これでは、ニコンの謳う社会貢献活動はあまりにも薄っぺらなものといわれても仕方がない。「慰安婦」問題を歴史から消してしまおうとする勢力に同調したのであればなおさらである。

安さんがニコンに期待したかったのは、ニコンが写真文化の向上に貢献するという本来の立場を維持し、写真表現に対する理不尽な妨害を、ともにはね除けようとすることであった。事件の真相が裁判を通じてほぼ明らかになったときにも、安さんは弁護団を通じて、「写真表現の自由の擁護者として、真の写真文化の向上をめざす」選択肢と解決案を、ニコンに提案していた。

しかし、結果的にニコンはそれを受け入れることなく、事件は裁判所の判断を受けることとなった。

近年、企業の活動については、「企業の社会的責任（CSR）」や「人権を尊重する企業の責任」（国連指導原則）が指摘されるようになっている。企業を取り巻く法的な制裁や、消費者や投資家を通じての社会的な制裁のもとで、その活動や判断において人々の人権に与える影響を十分に考慮に入れることなしには、企業活動は持続可能なものとなることはできない。同時に、それが十分に考慮されるのであれば、企業活動は、社会における人権の向上に大きな役割を果たすことができる。

もしニコンが、世界的な企業として、今日グローバル企業が取りつつある大局的な視点に立つことができたのであれば、今回の事件は起こらなかった。起きてしまった後でも、安さんとの協力の下に確固とした対応を取るならば、写真表現を守り実現するという、企業の名声を高めるための機会は、何度もあった。判決が行なわれてしまった後でも、その機会は失われたわけではない。

その意味では、ニコンのみならず、同じような状況におかれるかも知れない他の企業に対し、この事件は、企業が自らの社会的価値を高めるための教訓に満ちているのだということをぜひ伝えておきたい。

私たちは、真実の提防を築くことができるのか

岩井 信（ニコンサロン「慰安婦」写真展中止事件弁護団）

主尋問の冒頭、ニコンの弁護士は岡本恭幸取締役に、「映像カンパニー（ニコンサロン担当）のことはカンパニープレジデントが決める」と言わせた。私は、「ニコンは岡本取締役に全責任を負わせるつもりだ」と思った。岡本取締役が、映像カンパニーのプレジデントなのである。

「教えてニコンさん！」というフレーズで裁判を進めてきたのは、ニコンが、いつ、どこで、誰が、どのような理由で「慰安婦」写真展を中止したのか、ニコンの主張がコロコロ変わり、何が真実か、わからなかったからである。

仮処分段階で提出されたニコン社員の陳述書では、五月二二日の「午後1時ころから1時間ほど」の「本社の会議」で中止が決定されたと述べていた。中止の理由も、写真展が「政治活動の一環」と判明したからというものであった。「ある取締役」は「ニコンサロンを政治活動の場にしてはいけない」と発言したと書いてあった。

本裁判になるとニコンは、午後一時からの映像カンパニー内の会議で中止の方向性を決め、午後二時からの「トップ3」（三役＝会長、社長、副社長）との会議が突然登場し、そこで中止を決定したと主張した。中止の理由も「安全性の確保」「中立性の確保」「手段性の回避」に置き換えられた。

ところが、その約一三ヵ月後に提出された岡本取締役の本訴の陳述書では、午後一時の映像カンパニー会議で岡本取締役が中止を決定し、午後二時からの三役との会議は「情報を共有する場」になっていた。「ニコンサロンを政治活

動の場にしてはいけない」旨の発言は消え、中止理由も「安全性の確保」だけになった。

今回の裁判は、ニコンの主張書面の内容も、岡本取締役の陳述書の内容も、臆面もなく変遷し、相矛盾していた。岡本取締役は「中立性の確保」「手段性の回避」と理解できる発言は会議では「出ませんでした」と証言した。岡本取締役は「裁判の主張の内容について把握してるんですか」との質問に、「弁護士の方にお任せしてます」と答えた。しかし、代理人である弁護士は事実を知らない。事実を体験者から聞き出すしかない。はたしてニコンの弁護士が真実に反した主張をしているのか、それとも岡本取締役が真実に反した証言をしているのか。

真実などおかまいなしに、主張や陳述の内容を変えても恥ずかしがることもせず開き直る。「真実が何か」への関心などどこにもなく、場当たり的な主張を強弁し続ける。これは、アメリカや日本や世界各地の政治で、現在日々進行している事態と変わらない。


オックスフォード英語辞書は、二〇一六年世界の言葉として「post-truth（ポスト真実）」を選んだ。「客観的事実よりも感情的な訴えかけの方が世論形成に大きく影響する状況。既存メディアが発信する事実よりもソーシャルメディアの書き込みがより信用される状況。」と説明されている。ニコンは2ちゃんねるの書き込みにおそれおののき、それに流され、写真展を中止してしまった。ニコンは、なぜ踏みとどまることができなかったのか。

真実が重んじられる時代ではなく、「真実」が置き忘れられた「後」の時代。思い込み、願望を「真実」だと言い放つことが、物事を動かす力になっている。そこには嘘を「真実」だと言い放つことへの躊躇、おそれがなく、嘘と真実の境である堤防が決壊している。堤防がなければ踏みとどまることができない。

真実が軽んじられる時代に、私たちはどうやって真実の堤防を築くことができるのか。本裁判を通じて突きつけられた重い課題である。

判決が判断しなかったことと、ニコン裁判の限界

平河　直（ニコンサロン「慰安婦」写真展中止事件弁護団）

判決が明示的に判断しなかったニコンの主張がある。ニコンが、写真展の中止を決めた三つの実質的理由のひとつにあげた「写真展を開催することになれば、社会から『社会で意見が分かれている事柄について、一方の意見を支援する会社である』と受け止められる」という主張だ。

これに対して我々は「写真家が社会的テーマを題材にして写真表現活動を行うことは一般的に行われており、「従軍慰安婦」という当該テーマについて社会的に多種多様な意見が生じることも当然に想定されている」と主張した上で「安さんの活動は、写真家としての芸術表現活動であり『一方の意見を推進する』活動でもなく、特定の政治的目的達成のための活動でもない」と反論した。

「従軍慰安婦」の問題について、世の中で主張や意見が分かれているのは事実だ。しかし、①安さんの写真や今回の写真展が「従軍慰安婦」の問題について、なんらかの主張をしたり、特定の意見を支持・支援したりするものだったのか、②仮にそうだとして、そのような写真展に会場を提供することが、その主張や意見を支持・支援することになるのか、③また、その主張や意見を支持・支援していると第三者に受け止められることが、写真展を中止する理由として認められるのか。裁判所は明示的な判断を示さなかった。

①は、本来は安さんの内心の問題だが、写真のキャプション、写真展のチラシやパンフレット、販売された写真集の

内容、安さんの言動などの客観的情況から認定することは法的に可能だ。意見が分かれるテーマで写真を撮ることが、直ちにそのテーマについて特定の意見を主張することにはならない。しかし今回、写真展に特定の主張や意見が込められていると認定される可能性はあったと思う。

これに対して②は、本来はニコンの意思の問題だが、会場を提供することで、写真展の開催を支援することになるとしても、直ちになんらかの主張や意見を支持・支援することにはならない。ニコンは写真展の中止を決める前、抗議の電話に対して「写真展の主義主張についてニコンが賛同しているわけではなく、あくまでも写真表現の質を審査して会場を提供している」と説明していた。写真展にどのような主義主張があると認識していたのかまでは明言していないが、積極的に賛同していた形跡は認められない。

それでも、「従軍慰安婦」の問題についてニコンが特定の主張や意見を支持・支援していると受け止めた人たちがいたことは事実だ。しかし判決は、③を直接的に検討することなく、他の二つの実質的理由に根拠が認められないとして、写真展を中止する正当な理由はないと判断した。他の二つの実質的理由に根拠が認められない情況では、実質的に③も認められないと判断したのだろう。だとすれば、他の二つの実質的理由のうちいずれかでも根拠があると認められていれば、③も認められ、写真展の中止決定は正当だったとの判断もあり得たということになる。

ここに、ニコンを被告とした今回の裁判の限界がある。日本や韓国だけでなく世界各地で、「従軍慰安婦」の問題だけでなくさまざまな事柄について、排外的な動きに限らず、自分たちと異なる主張や意見、価値観を、相手を攻撃・脅迫・侮辱する言動、さらに権力や実力あるいは暴力で、抑えつけ排除しようとする動きが起こり、表現や報道の自由、思想・信条の自由、学問の自由が脅かされている。そして加害者と被害者は常に固定されているわけではない。

ニコンは写真展の中止を決めたことで、結果的にそのような動きに協力しようとしたことになる。しかし、ニコンの中止決定理由に根拠があるかどうかにとらわれず、そのような動き自体がなくならないと、今後も同じことが繰り返されるだろう。

安世鴻さん、提訴して　闘ってくれてありがとう!

池田恵理子（アクティブ・ミュージアム「女たちの戦争と平和資料館」(wam) 館長）

「慰安婦」写真展を突如中止された写真家・安世鴻さんがニコンを訴えた裁判に勝訴した二〇一五年一二月二五日、私はすがすがしい気持ちになった。一九九〇年代から数え切れないほどの「慰安婦」裁判を傍聴してきたが、こんな気持ちになることは滅多にない。安世鴻さんには、「提訴してくれてありがとう、ほんとうによく闘ってくださいましたね」と、心からお礼を言いたくなった。

この裁判の過程で、表現の自由を侵害する事件が後を絶たない日本社会が浮き彫りになった。それだけに東京地裁が、「(写真展の) 中止に正当な理由はなかった」「会場の使用を一方的に中止すれば、安さんは表現活動の機会を失う。ニコンは安さんと協議して警察に支援を要請するなどの努力を尽くすべきだった」と判決を下したことに、胸がすく思いがしたのだ。「表現者だけでなく、観る人の知る自由・感じる自由、被写体となってくれた被害女性たちの表現する自由……これらの権利が保障されてこそ『表現の自由』なのだ」と言ってきた安世鴻さんも、判決を聞いて晴れ晴れとしていた。

この裁判を傍聴して驚いたのは、在日特権を許さない市民の会などによる抗議や非難のメールや電話にニコンがアタフタとうろたえて、安さんへの連絡もなく、わずか一日で中止を決めたことだった。社内には、待ったをかける人は誰もいなかったのだろうか。これでは、「ちょっと騒げば企業は転ぶ。ちょろいもんだ」などと、ネトウヨをいい気にさせただけではないか。しかしこんな企業判断が下される世の中だから、社会の隅々に自粛や萎縮がはびこるのだろう……と暗澹とした。

一方、安世鴻さんが撮り続けてきたアジア各国の「慰安婦」被害者の写真には、凛とした迫力がみなぎっていた。被写体となった女性たちの中には、支援活動や聞き取り調査を通して長いおつきあいのある人も混じっていたが、普段は見たこともない厳しさや悲しみが活写されている。彼女たちの生涯をかけた訴えが伝わってくる。このような写真作品こそ、もっともっと多くの日本人に見られなければならない。

しかし「慰安婦」問題をめぐる日本の状況は、悪化の一途をたどるばかりだ。韓国の金学順(キムハクスン)さんが被害者として名乗り出てから四半世紀以上も経ち、「慰安婦」被害の実態と全貌は明らかになってきたというのに、「法的責任はない」とする日本政府は事実認定も公式謝罪も賠償もしようとしない。そして右派の政治家や歴史修正主義者、右翼などが「教育」と「報道」に狙いを定め、激しい「慰安婦」バッシングを展開している。その結果、中学の歴史教科書からは「慰安婦」記述が消え、「慰安婦」報道は政治介入を受けてきた。公的な施設が「慰安婦」展示を行なうとクレームが殺到して撤去させられ、「慰安婦」と銘打った講演会やイベントは潰される。メディアは「慰安婦」問題を「反日」と「嫌韓」がしのぎを削る政治的で厄介な問題にしてしまい、敬遠する人を増やすばかりだ。だから、表現の場を奪われる事件がどんどん増えていく。

このような空気の中で、ニコンは最後まで安さんに謝罪することはなかった。そして安世鴻さんの写真を評価してその写真展開催を決めた選考委員たちは、事件直後に一人が辞任したものの、その他のメンバーは発言を控えて沈黙を守り続けた。

安さんからの不服申し立てにより、東京地裁の仮処分決定を受けて東京で写真展が開催された時、私も展示会場に出向いたが、ニコンによる警備と監視の物々しさは異常だった。まるで国際空港ロビーのように、すべての来場者に持ち物チェック、ボディチェックが行なわれていた。安さん自身も報道関係者も、会場での写真撮影は禁じられたという。

こんな時代、こんな社会に抗して「表現の自由」を求めて立ち上がった安世鴻さんには、本来の意味での〝ジャーナリスト魂〟が息づいているのだと思う。これからも入魂の写真を撮り続けてほしい……と願っている。

記憶されない歴史は繰り返す

岩崎貞明（『放送レポート』編集長）

「岩崎さん、慰安婦はもうやめてくださいよ〜」

私がかつてテレビ局でニュース番組のデスクを務めていた頃、番組のアシスタント・プロデューサーから苦笑混じりに投げかけられたひと言。

後に大きな社会問題となり、いまだに日本のメディアに暗い影を落とし続けているＮＨＫ『ＥＴＶ２００１』番組改変事件のテーマであった「女性国際戦犯法廷」を、私の指示で女性ディレクターに取材・編集してもらった三分程度の企画ニュースが、翌日に公表された毎分視聴率のデータで〝右肩下がり〞だったことから、先の会話になった。そのとき私が彼にどう答えたかは記憶にないが、「慰安婦問題はテレビではやりにくいな」と苦い思いをしたことは覚えている。

二〇〇〇年一二月に東京・千代田区の九段会館で開催された「女性国際戦犯法廷」は、各国の市民団体が実行委員会を作って、戦時性暴力を「人道に対する罪」として国際法に基づいて裁判にかけるという民間法廷だった。法廷には中国・韓国をはじめアジア・ヨーロッパから「慰安婦」被害者の女性たちが登壇して当時の被害のようすを証言したほか、旧日本軍兵士も証言に立って贖罪の意を表していた。判決では、女性たちを強制的に「慰安婦」としたことを戦争犯罪として、昭和天皇も有罪とした。

このような内容の取り組みだったことから、右翼勢力から攻撃の的となることが警戒されたが、法廷自体は大きなトラブルもなく、無事に終了した。日本のメディアは、新聞もテレビもほとんど黙殺。中国や韓国ではもちろん、欧米のメディアもこぞってトップ級のニュースとして扱っていたのとは大きく対照的であった。私がデスクを務めていたニュース番組では全国ネットの放送枠で扱ったが、低視聴率のためか、放送後に抗議や非難の電話が殺到するかと思いきや、一切何の反応もなかった。

ではなぜ、「慰安婦」問題はやりにくいのか。視聴率が取れない、というばかりでなく、この問題を語ることを避けようとする心理が、どこかで働いているのではないだろうか。このニコン裁判も、ニコン側が控訴しなかったことで早々に原告勝訴確定となったわけだが、喜ばしい気持ちの一方、何か釈然としないものが残る。ニコン側は、自らの非を認めたというより、この問題を早く終わりにしたいという気持ちが強かったのではないか、と思われるからだ。実際、ニコン裁判を通じて、誰が、どういう理由で安世鴻氏の写真をニコンサロンで展示することに反対し、どういう議論を経て中止の決定が下されたのか、経過の一端はわかったものの、その真意は必ずしも明らかにされなかったのではなかったか。

右翼勢力による執拗な妨害を恐れて……という心理の背景には、面倒な事態を回避したいという「事なかれ主義」があるのは疑いない。加えて、「アジア蔑視」「女性差別」がこの社会でいまだに払拭されていないという状況もあるのかもしれない。それを仕方ないと認めることは、不当な思想攻撃を容認することになるだろう。とくに、現政権が極右思想に基づいて秘密保護法や安保法制ひいては改憲を推進しようとしていることが、そういう攻撃を許す空気を醸成している。そんな空気には大方のマスメディアも従順だ。

こんな時代だからこそ、安世鴻氏の作品や活動が、決定的に重要なのだと思う。悲惨な歴史から何を学ぶべきか、見る人の心に突き刺さるような写真を通じて、彼は世界に向けて問い続けている。そんな彼の営みを「政治的だ」と退けようとする態度そのものが、歴史に対する冒涜ではないか。

韓国・ソウル市内に新たに作られた「慰安婦」追悼公園に「記憶されない歴史は繰り返す」という文言が刻まれているそうだ。私たちは、歴史の記憶の継承に、真摯に向き合っていると言えるだろうか。

これからの「闘い」のために

菊地和行（英語講師、翻訳者）

「写真展のスタッフが足りないので手伝ってほしい」たまたまフェイスブックでの呼びかけを見て、自分も何かできないかと考え、スタッフとして新宿ニコンサロンに在廊しました。

安世鴻氏による写真は、その一枚一枚に、「慰安婦」被害者の人生そのものが凝縮されており、写真についてはまったくの門外漢である私にとっても、非常に価値の高いものでした。同時に、国内外の写真家に表現の場を提供してきたニコンが、なぜ最後まで写真展の開催に抵抗したのか。予想を上回る数の来場者への対応をする中で、この素朴な疑問がどんどん大きくなりました。

出入り口に物々しく設置された金属探知機、会場の至る所に設置された監視カメラ、安氏やスタッフの一挙手一投足に目を光らせるニコン側のスタッフ……はじめは異様だと思っていた私も、知らず知らずのうちに、その異様な雰囲気に「慣れて」しまっていることに気づき、はっとさせられることが幾度となくありました。「慣れ」がいかに恐ろしいものであるか。おかしなことを黙過し、「このくらいいいじゃないか」「もっと大事な問題がある」という塩梅に「慣れ」てしまうことによって、暴力に加担してしまうのではないか。ニコンサロンにおける異様な光景を目撃してしまった以上、声を上げないわけにはいかない。こう考え、この裁判にかかわることに決めました。

裁判開始後は、仕事の合間を縫って可能な限り法廷に足を運び、また証拠として提出した、安氏への「検閲」の中止を求める「国境なき記者団」の意見書の和訳などを行ないました。

判決においては、ニコン側の行為の一部が安氏の表現活動を違法・不当に侵害するものであったことが認められ、請求額の一部ではありましたが損害賠償請求も認められました。この裁判の意義として、総じて保守的な傾向にあることが否めない日本の司法制度の下でも、世界的大企業のニコンと比べて圧倒的に弱い立場にある一個人写真家の主張が、限定的ではあれ認められたという点があげられると思います。個人の力ではいかんともしがたい社会的システム、暴力に辟易することもありますが、個々人が、各別の場所で、できる範囲で地道にやることをやる重要性を、裁判支援の中で再確認しました。

しかし、この判決後、日本における「表現の自由」を取り巻く状況は悪化の一途をたどっています。最近になっても、沖縄の新聞社を潰すべきだと豪語していた作家・百田尚樹が、自己の講演会が中止されるや否や「表現の自由」の侵害だと嘯いたり、明らかに文民統制に反する自衛隊トップの発言を、与党議員が「表現の自由」を持ち出して擁護したり、首相の主権者を無視または軽視する発言を、官房長官が「発言は自由」と容認したりと、「表現の自由」を、自己の行為を正当化する方便としてのみ都合よく利用する事例が後を絶ちません。確かにこれらの行為は厳しく批判されるべきですが、これらの事例は、日本における「表現の自由」がいかに脆弱なものであるかを、如実に物語っています。

「この憲法が国民に保障する自由及び権利は、国民の不断の努力によって、これを保持しなければならない。」（憲法一二条前段）。この文言からは、国民中心主義という限界も垣間見えます。それでも、そもそも憲法制定以来、表現の自由などの基本的人権を保持するための「不断の努力」がいつなされたのか、という反省も含め、今こそ銘記すべき条文だと思います。

誤解をおそれずにあえて言えば、今回の裁判闘争も、今後ともなされるべき「不断の努力」の一部にすぎません。だからこそ、この記録集の出版も含め、この裁判について、一人でも多くの人に知ってもらう必要性を痛感しています。

もうひとつの「争点」

金理花（東京外国語大学大学院 博士後期課程）

あの日の何を問うべきか

静謐なものである写真サロンの入り口に設置された鼠色のゲート。無機質に発せられる「ピッ、ピー」という電子音。温もりを感じさせる柔らかい照明。焦茶色の木枠におさまる光沢が抑えられたモノクロ写真。来場者によって手向けられる小ぶりの花束。観る人々の視線を捉えて離さない一〇人のハルモニたちの淳朴な表情に深い皺。そして、それらを取り囲む無表情な警備員たち。

いったいなぜ、それぞれがこれほどにまで相反しながら、ひとつの空間に居合わせることになったのか、事件当時も、係争中も、そして勝訴確定から二年が経とうとしている今も、私のなかに残る困惑が希釈することはない。それは、この事件が単なる表現の自由の問題におさまるような性質の出来事ではないことを、当時あの展示場に居合わせた者として、その後の裁判支援に携わった者として、あるいは歴史の研究に携わる者として、感じずにはいられないからだろう。

問題は「表現の自由」だけだったのか

その後、本裁判として提訴された「ニコンサロン「慰安婦」写真展中止事件訴訟（以下、ニコン裁判）」は、なぜ安世鴻氏の写真展が一方的な中止決定を下されたのかを明らかにしようとする闘いとして、主に「表現の自由」を争点に展開することとなった。しかし、あの時ニコンサロンで起きた出来事を「表現の自由」の問題としてだけ扱うことになれば、この事件のもう一つの側面は抜け落ちてしまうことになっただろう。

つまり、安世鴻氏の写真展が「問題視」されたのは、写真展のテーマが日本軍「慰安婦」問題だったからであり、日本政府・軍の主導の下で行なわれた加害の歴史をめぐる告発だったからに他ならないという側面である。そして、この側面が落ちることでみえなくなるのは、事件によって抑圧されたのが決して写真家の表現をめぐる権利だけではなく、写真にうつることを承諾したサバイバーによる歴史を問い直す声だったということであろう。あの二週間あまり、新宿ニコンサロンで起こった一連の出来事は、朝鮮植民地支配の生々しい痕跡を抱えながら懸命に生き抜いてきたかのじょらの告発に対して、日本社会がとり続けてきた不遜な態度の現出にほかならない。「表現を許されなかったものが何であったのか」というもうひとつの「争点」をも問わなければならないのである。

法廷と裁判支援活動

法廷において問えるものが何かということと、裁判支援の活動が世に何を問うていくのか。

これらの問いかけが協働するときにはじめて運動が動き出すという意味において、この二つの「争点」はまさに両輪の関係である。どちらか一方を欠いてしまえば、それは事件を極めて限定された次元での議論に押し込めてしまうし、あるいは法廷闘争としての運動の停止でもある。「表現の自由」という争点と「日本の加害の歴史と責任」というもう一つの「争点」。これらが結託し、勝訴判決を勝ち取ったことこそが、ニコン裁判と支援活動が成し遂げた最も大きな成果であり、社会運動としての意義なのである。

写真展の中止を一方的に取り決め、写真家の表現への権利を守らなかった企業ニコン。そして、その土壌として存在する歴史的加害責任を引き受けない日本社会。この両者を見据えた闘いとして、ニコン裁判をあらためて位置づけていく必要があるだろう。

民主主義を守るということ

久保田実千江（市民・愛知県在住）

　よくよく考えてから理詰めで行動する性質の私は、芸術的センスにはあまり自信がない。けれども、安さんから見せられたモノトーンの写真のハルモニたちからは、悲哀・苦悩だけではなく、なぜか人間の強さとか尊厳といったものが伝わってくる気がした。よい写真だと思った。それらの写真が伝統あるニコンの公募に通って新宿のサロンに展示されるという。すごい!!　ところが、集まった友人・知人の前で安さんが言うには、公募には通ったが、お金がないのでパネルができない……ええ――っ？！　それが二〇一二年二月のこと。

　正直あきれ返ったが、名古屋の市民団体で「慰安婦」問題のことを勉強してきた私は、お金の問題でこれらの美しくも力強い写真たちが日の目を見ないのは余りにもったいないと思い、自分に協力できることはやってみようという気になったのだった。その頃たまたまテレビで知ったクラウドファンディングというものをヒントに、安さんの写真を世に送り出し、「慰安婦」被害者のことを知ってもらうという趣旨に賛同してくれる人々から広く資金を集めたらどうかと、皆で知恵を絞って「重重プロジェクト」を立ち上げたのだった。多くの方が応援してくれ、少しずつお金は集まり始めたが、必要な金額には遠く及ばず大変……しかし五月中旬頃まではまだまだ平穏な日々だった。

　ニコンが一方的に写真展の中止を通告してきてから、仮処分の決定が下りて六月末に新宿で写真展が実現するまでは、文字通り怒涛のような日々だった。安さんは大変怒って一歩も引かないという決意だったし、私もこんな悪しき前例を作らせては後々のためにも絶対よくない、少なくともこの事態を世の中に明らかにしないまま、黙らされることだけはしてはならないと思ったのだった。

だから、「慰安婦」問題で活動する諸団体や日本ビジュアルジャーナリスト協会（JVJA）など、思いつく限りのところには迷わず電話して助力を乞うた。JVJAに電話したのはそこに所属するジャーナリストの写真集を何冊か持っていたし、当時「DAYS JAPAN」を購読していてJVJAの名前をたまたま知っていたからなのだが、ジャーナリストの方々から具体的な助言をいただき、記者会見への同席や新宿写真展でのサポートなど、本当に心強い支援をいただいた。

地元東海三県では宣伝のためにも積極的に講演会を開いたが、歴史修正主義者の酷い妨害の中で、実に大勢の人々が支えてくれた。写真展中止のことが報道されてからは攻撃が一層ヒートアップし、安さん夫妻はもちろん、講演会開催会場へ連日ネチネチとした嫌がらせを続ける輩もいたが、担当者は毅然と対応してくれたし、当日も多くのスタッフと来場者が駆けつけてくれて成功を重ねてゆけた。

そして、仮処分の決定が下りて新宿ニコンサロンでの写真展開催。会場は連日満員、東京に何のつてもない私たちを多くのボランティアスタッフが助けてくれた。

結局、民主主義を守るということは、こういうことの無限の積み重ねなのかもしれない。名もなき弱き女性たちが軍部によって踏みにじられた歴史を保存し世に問うていこうという試みが、不当な力で打ち消されようとしたときに、何の見返りも求めず自ら立ち上がる多くの人々がいる。その動きの中に一時でも身をおけたことは幸せなことである。

安さん夫妻の家で電話番をしたり、泊まり込んで対策を練ったり、その合間に夫妻のかわいい子どもと遊んだり、楽しい日々だった。今は体調を崩して動けないことがなんだか申し訳ないのである。

声をあげたからこそ伝わるものがある

小志戸前 宏茂（大学非常勤講師）

安世鴻さんの新宿ニコンサロンで行なわれた日本軍「慰安婦」被害者の写真展を見に行ったのはもうすでに五年以上前のことだ。ニコンから開催中止を一方的に言い渡された安さんは、施設使用の仮処分命令を東京地裁に申し入れ、なんとか写真展開催にこぎつけていた。見に行かねばと思い行ってみると、ニコンサロンの入ったビルの入り口には案内もなく、入場するのには検査を受けなければならず、異様な雰囲気であった。私が行ったときには会場内では大きな混乱はなかったが、ネットで感化されたと思われる若者が一人で来ていて思い詰めたように会場内を見回し、メモをとるふりをしながら安さんを睨んでいたのを覚えている。その後、安さんはニコンを相手に裁判を起こすと聞いていたが、ニュースを追いかけるだけになっていた。

一回目の口頭弁論のときにはレイシストの妨害もあったほどで、社会的な関心は高いと思っていたが、回が進むにつれ傍聴者の数も減っていたと聞き、できることがあればと思い、支援運動に関わるようになった。

私が傍聴しはじめてからは法廷での混乱はなかったが、ニコン側は厳重な警備を要請し続けていたそうである。安さんをトラブルメーカーと印象づけたい卑劣な法廷戦術であれば本当に許しがたい。傍聴者の数は一定以上にはなかなか増えず、気をもんだ。傍聴する中で手応えを感じたのは、ニコンの取締役への証拠調べの尋問のときだった。誰もが知っている大企業の取締役が、何度も「怒られるから」

と自分や会社の責任を回避しようとし、ニコンに安さんへの脅迫が届いた際には、安さんの安全を心配していると言いながら安さんに電話の一本もよこさなかったことなどがわかったときは、心底あきれ果ててしまった。この尋問が決定的であったのか、判決は勝訴であった。これまで裁判傍聴の機会が少なかった私は判決を聞いた当初は勝ったのかはっきりとわからなかったが、報告集会で説明を聞き、勝ったとわかったときにはほっとしたのを思い出す。

同時期に行なわれていて、裁判の日程が重なったことから合同で報告集会を開催した吉見義明さんの名誉毀損裁判は不当判決であったし、他にも朝鮮学校や沖縄の基地関係の裁判などでも不当判決が相次いでいることを思うと、素直に喜んでばかりはいられないが、司法の良心がわずかでも残っていることも感じられた。

とはいえ、裁判では日本軍「慰安婦」問題に関して踏み込まなかったため、この裁判の過程では十分に問題を議論できなかった。のちに支援の会の中でも話が出たが、この問題は日本軍「慰安婦」に関する写真展だったからこそ起こったことである。判決のすぐ後、二〇一五年末の「日韓合意」により日本では日本軍「慰安婦」問題が解決されたかのような認識が広がる昨今、ますます忘れてはならないことである。また、何よりニコン側が裁判の前後で一貫して真相を明らかにしようとせず、自分たちの不当性を認めなかったことには大きな不満が残った。

今回の裁判支援に関わる中で、現在の社会状況に危機感や不満を持つ人の多さを感じた。今回の支援と連動して開催された「表現の不自由展」も反響は大きかったし、他の問題の集会などに行ってみても、思っているよりもずっと多くの人が参加している。なかなかこれらの問題を周囲の人たちと共有できず、孤立しているように感じている人は少なくないのだろう。

一方で、多くの人がさまざまな集会に足を運び、自分の考えが間違っていないか確認しているのだとすると、私たちの価値観は案外、それほど離れていないのではないかとも感じる。もう少し周囲の人を信頼して問題を投げかけてみてもよいのではと思う。話してもなかなか理解されないと思って黙っているのは敵の思うつぼなのではないだろうか。言葉にするのは難しいが、声をあげたからこそ伝わるものがある。少なくとも安さんの発した声は多くの人に届いていた。

「危険」な表現とは何か？

斉藤涼子
（大阪経済法科大学アジア太平洋研究センター客員研究員／朝鮮近現代史）

私が安世鴻さんと初めて出会ったのは二〇一二年の六月だった。ニコンの一方的な通告により、写真展開催が危ぶまれているというニュースを耳にして、行ったこともない新宿ニコンサロンへ足を向けたのがはじまりである。金属探知機まで使った警備と、「裁判所の命令で会場をお貸ししているだけです」とひたすら無表情で繰り返していたニコン社員の顔は今でも思い出す。この作品をもっと正当な形で見ることはできないだろうかと思い、友人と相談して、一一月の大学祭に安世鴻さんを招いて講演会を開いた。会は盛況に終わり、ニコンを提訴したと聞いたのはそれから間もなくのことだった。

裁判の間、ニコンは二度三度と主張を変えた。しかし、一貫していたのは「危険」という言葉であったと思う。世間では排外的な風潮が強く、新宿では安世鴻さんを「反日韓国人」と名指した差別街宣が当たり前のように行なわれていたし、ネットでも安世鴻さんを攻撃し、脅迫する言辞があふれていた。のちに裁判の中で、ニコンはこうした危険から「安世鴻さんを守るために中止を決定した」と主張したが、実際には沈黙することで排外主義者に迎合することを決定しただけであった。というのも、当初、ニコンは中止理由について「安世鴻は写真を手段として活動をしているため、会場を貸すことは純粋な〝写真文化の向上〟というサロンの趣旨にそぐわないから」と、あたかも安世鴻さんに問題があるような主張をしていたからである。また、このときはニコン側が法廷の警備を依頼していて、「この人と関わると裁判所も危ない」という印象づけをしていたことも付け加えておきたい。

この間、東京では安世鴻さんは自身の作品展示をギャラリーで三回成功させている。妨害はあるが危険なほどではない。本来、映像機器メーカーはアーティストに対して支援的であるべきなのに、なぜ選考会の審査結果を無視してまで表現を抑えつけようとしたのか。そこには「慰安婦」に関係することが日本社会で「危険な、忌避すべきもの」と眼差されてきたことがあるのではないだろうか。

二〇一五年一二月の電撃的な「日韓合意」は国家が被害者の声を遠ざけることを取り決めたものであるが、これに対する日本社会の好意的な反応、そして文在寅（ムンジェイン）大統領就任以降の「合意が覆されるかもしれない」という憶測的報道は、日本軍「慰安婦」という「リスク」をどう扱うのかに集中しているようである。

また、かつてから書店には日本軍の性奴隷制度を肯定する書籍があったが、ここ一、二年で「慰安婦」問題を「終わらせる」、「決着させる」、「決算」といったタイトルや帯が目立つようになったこともこの傾向を表しているようである。いうまでもないことであるが、加害者が一方的に問題を「終わらせる」こともできなければ、被害者の声を遠ざけて解決に近づくこともできない。なにより、日本軍「慰安婦」の問題は忌避すべきリスクではなく歴史事実であり、向き合う以外の方法はない。

裁判支援の会「教えてニコンさん！」には文字どおりニコンに写真展中止の理由を自らの口で語らせたいという目標があった。その望みは完全には叶えられなかったが、企業が「慰安婦」問題に関わることを危険視し、嫌悪したことが薄皮をはぐように見えてきたのは収穫であった。

一方で、裁判官が判決で「慰安婦」表現について言及を避けたことも、この問題の根深さを見た思いがした。安世鴻さんが提訴した七ヵ月後には、日本軍性奴隷制度の実態追究を進めてきた中央大学の吉見義明さんが、自身の研究を「ねつ造」と断言した国会議員を名誉毀損で提訴した。同じ期間にまったく別の「『慰安婦』関連裁判」が進行していたのだが、いずれの判決も、「慰安婦」表現や「慰安婦」研究をどう認めるのかという評価を避けていたのは世相を象徴するようである。禁忌がない（とされる）法廷も「慰安婦」というテーマに関わることを嫌ったのなら、問題はずっと深く地中に根ざしているのかもしれない。

安世鴻さんに教えられたジャーナリストの原点

土井敏邦（ジャーナリスト）

二〇一二年六月、新宿のニコンサロンで、安世鴻さんが二〇〇一年から数回、中国に通って撮り続けた写真が展示された。「重重—中国に残された朝鮮人『日本軍慰安婦』」と題されたその写真展で、自分の写真への思いをつづった安さんの文章に私は釘付けになった。

その中で、中国の元「日本軍慰安婦」を撮るようになった経緯を安さんはこう書いている。

「ハルモニ一人ひとりを訪ね、汽車で、バスで、船で、土を踏みしめ歩いた道のりは、彼女たちが生きてきた過去の一部を手さぐりで見るようだった。国も無く彷徨うハルモニたちの悲惨な実情は、苦しい過去の延長のようであった。このような彼女たちの現実が、五回に渡り私を中国の地へ向けたのだった」

そして写真にこめた思いを彼はこう記している。

「ハルモニたちと過ごした時間の中で、生きている瞬間を写真に捉えるということは、極度の緊張を要した。一緒に泣いたり笑ったりしながら過ごす中で、彼女たちは私の心の深いところに位置するようになったが、カメラのファインダーを眺める瞬間、自由に被写体との境界を往来するのは容易なことではなかった。人間的な側面と、『日本軍慰安婦』被害者としての一面というぎりぎりの境界を注意深く把握し、歴史の真実を写真に留めようと思った」

私はこの文章の中に、「何があっても伝えなくてはならない。それがあのハルモニたちに託された写真家としての責務だ」という安さんの強い決意を見る思いがした。だからこそ安さんは右翼勢力による妨害行為、脅迫、ニコン側の写真展中止宣言というさまざまな障害にもひるまず、毅然と立ち向かい、写真展の開催に漕ぎつけることができたのだろう。

〝伝え手〟として対象とどう向き合うのか、その対象と現場から何を読み取り感じ取っていくのか、それを写真や映像にどう映し出していくのか――私は同じ映像ジャーナリストとして、自身の〝姿勢〟を問い正される思いがした。

本来なら、〝加害者〟であった日本人がやるべき仕事である。それを、韓国人の安さんに委ねてしまい、しかも彼を日本の右翼勢力の妨害や脅迫にさらさせ、写真展の中止直前まで追い込ませたことに、私は日本人ジャーナリストの一人として、恥ずかしさと後ろめたさを抱かずにはいられなかった。

私が二〇年前に撮影した韓国の「ナヌムの家」（元「日本軍慰安婦」たちの共同生活する施設）で暮らすハルモニたちの記録映像をまとめ、ドキュメンタリー映画「〝記憶〟と生きる」として、敗戦七〇年目に当たる二〇一五年夏に公開した動機の一つに、安さんに対する、この「恥ずかしさと後ろめたさ」があった。「お前は、かつて元日本軍『慰安婦』のハルモニたちと関わった日本人ジャーナリストとして、何をしているのだ！」と、安さんの言葉とその写真に問いつめられているような気がしたのである。

私は安世鴻さんの崇高な志と勇気にジャーナリストの原点を見る思いがする。「写真（映像）の中で真実を探し出すことほど、難しく、そして愉しいことはない。目に映る物事とは異なる内側の真実を写真（映像）におさめるために、撮る対象とのつながりを作っていく」という安さんの言葉を胸に刻んで、私はこれからも〝伝え手〟として生きていこうと思う。

罪深きわたしの小さなリベンジ

永田浩三（武蔵大学教授、元NHKプロデューサー）

二〇一二年の初夏だった。中国に残された日本軍「慰安婦」被害女性の写真展が展示できなくなりそうだという知らせを聞いたのは。状況を詳しく教えてくれたのは、裁判支援でもご一緒することになる綿井健陽さんからだった。綿井さんによれば、仮処分申請が認められ、写真展そのものはできるということだった。

さっそく新宿ニコンサロンの会場に向かった。しかし、ポスターもない。入り口には、厳めしい金属探知機が置かれていた。警備員と口論しているひともいた。写真には解説がなく、図録や書籍も売られていない。花束が会場の隅にポツンと置かれていた。メモも会話も禁止だったが、この異常な光景を忘れてはならないと思い、ソファーに休むふりをして、印象を必死に書き取った。通訳のボランティアの植田祐介さんに助けてもらい、会場の入り口におられた安世鴻さんご自身とお話ができた。できればもっと自由に写真が見られる会場を確保し、今回起きたことを語り合うこともしたいと伝えたように思う。わたしが助けてもらえそうなのは、勤務する武蔵大学の向かいにあるギャラリー古藤の田島和夫さんと大崎文子さんしかいなかった。

わたしは安さんのことを他人事とは思えなかった。二〇〇一年一月、「慰安婦」問題をテーマにしたNHKの番組が、安倍晋三氏ら政治家と局幹部とのやりとりの結果、劇的に変更された。世にいうETV2001番組改変事件である。わたしはそのときの編集長。上司の命令に抗えないまま、被害女性の証言を抹殺することに手を貸した。人生は大きく変わり、あれからずっと罪を抱えることとなった。

安さんのために何ができるだろうか。そう思う中で岡本有佳さんと巡り合った。岡本さんはまじめな心配性、わたしは根拠のない楽観主義。実際はそんな単純ではないが、お互いそう決めたのだった。いっしょにギャラリー古藤でリベンジの写真展をやる。そこからは早かったように思う。

練馬・文化の会、差別排外主義に反対する連絡会、反天皇制連絡会などたくさんのひとたちが、からだを張って攻撃から守った。トークゲストは豪華だった。樋口健二さん、中村悟郎さん、土井敏邦さん……、巨大カメラメーカーと喧嘩することは写真家にとっては大変なことだが、勇気あるひとたちがたくさん集まってくださった。まるで奇跡のようだった。

展覧会は計三回開いた。最大のものは二〇一五年一月の「表現の不自由展」である。岡本さんとのコンビに加え、たくさんの方が実行委員になってくださった。「表現の不自由展」までの三年間、言論・表現をめぐる状況は一層悪化していた。ギャラリー古藤には、安さんと同じような目にあった作品が一堂に会することになった。公民館便りへの掲載を拒否された「梅雨空に『九条守れ』の女性デモ」の俳句の色紙や、東京都立美術館から撤去された「少女像」の原型も置かれた。二七〇〇人ものひとたちが来てくださった。

さて裁判についてである。安さんご夫妻は名古屋にお住まいのため、東京地裁を舞台にした闘いは想像を絶する大変さだったと思う。わたしはと言えば、ＥＴＶ２００１では被告側にいた人間として、ニコンがなぜ中止したのかその理由を知りたかった。「教えてニコンさん」の名前は、そんなわたしの気持ちにもぴったりくるものだった。ニコンの担当者が明らかにしたのは、「揉めるのが続けば、上司から怒られるのが嫌で、中止に踏み切った」という内情だった。表現を担う立場の人間として、あまりにも覚悟がなくて情けない。だがこれが現実かもしれないと、事件とわが身が犯した罪とが重なって見えた。多くのひとの力で不埒な攻撃に対し毅然と抵抗し、表現者をリスペクトし守る。その手伝いができたことは幸福だった。ほんとうにありがとうございました。

「表現の自由」の意味と可能性を掘り下げた裁判

番園寛也（大学非常勤職員（教員ではない）／一橋大学大学院言語社会研究科博士課程）

私がニコン裁判支援に関わるようになったのは、共通の友人を介して知り合ったばかりの岡本有佳さんから突然電話があり、支援の会の会議に参加したのがきっかけだった。裁判支援に関わりはじめて半年ほど経った頃、名古屋市大須のギャラリー「プシュケ」で世鴻さんの新作写真展（二〇一四年一一月）があった。裁判支援に関わりながらそれまで作品をきちんと観たことがなかったことと、なにより世鴻さんと史織さんが裁判や会議のたびに自分たちの運転する車や長距離バスで東京にやってくる大変さを思うといつも申し訳ない気持ちがあり、よい機会だし行ける時には自分が名古屋に、と思ってバスに乗って行ったのだった。

展示されていたのは、中国に残された被害女性たちだけではなく、韓国や東南アジアの被害女性たちのところに世鴻さんが通い、取材した写真で、それまでのモノクロではなく、デジタルで撮影されたカラーのものだった。そこで見た写真は、地域の植物や着ている服、住んでいる家の壁など、おばあさんたちの生活する場の色彩と質感がとても印象的で、その中で生きるおばあさんたちの〈いま〉を感じさせた。

作品を見ながら世鴻さんが取材の中でおばあさんたちや周囲の人たちから聞いた話、現在の暮らしぶりなどをゆっくりと話してくれた。その頃はまだ事件と裁判の意味を理解し、自分の中に落とし込んでいる、そんな段階だったが、裁判中も作品を作り続ける世鴻さんの展示を見たことで、「表現の自由」一般の問題を超えて、この表現、この裁判の重要性をはっきりと感じ、支援を続けていこうと強く思ったのを覚えている。

　私は狭い意味での表現者の「表現の自由」の重要性を主張していくだけでは不十分だと思っている。今の社会状況を考えたとき、あらゆる人の表現が抑圧され、自由を奪われているのではなく、社会の中で弱い立場に置かれている人々の側に立つ表現こそが自由を奪われていると思う。日本では、とりわけ「慰安婦」問題が幾重にも周到に表現や言論の場から排除され、語られないということにそれが現れている。誰の、どのような表現が、いかなる形で抑圧されているのかを具体的状況の中で捉えなければ、表現をめぐる権力関係が後景化していく。その点で、原告側が表現者と受け手、そして写真に写っている人をつなげる「表現の伝達と交流の場」の保障という考え方を主張の中に取り入れるなど、「表現の自由」の意味と可能性をより深く掘り下げたことには大きな意味がある。

　また、裁判が進んでいくにつれ、ニコンの主張は「政治的中立性」から「安全性の確保」に焦点化されていった。こうした主張の変化は政治的論点に立ち入らないことで左右両翼からの社会的な批判を回避しつつ、写真展中止の正当性は譲らないというものだ。ニコンが「慰安婦」問題を明示的に否定・攻撃しなくても、安易な中止決定は極右的な言説とあい補う形で機能し、社会の中に差別的で抑圧的な構造を形成する。企業の意思決定プロセスという密室の中で進行する歴史修正主義と差別の様相を公の場で明らかにし、その責任を問うたことはニコン裁判の大きな意義の一つだろう。

＊

　裁判支援を通して「慰安婦」問題解決のために活動する多くの人と出会い、その思いと多様な関わり方を知ったことは、私にとって非常に大きな経験だった。私は二〇〇二年に大学に入学し、フェミニズムと出会ったが、当時は「慰安婦」問題と大学内でのさまざまな性暴力が問題化されている時期だった。私にとってフェミニズムとの出会いは、夜道を前にして、自分が女性の友人と同じようには恐怖を感じずに済んでいるということとの出会いであり、自分の生きている日常がこうした性暴力とつながっているという衝撃をもたらすものだった。大学卒業後、精神障害者の地域生活や重度身体障害者の自立生活に関わるようになったが、そこでもそうした「自分が不当にも免れている」暴力とどう向き合うのかという問いは、私にとって重要なものでありつづけている。ニコン裁判は私自身の問いへの向き合い方を考える上でもとても大きなものだった。

市民たちのさまざまな知恵と静かな善意で守った写真展

三木 譲（差別・排外主義に反対する連絡会事務局）

二〇一二年六月二二日 中野ZEROホールでモンダンヨンピル（小さな鉛筆）コンサートが開催された。当日、僕たち「差別・排外主義に反対する連絡会」（以下、連絡会）は会場外の警戒と来場者の案内に追われていた。

仙台や福島の学校が東北大震災と原発事故で、大きな被害を受け、東京都が始点となり各地の自治体の補助金が停止され、さらに高校無償化制度適用の手続きが止まり（安倍政権発足と同時に二〇一二年一二月に排除）という過酷な状況のもとにある朝鮮学校の学生たちを応援する韓国の俳優・音楽家たちが日本で開催したコンサートだ。幸い極右排外グループの組織的な妨害は行なわれず、トラブルなく盛況のうちに終わった。

このとき、頭の中に一つの心配事があった。それが安さんのニコンサロン展覧会をめぐる騒動だった。新聞記事で写真展開催を知ったとき、ネットが炎上し、極右排外グループが動き出すことを心配した。事態は悪い方向に進んだ。極右グループが抗議活動を予告、ニコンサロンは展示を中止した。安さんと代理人の李春熙弁護士が写真展開催の仮処分を申請、コンサートの日は決定が出る日だったのだ。

コンサートの打ち上げ会場で、安世鴻さんの「重重」写真展の案内葉書を配る女性がいた。彼女は仮処分のことはわからないという。李弁護士のことは高校無償化制度朝鮮学校排除問題での精力的な活動で一方的に知っていた。会場には彼の姿はない。打ち上げ会場に李弁護士が姿を現したのは会の終り頃だ。手短かに協力を申し出たのが、写真展とのかかわりの始まりだ。

極右排外グループは二〇〇九年四月から活動を活発化、八月には三鷹市「慰安婦」問題パネル展を三日間にわたり妨害、朝鮮大学文化祭妨害、一二月に京都朝鮮初級学校襲撃事件を引き起こした。「慰安婦」問題や、朝鮮学校、外国籍住民をめぐり執拗に口汚いヘイトスピーチで恫喝し、暴力をふるい、その映像を「面白おかしく編集」しネット配信した。グループ単体あるいは共催で妨害行動を企画し、中心メンバーに加えネットで事前に動員を呼びかける行動パターンが過半であることも特徴だ。

彼らの行動態様を予測し、その意図をくじくことと、たくさんの来場者が写真を見て静かにいろいろと考える雰囲気を保つ会場防衛を目標に、開催当日に向けて検討をはじめた。騒然とすれば、彼らの思う壺だ。展覧会妨害・抗議の実際の事案を調べた僕たちは、彼らが国内外でペンキをかけスクリーンをナイフで切るなどの妨害行為をしていることを知った。

当日早朝からサロンのある商業ビル一階の喫茶店で警察や極右の状況等を確認し、会場前の列に最初に並んだ。極右側の人員と行動態様を少しでも把握していれば、緊張を強いられても極右側の意図をくじくことができるからだ。

ニコンサロンでの展示終了後、江古田のギャラリー古藤、神楽坂のセッションハウスで写真展が開催された。連絡会は準備段階から実行委員会に参加し、会場オーナーの相談にのるなど、連絡を取りあい交代で会場防衛に協力した。

とくに、ギャラリー古藤では写真展を「温かい雰囲気で来場者を迎え、多くの人が静かに作品と向かい合う場にする」ために、地元の皆さんが本当に毎日いろいろな工夫を重ねた。クッキーを入口で販売しなごやかな雰囲気で来場者を迎え、極右の抗議街宣に対し白い布でギャラリー前をふさぎ撮影を阻み「動員が動員を呼ぶ」状況も回避できた。アイデアはすべて地元の皆さんのものだ。安さん、ご家族、ギャラリーのオーナー、実行委員、当日スタッフ、そして暑い日、寒い日に、時間を作って来場されたたくさんの皆さんの静かな善意が写真展の安全と成功をもたらしたのだ。これが真実だ。会場でのたくさんの出会いを一つ一つ紹介したいが、与えられた文字数をすでに超えてしまった。大阪の写真展に先立ち、東京の写真展の成功報告と情報提供を行ない、関西の仲間たちの会場防衛に協力した。

連絡会は、「皆さんがこれまで、重ねられてきたさまざまな努力」を大切にしながら、丁寧に話し合い、試行錯誤を重ね、自らの点検を怠らず、さまざまな共同作業に加わりたいと思う。

ネガティブな現象を前に、連鎖の根を断つ

綿井健陽（映像ジャーナリスト、映画監督）

一連の「ニコン裁判」の判決が確定した当時、私はこの裁判を闘った安世鴻と彼の支援者・弁護団の方々に向けて、「この裁判を通じて感じたこと、できたこと、できなかったこと」を六項目にまとめて送った（関係部分から抜粋）。

①ニコン側が、とくに仮処分申し立て当時に「写真が政治性を有する、安さんの政治活動である」という理由を出してきたことには、最も怒りを感じました。もし、あの理由をニコン側が出してこなければ、安さんとニコン側は途中からでも共闘できたのではないか、という気がしています。ニコン側弁護士の最大の過ちだと思います。②ニコンサロン審査員やニコン側の立場の人で、内部事情を説明する人や内部告発をしてくれる人を、公の場に引っ張り出せなかったことが残念。③映画『靖国』『ザ・コーヴ』上映中止問題が起きたときは、その後各地の映画館で上映依頼があり、たくさんの人が観る機会が逆にもてた。当事者や支援の会主催以外でも、シンポや自主上映会が多数開かれた。今回も写真展開催依頼が全国各地から来ると期待したが、実際には極めて少なかった。④「慰安婦」問題をめぐる表現への「中止・嫌がらせ・抗議」などは、何かの機会で「また同じようなこと」が起きるであろうから、当事者から相談があったときには、ニコン側の対応を「反面教師」として、経験者としても詳細なアドバイスができるようにしたい。⑤今回は仮処分申し立てをしたので、新宿ニコンサロンでギリギリの「仮開催」がなんとかできた。ニコン側の不誠実な対応が最大の原因だが、あのような中途半端な形の「仮開催」を今後は繰り返させないように対応した

い。表現に関わる問題は、法的措置や民事訴訟は最後の最後の手段として、可能な限り言論やメディアの場で対応したい。⑥実際には公にならないような中止事例（内内で自粛、トラブル回避で最初から止める、メディアに知られたくない）も多いだろうから、それらを埋もれさせないように、公の場でさまざまな人が議論できるようにもっていく。「その展示や上映を誰も観ることができない」という最悪の事態だけは避けられるように対応する。

「ニコン慰安婦写真展中止問題」が、日本の社会に本当に影響を及ぼすのは、むしろこれからだろう。

今回は「中止」が公の場で明らかにされたので、まだましだったのかもしれない。当事者や周りの人たちが声に出さなくなり、沈黙しはじめたとき、それぞれの身体の中で「自粛・委縮・回避」のサイクルに陥る。そして、タブーやアンタッチャブルなテーマがつくられていく。

社会学者の芹沢一也は以前こう書いていた（共同通信から二〇一〇年三月に配信された連載企画「論考2010」）。

「ネガティブな現象にどう対処するか、そこには社会がもつ性格がはっきりと顔をのぞかせる」「ネガティブな現象を前にしたときこそ、その社会の本質が立ち現れる」

「ニコン慰安婦写真展中止問題」は、明らかにネガティブな現象だった。そして、この問題を前にしたとき、ニコンだけはなく、誰がどう対処したか、しなかったか、日本社会の性格と本質が確かに立ち現れた。

「厄介になりそうだな」

「できれば関わりたくないな」

そんな意識が自らの心と身体の中に芽生えてくるとき、そこで踏ん張らなければ、その連鎖の根は断つことはできない。いったん「引く」と、自らも周りも少しずつ足並みをそろえて引いていく。それを断ち切るためにも、「ニコン慰安婦写真展中止問題」で何が起きたのかを知り、そして、表現行為に関わるさまざまな〝ネガティブな現象〟を今後も注視する必要がある。

「表現の自由」を実現するには、まず「見る」「見せる」、「知る」「知らせる」、「聞く」「聞かせる」場所と機会と人を守らなければならない。単にその表現者だけではなく、展示・上映会場、スタッフ・受付・出版・販売をする人たちなど、その表現を支えよう、機会を提供しよう、多くの人に観てもらおうと意思ある人たち全体を守るため、「また同じようなこと」を繰り返させないための闘いだ。

（敬称略）

他人事ではない

林 克明（ジャーナリスト）

講演であれ、集会であれ、あるいは写真や絵画であれ、何かを表現すれば、気に入らないと感じる人が出てくるのはしかたないだろう。しかし、その人たちが、表現の場に圧力をかけるのは問題だ。

その「場」とは、ギャラリー、公民館、美術館、劇場など、表現を支える場である。そして一部の人々の圧力に屈したのが〝新宿ニコンサロン事件〟だ。私は日ごろ、モノを書き、発言している人間だから、安世鴻氏の写真展に対する圧力は他人事ではなかった。表現の内容ゆえに表現する自由が奪われるからだ。

政治的立場の違いや職業に関係なく、何かを強く表現するすべての人間にとって、この事件は他人事ではないだろう。世の中の風向きが変われば、この写真展に圧力をかけた人たちも同じ目にあうかもしれない。いわゆる〝ブーメラン〟だ。考えや表現方法の違う人に対しては、自由を奪わず、必要なら批判したり自ら違う表現を提示して見せることではないだろうか。これは自戒を込めて言っている。

この種の事件について思うのは、表現者当事者だけの話ではないということだ。表現活動の受け手、すなわち読者、視聴者、展示会参加者などの自由にもやがては影響を及ぼすからである。職業的表現者ではなくとも、さまざまな表現作品に触れることで、何かを感じたり知識をえたり考えが変わることもある。表現規制は、受け手の自由をも奪うのだと、つくづく思った。

そして表現の自由を奪われた当事者が闘うことの大切さもこのニコン裁判は示してくれた。もし安世鴻さんが裁判を提起しなければ、言論表現活動の委縮が進んだろうし、闘いの結果、一定の歯止めをかけた意義は非常に大きい。

安世鴻夫妻をはじめ、支援者の皆さんは本当に頑張った。その頑張りは、訴訟当事者だけではなく、周囲の人々の自由を守ることになったのではないだろうか。

判決集会・表現者たちのメッセージ

写真史に残るべき出来事

●**亀井正樹**（フォトグラファー／元連合通信社・写真部長）

日本では憲法に保障された表現の自由があるにもかかわらず、ニコンから写真展を一方的に中止されたことに、安世鴻氏は表現者として当然の権利を主張して闘い続けてきた。

彼の闘いをいち早く支持する声明を出したのはヨーロッパの写真家たちという。日本ではＪＶＪＡ（日本ビジュアルジャーナリスト協会）と一部の団体を除いては日本写真家協会はじめ多くの主要な写真団体は沈黙している。これは写真家としても表現者としても恥ずべき姿ではないだろうか。ニコンの不当な行為がまかり通るならば、まちがえなく我々の手から自由な表現・創作活動が奪われてしまうことだろう。不当な行為に毅然と闘う安氏の姿は写真史に残るべき出来事といっても過言ではない。私は安氏の姿勢を全面的に支持する。

表現の自由を自ら捨てたニコン

●**イトー・ターリ**（パフォーマンス・アーティスト）

日本軍「慰安婦」をテーマにした写真展に対して、右翼の脅しを恐れ、中止を決めたニコンの判断はあまりに短絡的なものでした。仮処分決定により開催された展覧会では過剰な警備がなされ、見る者から作品を鑑賞する環境を奪うものでした。それはもはやニコンサロンが世界に提供してきたという自負と「表現の自由」を自ら捨て去ったことを意味しました。同時代を生きるいち表現者として、安世鴻さんの申し立てを支持するとともに「表現の自由」が確保される地裁の判決を強く求めます。

ギャラリーの役割

●**宇井眞紀子**（フォトグラファー）

目を背けてはいけない社会的な問題を、写真を通して深く感じ静かに考える場としてのギャラリーの役割を放棄しないでください。このようなやり方で写真展が中止されることが許されてはならない。

表現するものの基本

●**大浦信行**（芸術家／映画監督）

権力がつくり出す大文字で書かれた歴史に異議を唱え、人類が根源的に持っている「血の色をした民衆の歴史」を、この現実の真っ只中に現出させる試みこそ、表現する者のもっとも基本とするところだ。

中国に残された朝鮮人日本軍「慰安婦」の女性たちを撮り続けてきた安世鴻こそ、覚醒された平静な心持を通じて問題の本質に迫り、かつて国家権力が犯したあやまちを風化させることなく現代に突き付ける、真の表現者だ。だから、その彼と彼の作品に対する、新宿ニコンサロンによる理不尽な検閲に、私は断固抗議するのだ！

日本人がもっと見るべき

●**古居みずえ**（フォトジャーナリスト）

「慰安婦」問題について、日本は加害者として、はっきり罪を認め、謝り続けなければならないと思っています。また同じ女性として、どんな状況下においても許されるべきことではないと思います。安さんの写真は一人ひとりの女性たちの顔が見え、その人たちのつらい思い、心の叫びが伝わってきます。安世鴻さんの写真は私たち日本人がもっともっと見るべき貴重な写真です。

表現の自由の危機を訴えてこそ

●**野田雅也**（フォトジャーナリスト）

タフで、誠実で、信頼できるニコン。その優れたブランドイメージは、もう過去のもの。安世鴻さんの日本軍「慰安婦」写真展を一方的に中止させたことは瞬時に世界へ広まり、表現の自由を奪う行為に、国内外の写真家や愛好家から批判は集中した。

ベトナム戦争以来、ニコンを愛用した戦場カメラマンたちは、写真表現で世界に争いの愚かさを訴えた。安さんの作品も同様に、人間の尊厳とは何かを強く訴えるものだった。

感情や意思、思想を形にする表現。その自由が制限されるなら、ユーザーたちはカメラを放り投げるだろう。表現の自由の危機を訴える安さんこそ、真の表現家だ。

写真も裁判闘争もアートだ

●**豊田直巳**（フォトジャーナリスト）

暴走する安倍政権の国家主義と強権政治の下で、日本社会はますます闇に包まれていく。しかも、私（たち）は、これに歯止めをかけるどころか、怯えきったように黙り込んで、保身に逃げ込もうとしているかのごとくだ。だから強い者に媚びへつらう反動で、より弱い立場の者に対して居丈高になる。まるで、つまらない自尊心を慰めようとするかのように。そんな日本のあまりに悲しい状況が「ニコン「慰安婦」写真展中止事件」を生んだ。そして、そんな大人社会を見ている子どもたちが「いじめ問題」を引き起こしているのだろう。

ところが、この閉塞感に風穴を開ける挑戦が、ニコンの被害者の安世鴻によってはじまった。ニコン相手に裁判闘争を続けながら、問題となった「慰安婦」を撮り続け、写真展等で発表をしているのだ。安さんの写真がアートなら、裁判もまた表現でありアートだ。それは安倍政権の闇に光を当て、暴政を崩壊させる可能性を秘めているのだから。

日本の泥沼に一輪の花を咲かせ、この混沌を異化し、豊かさを育む文化にまで矛盾を止揚する力を秘めた安さんの写真と裁判闘争は、「観客」という同伴者があって成立するアートだ。私もぜひ、同伴したい。

勇気を結合し力づける美しさ

田島和夫（古美術&ギャラリー古藤）

ギャラリー古藤では、安世鴻さんの写真展示を三回行なっている。第一回目は新宿ニコンサロンが中止を通告した写真展・東京第2弾！として、二〇一二年八月二八日から九月九日に「中国に残された朝鮮人元日本軍『慰安婦』の女性たち」をテーマとした写真三六点を展示した。写真展と同時に、「日本の言論と表現に関わる」「日本社会の歴史認識を問う」トークイベントを連日開催し、入場者は一二〇〇人を超えた。

最終日には、数十名の「右翼」団体のメンバーが、写真展の妨害にやってきた。道路を隔てた向こう側の歩道からとはいえ、差別的言辞を繰り返し叫ぶなどした。当初から「右翼」団体の妨害が予想され、実行委員会は写真展を守り抜くため、広く市民に呼びかけた。多くの方々がボランティアで、協力・支援のため駆けつけてくれ、力強い支援の輪が広がった。ギャラリー古藤の前に交代で長時間立って警備を行なうなど、独自の警備体制が構築され、「右翼」団体の妨害があったときも、市民の力で完璧に跳ね除けたのだった。

二回目は、二〇一三年一二月安世鴻写真展 in 練馬 第2弾「重重～消すことのできない痕跡」として、新たにフィリピンでの写真を加えて、同じく連日トークイベントを行ないながら三五〇人余の入場者を集めた。

三回目は二〇一五年一月に行なった「表現の不自由展～消されたものたち」のなかで安世鴻さんの写真を展示した。天皇と戦争、植民地支配、日本軍「慰安婦」問題等々の理由で表現の機会を奪われた作品を一堂に集め、同じく連日トークイベントを行ないながら二七〇〇人ほどの入場者を集めて開催した。

いずれも、「暴力の影に怯えて大切なものを失ってはならない」という想いが結集して、在日特権を許さない市民の会などの「右翼」団体の妨害を市民の力で跳ね除け、表現の自由を守った。その中心にあったのが、安世鴻さんの写真であり、日本軍「慰安婦」被害女性に対する想いであった。真理を求める表現は人々の勇気を結合し力づける美しさも有しているようだ。その結果、ニコン裁判に勝訴することができた。それこそ、アートの力であるし、美そのものである。今後ともギャラリー古藤は表現の自由を守り、本物の美を追求していきたい。

ごく自然な選択

伊藤　孝（セッションハウス企画室）

安世鴻さんが初めて日本軍「慰安婦」だったおばあさんたちに会ったときに、「男の一人として恥ずかしい想いがした」と語っていたことが、強く印象に残っている。日本が植民地支配した時代の後の若い世代である韓国人の安さんの中には、ジェンダーの視点からであろうが、この問題を単なる告発者としての立場にとどまらず、自らを当事者としてとらえる意識があったからだろうと思われる。

私が生まれたのは一九三七年。その時はすでに戦争が当たり前のように存在する世の中だった。

戦争時代のことを見聞きするたびに、自分がもし一〇年早く生まれていたら戦場に駆り出されていたかもしれないと想像してしまう。そして戦場で〝敵国〟の人々や兵士に向けて銃を向けていたかもしれないし、上官の理不尽な命令に抗うことができたのかと自らを疑ってしまうのである。それは戦場で日本軍「慰安婦」の女性たちを前にしたときにも、自分がどのような振る舞いをしたかという自らの疑義へと連動していくのだ。現在の価値観や倫理観から否定することは容易い。しかし、自らを当事者として当時の状況を想像してみるとき、自分自身への問いかけ＝審問なしには、こうした問題を語ることはできないのではないか。それは五〇年後、六〇年後に生まれた若い世代の人たちにとっても、そうした状況下にある自らを当事者意識を持って想像してみることが肝要だと言えるだろう。

「世界中どこの軍隊だって慰安婦を持っていたよ」とうそぶき、自らを相対化して合理化する者たちがいる。そしてこうした問題を取り上げる人たちを「自虐史観」と言って批判している。しかし、人間にモラルというものがあるならば、先ずもって他の非を語る前に自分たちがやったことを直視し、自らを恥じ悔いることからはじめるべきではないか。事実を直視しようとしない人たちに対しては、「恥知らず史観」という言葉を返したいと思う。

安世鴻さんが、おばあさんたちのこれまで辿ってきた軌跡と今の暮らしぶりを、長い何月をかけて丹念に紹介し続ける作業は、まさしく歴史的事実と真正面から向き合う誠実な営為と言えよう。そうした安さんの写真展をセッションハウスで開いていただくことは、以上のような想いにある私にとっても必然的なものと言えるし、ごく自然な選択なのである。

三つの現場でのたたかい

岡本有佳（編集者）

ニコンサロン「慰安婦」写真展中止事件に対するたたかいは、三つの現場で展開されたといえる。一つは、安世鴻さんが提訴した裁判闘争。もう一つは、中止通告された「慰安婦」被害者の写真を自由に見て考える〈場〉を市民の手でつくったこと。そして、もう一つは、裁判闘争でリスクを負いながら、世鴻さんが表現者として「慰安婦」被害者の取材を継続し、発表し続けていることだ。

ここでは二つ目の表現者と市民によるささやかな試みを振り返りつつ考えてみたい。支援の会が中心となった展覧会は東京で四回、また大阪ではアンコール展中止に対し抗議写真展が支援者らによって開かれた。

事件から三ヵ月後に開かれた「新宿ニコンサロンが中止を通告した写真展・東京第2弾！」は、新宿ニコンサロンの写真展が異様な警備体制が敷かれたことに抗し、静かに写真と向き合える〈場〉をつくろうと企画された。事件当時、私はSNSでスタッフが足りないという呼びかけで会場に駆けつけ、世鴻さんがほぼ独りで切り盛りしているのに驚き、さらに人を集めて受付シフト体制を作り、図録販売を不当に禁止するニコンに抗して販売予約をとるなど小さな抵抗をしていた。一方、永田浩三さんも現場に駆けつけ、静かに写真と向き合う写真展ができないかと、世鴻さん側に伝えていた。名古屋で四歳の子どもを抱え気をもんでいた李史織さんとは直接会えないまま現場運営のやりとりをしていたのだが、永田さんからこんな提案があったので会ってほしいと言われた。そして、東京・江古田のギャラリー古藤でオーナーご夫妻・田島和夫さんと大崎文子さんとともに初めて会うことになる。

世界的企業ニコンは歴史修正主義・排外主義グループの動きに屈して写真展中止したが、私たちは市民の力で淡々と開けることを示そうという思いを共有し、実行委員を集めることにした。地元・練馬の人々、ニコンサロンに駆けつけた人々、さまざまな友人たちが集まった。世鴻さんは名古屋から駆けつけ写真展の構想に入る。実行委員会で重点的に話し合ったのは、写真を心おきなく見てもらい、事件について考え裁判にも関心をもってもらうこと、そのために不当な極右排外グループの妨害、嫌がらせにどう備えるかということだった。さまざまな経験から知恵が出され、それが有機的につながった。

毎日複数の受付体制、会場内外の見回り体制をつくり、入口では地元の方がクッキー販売するなど和やかな雰囲気をつくった。会期中毎日ゲストを招きトークイベントをすることで、裁判で争う「表現の自由」の侵害についてはもちろん、事件の本質である「慰安婦」問題、排外主義などを考える機会を提供することにした。差別・排外主義に反対する連絡会や反天皇制連絡会のみなさんからは、排外主義グループの行動様式、その意図をくじくための助言を受け、「受付・警備心得」をつくりみんなで共有した。ギャラリーがご自宅を兼ねていることも考慮し、事前に地元警察や区役所とも話し合い必要最小限の対策を講じた。

《自粛》するなというのは容易いが、排外主義が台頭する日本社会では、具体的に市民の力と知恵をあわせた抵抗の実践の積み重ねが重要だと思う。「主催者、会場提供者の不安をシェアすることが重要」と寄り添う三木譲さんの姿勢からは、集会・発表の場の確保にさえ不自由なこの社会で大切な抵抗の方法を教えられた。こうした総勢約八〇人の経験が、大阪での抗議展、さらに東京での三回の展覧会（ギャラリー古藤で二回、セッションハウスで一回）に引き継がれていった。

●《自粛》を可視化する――表現の不自由展

ニコン写真展中止事件の二ヵ月後には東京都美術館で、ソウルの駐韓日本大使館前にある〈平和の少女像〉のミニチュアなど「慰安婦」をテーマにした二作品が作家も知らないうち会期四日目に撤去されるというとんでもない事件が起こっていた。こちらはマスコミには一行も報道されることはなかった。

このように、知らないうちに表現の自由が次々と侵害されている。だったら、こうした事態を可視化する展覧会を開こう！　私たち支援者の間で、こんな話が自然に出てきた。それから二年、裁判のハイライトとなる原告と被告の本人尋問を前に、二〇一五年一月一八日〜二月二日、『表現の不自由展〜消されたものたち』をギャラリー古藤で開催した。総勢約八〇名でつくりあげた展覧会は、一五日間で約二七〇〇名が来場し、「不自由さ」を感じている人がこれほど多いのかと私たち自身も驚いた。

●第二次安倍政権以降増え続ける「表現の不自由」

展覧会のために「表現の不自由」関連クロニクルを作成すると、第二次安倍政権以降、「表現の自由」を侵害する事象が、ヘイト・スピーチ、レイシズム（人種主義）の台頭と足並みを揃えるように頻発していることがわかる。気になるのは数の多さだけではない。長年タブーとされてきた天皇制や、日本軍「慰安婦」問題や南京大虐殺など、日本の加害・植民地支配責任を問う問題に対するバッシングが強まっていることに加え、「表現の自由」が侵害される対象の範囲が、3・11福島原発事故以降、放射能汚染、原爆、憲法九条といった問題にまで広がっていることである。

さらに今回、二〇一五年以降の事件を追加整理してみると（一四六〜一四八頁参照）、安倍政権のメディア介入とあわせ、安倍政権批判の表現に対する自粛、〃忖度〃がさらに増加していることがわかる。

これは、国際的NGO「国境なき記者団」による報道の自由度ランキングと符合する。福島原発事故が起き、第二次安倍政権発足後の二〇一三年二月の発表では一挙に三一位ダウンして一七九ヵ国中五三位、以降、秘密保護法強行採決などを経て下がり続け、二〇一六年にはここ一四年間で最悪の七二位に転落し、最新の二〇一七年四月発表も同じ七二位と主要七ヵ国で最下位となった。これに委員会採決を省略するという前代未聞の「共謀罪」法の強行採決が加わればさらに下降するだろう。

日本の「表現の自由」の状況については、二〇一六年四月、国連特別報告者デイビット・ケイ氏が来日調査、今年六月に国連人権理事会に報告書を提出した。「メディアの独立性が重大な脅威にさらされている」とし、緊急の対策を求めている。来日時の発言では、放送法四条改正、秘密保護法による内部告発者の疎外、記者の萎縮、「慰安婦」問題など政治的意図が反映されやすい教科書検定プロセスなどに対して懸念を表明。日本はまず差別撤廃のための強い法律が必要とした。さらに、ジャーナリストの連帯を担保する独立組織がないなど、政治介入を支えるメディア側への重要な指摘もあった。

●観る者が主体的にかかわるたたかい

最後に、判決報告集会でギクリとしたことがある。今後は「作家だけでなく、観る者の権利侵害に抗し、表現者と共に原告になるなど主体的にかかわる闘い方ができれば」と言った小倉利丸さん（元富山県立近代美術館検閲訴訟原告事務局）の発言。そして世鳴さんとともに当事者として闘ったパートナー・李史織さんの「原告がどれほど孤独だったか」という言葉を聞いたときだった。

私はこの裁判支援に関わり、「表現の自由」（憲法第21条）の重要性について再発見させられたことがあった。

「表現の自由の担い手は、送り手と受け手の双方であり、そして両者による情報の伝達と交流の場が必要となる」（宮下紘「意見書」、傍点引用者、一七八頁参照）。つまり、両者の「情報の伝達と交流の場」がセットで「表現の自由」だということだ。これはヘイト・スピーチや性暴力表現などを繰り返す者たちが使う「表現の自由」が成り立たないことの、もう一つの明確な根拠となる。さらに、世鳴さんは写真表現者として、被写体の権利も付け加える。この問題意識からみたとき、私はともに原告として闘うというような発想をしていたのかと、改めて突きつけられたのだった。

また、同集会で繰り返し指摘されたのが、著名な写真家、写真団体、ニコンサロン選考委員らの沈黙への失望だった（選考委員への問いかけは本書の小倉論考参照）。それを打ち破るために選考委員にアンケートを送るなど、もっとできることがあったのではないかと悔いもある。

「検閲とは無意識的に内面化される時こそ完成する」――これは、近年、韓国で起きた「ブラックリスト事態」という検閲事態に演劇人がどう抵抗しているのかを取材している中で出会った、劇作家・金載曄（キムジェヨップ）さんの芝居の結びの言葉だ（『世界』二〇一七年六月号拙稿参照）。私たちは《自粛》で検閲を完成させてはならないのだ。

「表現の自由」の侵害が続く日本社会で、何が起きているのかを可視化し、事実解明をすること。タブーを避ける、妨害予告におびえる、組織の論理に縛られる――こうした《自粛》を表現者とともに市民がどうのりこえるのかを探っていくこと。そして、何が起きたのか、誰がどう抵抗したのかを記録し、その情報・経験を伝達し交流する場を持ち続けようと思う。他者を傷つける者には「表現の自由」は担保されないし、表現そのものの暴力性を問うことを手放さないことを心に留めながら。

〈表現の不自由〉をめぐる年表

★印は社会の出来事

2001. 1　「日本軍性奴隷制を裁く女性国際戦犯法廷」に関するNHK番組が政治介入により改ざん

2003. 4　東京杉並の公園のトイレに「反戦」落書きをしたKさんが器物損壊で逮捕、建造物損壊で起訴

2004. 7　横浜美術館で、障がい者の性介護を描いた高嶺格《木村さん》がわいせつを理由に上映中止

10　本宮ひろ志の漫画『国が燃える』、南京大虐殺描写への右翼の抗議により、集英社が休載に。のちに該当部分削除して書籍化

2005　★『マンガ嫌韓流』ミリオンセラー、嫌韓流はじまる

2006. 1　★中学歴史教科書の本文から「慰安婦」の記述が消える

2007.11　プリンスホテルが右翼からの抗議予告で、日教組の会場貸与と宿泊を拒否。日教組は2008年に提訴、2010年東京高裁で勝訴確定

2008. 3　ドキュメンタリー映画『靖国 YASUKUNI』が右翼等の抗議で相次いで上映中止

4　沖縄県立博物館・美術館の「アトミックサンシャインの中へ in沖縄」展で大浦信行《遠近を抱えて》が展示不許可。「沖縄県立美術館検閲抗議の会」が発足し、抗議

2009. 7　中学生のための「慰安婦」パネル展、在特会の妨害で三鷹市が施設利用保留。市民の抗議で開催

12　★在特会による京都朝鮮学校襲撃事件

2011. 3　★3月11日、東日本大震災・福島第一原発事故

3　東京・目黒区美術館「原爆を視る」展が原発事故に配慮し延期、予算不足を理由に中止。アニメ・ＳＦのＴＶ番組での災害場面の自粛

8　★韓流ドラマを多く放映するフジテレビに抗議デモ

2012. 3　★ロート製薬攻撃事件

5　新宿ニコンサロンが安世鴻「慰安婦」写真展中止通告。安が提訴、2015年勝訴。抗議写真展など市民と表現者が開催

8　東京都美術館「第18回JAALA国際交流展」で「慰安婦」をテーマにしたキム・ソギョン＆キム・ウンソン《少女像》、パク・ヨンビン《Comfort Women!》が展示撤去。11月、メディア・アーティスト大榎淳らが東京都美術館の壁に作品映像を投影する抗議行動

★のちにヘイト・スピーチ（憎悪言説）と言われる差別・迫害のデモが各地ではじまる

★第２次安倍政権発足

2013. 1　東京・森美術館の会田誠展の作品について市民団体が性暴力表現にあたるとして抗議

2　▶報道の自由度ランキング2012年度発表。22位から53位に大下落

4　福井市文化施設AOSSAのピースアート展で河合良信の憲法9条主題作が一時撤去

10　千葉県立中央博物館「音の風景」展で永幡幸司出品作の説明文が同意なしに検閲・修正。同氏は博物館に抗議文を送り、その対応も含め自身のHPで公開

12　★特定秘密保護法強行採決

2014. 1　大阪府泉佐野市教委が漫画『はだしのゲン』を市立小中学校の図書室から回収

2　東京都美術館「現代日本彫刻作家展」で中垣克久の《時代の肖像》が「政治的」と、現政権の右傾化批判メッセージの一部が削除

5 週刊ビッグコミックスピリッツの漫画『美味しんぼ』「福島の真実」が抗議で集英社が休載
5 京都大学医学部資料館で、731部隊への石井四郎部隊長らの関与解説パネル撤去
6 俳句「梅雨空に『九条守れ』の女性デモ」が埼玉県さいたま市大宮区三橋公民館月報号で掲載を拒否。2015年6月、作者が提訴
7 群馬県は2004年に設置許可した朝鮮人強制連行犠牲者追悼碑「記憶　反省　そして友好」の設置更新許可申請を不許可処分とし、撤去要求。11月、市民らが取り消し訴訟
8 愛知県美術館「これからの写真展」で鷹野隆大《おれと》の一部がわいせつ理由で覆い隠される
★「慰安婦」報道検証記事で朝日新聞バッシング強まる。同紙元記者植村隆と家族への脅迫はじまる
12 福岡県那珂川町、人権啓発イベントで町立中学校が上演予定の朗読劇が中止
2015. 1 ★数研出版の高校教科書から「従軍慰安婦」など削除。「表現の不自由展」開催
2 沖縄・名護市辺野古で新基地建設抗議の市民らの仮設テントを政府が強制撤去
言論人1,200人「翼賛体制の構築に抗する言論人、報道人、表現者の声明」発表
3 中学生のための「慰安婦」パネル展、新座市教委が施設使用拒否
4 大阪国際平和センター（ピースおおさか）が運営する戦争博物館で、府議らのクレームにより旧日本軍の加害行為を示す写真パネル数十点撤去。のち廃棄
6 神奈川県大和市が、アイドルグループ「制服向上委員会」が自民党批判の曲を歌ったことで、市民団体のイベント後援を開催後に取り消し
6 ★自民党勉強会で作家百田尚樹が沖縄地元二紙はつぶすべきという趣旨の発言
7 女性自衛官が「慰安婦」を性奴隷とする国連報告書をまとめたクマラスワミと同席した感想を書いたブログを、在ベルギー日本大使館HPで公開。自民党が「慰安婦」を性奴隷とする同氏との出会いを「光栄」とするのは軽卒とクレーム。防衛省が一部削除
7 労組主催「駅前文化祭」、兵庫県姫路市が、安倍政権批判ビラ掲示等を理由に途中で中止
7 長野市の権堂商店街七夕祭りで、「戦争原発バラマキの愚作」等の垂れ幕7本に対し長野市が市民からの批判があると伝え、商店主が撤去
8 岩手大学が教職員組合に安保法案反対の看板撤去を要請
8 川内原発再稼働反対集会、鹿児島県が久見崎海岸の使用を不許可

「表現の不自由展」展示会場（2015年1月）ギャラリー古藤

9 ★安保関連法案強行採決
9 自民党ポスターの首相顔写真への落書きで、警視庁が町田市の男性を器物損壊で逮捕
10 有識者団体「安全保障関連法に反対する学者の会」が開催予定だったシンポジウムを、立教大学が会場貸し出しを拒否
10 放送大学の単位認定試験問題で、大学側が「現政権への批判が書かれていて不適切」として、試験後に学内サイトで問題を公開する際、該当部分を削除
11 宮城県柴田農林高校社会科学部が、文化祭での発表の一環として生徒を対象に行なわれた、安全保障関連法に関するアンケート調査に、外部から「不適切」等とクレームがきて発表中止
11 北海道博物館の自衛隊基地問題をめぐる常設展に「自衛隊バッシングだ」等と抗議があり、「自衛隊違憲判決を！」等と書かれたタスキや米海兵隊による誤射事故の地図パネル等、資料の一部を撤去・差し替え

2016. 2 ★高市早苗総務大臣、放送法違反を理由にテレビ局に対し電波停止命令ができると発言。
2 神奈川県海老名市、海老名自由通路で市民団体が「アベ政治を許さない」等のプラカードを持ち、数分間マネキンのように静止する「マネキンフラッシュモブ」を実施。市は、参加した市議に市条例にもとづく禁止命令を出す。市議と市民は６月に提訴し、2017年３月勝訴
3 ★愛媛県の県教委が、政治活動への参加を１週間前に担任に届け出る校則を例示し、59の県立高校すべてが校則を変更し届け出制を取り入れた
3 NHK「クローズアップ現代」、TBS「NEWS 23」、テレビ朝日「報道ステーション」のメインキャスター（国谷裕子、岸井成格、古舘伊知郎）が番組降板。デイリー報道番組メインキャスター３人の同時降版は、日本テレビ放送史上初
4 鹿児島市主催のヨガ講座講師が、私服で「反核」とプリントされたＴシャツやパーカー着用を問題視され、2016年度の契約更新を拒否
6 東京の府中市美術館で「燃える東京・多摩　画家・新海覚雄の軌跡」展が「内容が偏っている」と「中止の可能性も含めて再検討」を指示されたと、同館学芸員がネット上で発信し話題に．その後、内部協議を経て開催
6 香山リカの講演会に妨害予告があり、講師は中止しないよう求めるも、東京・江東区社会福祉協議会が中止
8「平和のための戦争展」、福岡市が後援取り消し
8 経済産業省前で脱原発を訴え続けてきた「脱原発テント」が強制撤去
10 アクティブ・ミュージアム「女たちの戦争と平和資料館」に、「朝日赤報隊」を名乗る者から爆破予告の葉書が届く
11 沖縄の米軍新基地建設抗議運動中に、威力業務妨害の疑いで市民４人を逮捕、長期勾留

2017. 4 群馬県立近代美術館の「群馬の美術2017」で、県立公園群馬の森にある朝鮮人労働者の追悼碑を模した白川昌生の作品《群馬県朝鮮人強制連行追悼碑》を同館が開催直前に撤去
4 千葉市、日韓「合意」を批判する展示をした等として、学校法人「千葉朝鮮学園」主催の美術展と芸術発表会への補助金50万円の交付取り消し
▶報道の自由度ランキング2016年度発表で72位。G7で最下位
6 ★委員会採決の省略という方法で「共謀罪」法強行採決

※本年表は、「表現の不自由展」作成年表および、新聞・雑誌等により作成。第２次安倍政権以降、細かい事件が増え続けているが、紙幅の都合で一部であることをお断りする。なお、引き続き作成するため、追加や誤り等ご指摘いただければ幸いである。敬称略。作成：岡本有佳

4

裁判をたたかって

力をあわせれば守れる「表現の自由」

安世鴻（アン セ ホン）
（写真家／ニコンサロン「慰安婦」写真展中止事件裁判元原告）

観客がハルモニの写真の前に花を置いたが、ニコン側は規定に反するとしてすぐに片付けた。（撮影：張俊熙）

外国人写真家が日本で腰を据えて生きていくのは容易いことではないと想像はしていた。しかし、日本軍「慰安婦」をテーマにした写真展をすることがこれほど大変だとは夢にも思わなかった。二〇一二年、ニコンという企業による一方的な写真展中止通告、右翼による排外主義者の無差別的な攻撃は、私個人の問題をこえ、社会的な問題にまで発展した。

忘れられない判決の日

二〇一五年一二月二五日、裁判開始から三年越しの判決の日を私は忘れることができない。裁判官、判事、弁護士、立会人など、そのとき法廷にいた六〇名ほどの人々の息をする音さえ聞こえないほどの緊張感の中、二分余りの判決文が読みあげられた。梁澄子さんの同時通訳をとおして「ニコンは不当な中止決定を下した」という部分を聞いた瞬間、私の拳に力が入った。「あぁ！　勝った！」と叫びたかったが、厳粛な雰囲気の中では喜びを表に出すことはできず、じっとこらえた。写真を送った日から判決にいたる四年間の精神的な苦痛と、ニコン関係者から受けた傷がいっぺんに洗い流されるようだった。

裁判をとおして中止決定の理由とその過程を知ることは、私だけでなくあらゆる人にとって重要なことである。ドキュメンタリー写真を追求する私は、被写体と写真家、そして鑑賞者という有機的な三角形の構図を大切にしている。声を出し、表現し、共感する過程で互いにつながりあうことは写真が持つ役割に意味を付与する。このような輪が何かしらの力によって壊されるのであれば、その被害は写真家だけのものではないはずだ。あらゆる人々に波及せざるをえない問題であるし、その被害はそっくりそのまますべての人に降り注ぐだろう。

写真との出会い、「慰安婦」被害者との出会い

私が写真を楽しむようになったのは中学生のときだ。八〇年代の韓国は、民主化を叫ぶスローガンとそれを抑えようとする催涙弾が飛び交う時期だった。このような時代の中で、高校三年生の頃『全泰壹（チョンテイル）評伝』に出会った。彼は私が生まれる頃、劣悪な環境で働く労働者たちも人間であるということを証明しようと、焼身抗議をした労働運動家だ[*1]。私は「同じ空間、同じ時代の人々がなぜ、不平等に生きているのか」という疑問を抱き、悩みはじめた。その後、私の写真のテーマは「統一」「労働」「障がい者」などの社会問題へと向かっていった。

一九九六年、月刊誌『社会評論の道』グラビア取材のため、「慰安婦」被害者が共同で暮らす「ナヌムの家」に行き、初めて被害者に出会った。痛みを持った人たちにどんな言葉をかければいいのか躊躇い、男性としての恥ずかしさと申し訳ない気持ちでいっぱいだった。その後三年間、ナヌムの家でボランティアをしながら被害者の痛みを頭ではなく心で理解するようになった。

日本で写真展を開くこと

在日同胞との結婚を機に日本に住みはじめた二〇〇九年以降は、大阪と東京で撮ってきた写真を展示したり、雑誌などに根気よく発表しつづけた。二〇一一年には、日本の植民地支配下で中国に連行され性奴隷となり、戦争が終わっても故郷に帰ることができなかった朝鮮人被害女性の写真展を開催するため、東京のギャラリーを探し回っていた。そんな頃、東京都の写真美術館のあるキュレーターから、「ニコンサロンはテーマに関係なく写真作品のクオリティを審査して写真展を開催する」という話を聞いた。そこで公募に向けて、写真約四〇点と申請書、内容について書いた一〇ページほどのパンフレットを作成し、一二月にニコンサロンに送付した。しかし、写真を準備しながら、日本の企業が運営するギャラリーでこの写真を選んでもらえるのだろうかという不安が頭をよぎったこともあった。写真のテーマを意識して、私の頭の中でも「検閲」が行なわれていたのだった。

翌年一月二五日、ニコンから一通の手紙が届いた。封筒を開ける瞬間、さまざまな思いがわき起こった。でも、私のつたない日本語力でも、写真展開催が決まったことはわかった。日本の写真界から評価を受け、私の写真のテーマをアピールする機会がもてることは、大きな喜びだった。評論家、写真家ら五名からなる審査委員たちが、テーマにかかわらず写真だけを見て審査したということで、やはりニコンはその名にふさわしい世界的企業だと感じた。

広報用写真とプレスリリースの送付、ダイレクト・メール用はがきの製作・配布などの準備は、ニコンサロン事務局と共に円満に進んでいた。さらに別の場所でも写真展を開催したいと思っていたところに、五月一六日付でニコンからもう再び一通の手紙が届く。九月九日から一週間大阪ニコンサロンでアンコール写真展を開催するという内容で、費用もニコンが負担するとのことだった。写真展のためのすべてが順調に進んでいた。

突然の中止通告の電話

写真のプリントのためにトーンの最終調整作業をしていた頃の五月二二日夕方、ニコンサロンから電話があった。

「安さんの写真展が中止になりました」

その短い一言に心臓が激しく鳴りはじめた。その瞬間、「何か事件でも起こったのではないか？　そうでなければ……なぜ？」との思いが頭の中をかけめぐった。想像がつかない。スピーカーフォンで妻の通訳で通話が続いた。

「お詫びをしに安さんのお宅に伺います」と言う。何をお詫びしに来るのか、わからなかった。

「写真展が中止になった理由はなんですか？」

「理由は申し上げられません」

あぁ、誰かの圧力で写真展の中止が決まったのではないだろうか、そんな疑問がよぎった。

「審査委員の方々は中止の事実をご存じですか？」

「いえ、知りません」

直感的に、これは単純な問題ではないと感じた。

その後、電話や内容証明を通じてニコンの責任者と何度も話し合いを申し入れたが、彼らは「諸般の事情」で中止になった、これ以上の話し合いは不可能だとしか言わない。

しかし、このまま写真展を諦めるわけにはいかなかった。発表の場を失えば、被写体である日本軍「慰安婦」被害者の声を、日本社会に届けられなくなってしまうと思った。

攻撃と応援

これ以上自分一人の力で解決するのは不可能だと判断し、知人を介して李春熙弁護士に連絡をした。李弁護士は私の切迫した事情を聞いた上で、ニコンの不当な決断に対抗しなくてはいけないと言ってくれた。いざ法の力を借りることになると思うとすぐに判断できなかったが、最終的に仮処分裁判申請を行なうことを決心した。

裁判がはじまり、この事件が知られるようになると、メールやファックス、郵便物などをとおして、「反日写真家」、「韓国に帰れ」、「死ねばいいのに」などと言われるようになった。排外主義者の攻撃は増え続け、自宅の住所がネットに流出し拡散されたときには、家族の安全のために、自宅を一時離れたこともあった。

その一方、日本や韓国を含む世界中から応援メッセージが届いた。イギリスの写真家Si Barberは「I AM CENSORED」というホームページを立ち上げ、ニコンに抗議し、写真展を開催するよう求める写真家約六〇〇名の署名を世界中から集め、アメリカのニコンに送っている。日本では日本ビジュアル・ジャーナリスト協会（ＪＶＪＡ）の会員が積極的に関わってくれて、ニコンに要望書を送り、展示・公演が中止になった事例を踏まえて事態への対応方法や、裁判への助言など大きな力になってくれた。しかし、大方の日本の写真家や関連団体はこの事件に対して沈黙を貫いた。ある写真家協会の会長は、この事件を口実にお金を巻き上げようとしているというデマまで流した。しかし、問題の深刻さを憂慮した表現者たちが現われ、ニコンへの抗議を呼びかけ、一〇〇名以上が賛同し声明を発表した。

写真の中の被害者と観客が共存する場を守る

緊迫した状況の中で仮処分裁判は行なわれ、写真展四日前、裁判所はニコンサロンの使用命令を出した。しかし、ニコンがこれを受け入れない可能性も排除できなかったので、ニコンの答弁を待つ間は焦燥感でいっぱいだった。幸いにも写真展は再開されることになった。この間、多くの人がニコンに抗議し署名を送っていたので、ニコンもこれらの意見を無視することはできなかったと思う。

裁判に心を砕いている間は写真展の準備を満足にすることができなかったが、プリントされた写真を車いっぱいに積み名古屋を出発。「ついに写真展を開ける」という喜びを胸に、東京まで一息に車を走らせた。

写真展初日、新宿エルタワー二八階にあるニコンサロン入口前の三、四〇メートルの廊下には、多くの人が開場を待って並んでいた。ギャラリー内ではニコン側が雇用した警備員と弁護士、職員が五、六名が突っ立っていて、重苦しい雰囲気をつくりだしていた。

開場時間になると、「ピーッピーッ」という耳障りな音が聞こえてきた。入口に金属探知機が設置され、カバンの中身と身体検査が行なわれた。観客たちは抗議したが、ニコンは黙りを決め込んでいた。身体検査を拒否してギャラリーに入場しない抗議者も現れはじめた。

ニコンによる写真展への制約は想像を超えるものだった。メディア取材の禁止、写真撮影の禁止、図録販売および配布禁止など、ギャラリーでごく一般的に行なわれる行為を禁止された。また、私が誰かと名刺を交換したり会話を交わしたりするたび、ニコンの職員が近づいてきた。職員の胸ポケットには録音機が入っており私の会話を録音している。ニコン側弁護士らは私の一挙手一投足を監視し、すべてを記録していた。そして理にかなわない規程を振りかざし、いつでも写真展を中止すると、事あるごとに言ってきた。写真展を通常通り行なうために抗議しても、返ってくるのは人権を侵害するような行為で、侮辱を感じた。このような不当な状況に置かれても写真展を続けたのは、写真の中の被害者たちが自分の痛みを私に訴えていたから、そしてそれを多くの人々に知ってほしかったからである。写真の中の被害者と観客が共存するこの場を守らねばと思った。

こんな状況で写真展を独りで運営するのは不可能だったので、円滑な進行のためにSNSを通じて支援者を募集した。すると共に写真展を守ろうと多くの支援者が集まり、その数は増えていった。多くの観客がニコンによる写真展の中止決定と「表現の自由」の侵害に対して怒り、抗議した。

ニコンの不当な対応は、彼らが言う「写真文化の向上」に汚点を残すものだった反面、写真家と市民の「表現の自由」に対する認識を逆に深めもした。ニコン側の露骨な妨害にもかかわらず、二週間で約七九〇〇名もの人々が写真展を観覧した。困難な状況の中で写真展を無事に終えることができたのは、共に闘ってくれた人々がいたからだった。

東京での写真展は無事に終わったものの、大阪のアンコール写真展の開催可否はまだわからなかった。東京の写真展は仮処分裁判によって開催に至ったが、大阪展について私は、法の力でなく、ニコン自ら中止決定を撤回する形で実現することを願っていた。しかし、内容証明まで送って何度も答弁を要求したが、ニコンは最後まで回答を避け、写真展開催予定四日前になって、不可だと通達してきた。

内心願っていたこと

写真展の後、私は内心願っていたことがある。中止決定が出るまで本当は何が起こっていたのかを腹を割って話してくれるニコン関係者が出てこないものか、と。とくに、審査に直接関与し、取り消し段階で何も知らされていなかった審査委員の心情を聞きたかった。事件から五年、審査委員の一人だった竹内万里子さんと京都のカフェで初めて会うことができた。彼女は評論家として私の写真に関心を示した。選定当時は誰一人としてこのようなことが起こるとは想像しておらず、五月末にニコンサロン事務局から電話で中止決定だけを知らされたという。中止理由や事情を何一つとして聞かされないまま、メディア取材を拒否しろと言われるなど、沈黙だけを強要されたとのことだった。審査委員として腹が立った彼女は、自分が選んだ作品が不当に取り消しになったことに抗議するため、審査委員を辞めることにした。しかし、彼女の辞任は仮処分裁判に及ぼす影響を意識したニコンによって、裁判が終わるまでの一ヵ月間、認められなかったという。他の四人の審査委員はこの問題について徹底して沈黙しているままだ。なぜだろうか。自分が選定した写真が知らない間に取り消され、社会的な問題になったにもかかわらず、なぜ沈黙しているのか。私にはとうてい理解することができない。

裁判へ

写真展は終わったが、ニコンから中止理由は聞かされておらず、公式謝罪も受けていなかったので、支援者とも議論し、訴訟を通じて中止理由を明らかにしていくことに決めた。しかし、本案訴訟を決意するまでに私自身も葛藤せずにはいられなかった。この時点で、仮処分裁判の弁護士費用を支払うことはおろか、写真展開催のために裁判所へ供託した一〇〇万円も李春熙弁護士が負担していた。何年かかるかわからない裁判の費用と、万が一敗訴した場合のリスクの大きさについての懸念が先立った。

二〇一二年一二月二五日、東京地方裁判所に提訴し、翌年二月一八日に第一回口頭弁論がはじまった。判決を得るためだけの裁判にとどめず、この問題の深刻さを社会に知らせ、多くの人々と共に表現の場を守っていきたいと願っていた。その思いを共有する支援者たちが「教えてニコンさん！」を結成し、裁判費用を集めつつ、広く社会に訴えるための活動を展開してくれた。口頭弁論を傍聴するために集まり、直後に報告集会を開き、さまざまな意見をまとめ、弁護団とともに裁判を引っ張っていった。

ニコンは写真展で不当な理屈で心理的ダメージを与えようとしてきたが、これは裁判中も同じだった。写真展期間中、六名の警備員を雇い出入口とギャラリー内に配置したが、なんとこの警備費用四一〇万六〇二五円の支払いを要求してきたのである。あまりの主張に驚きながらわれわれは反対意見を提出し、この主張は採択されなかった。

証人尋問では、原告側は妻の史織さんが証言台に立った。彼女に対するニコン側の質問は執拗だった。遠回しな言い方をしながら答弁を崩そうと誘導した。一方、私への質問はあっけなく、中途半端な質問だけの無意味な証人尋問だった。ニコン側弁護士からの質問に対して、話したいことをすべて話そうと決心して臨んだのが無駄になり、充分な弁論にならなかったのが残念だった。

二週間後、ニコン側の証人尋問が行なわれた。当時役員を務めていた岡本恭幸氏は、中止決定において核心的な役割を担っていたにもかかわらず、裁判の流れをよく認識していなかった。たとえば、自分の署名入りの陳述書と違うことを言って、これまでのニコン側弁論の真実性に疑いを持たせた。ニコン側証人は皆一様に私の安全について語っていた。ありがたく涙でも流した方がいいのかとも思ったが、彼らは私の安全のためと言いながらきちんとした調査をしたことはなく、専門家の意見を聞くこともしなかった。ましてや、この間、私の安全を気にかける言葉など一度も聞いたことがなかった。岡本氏はむしろ、問題が起こるとトップ3に「怒られる」という言葉を何度も繰り返し、傍聴席から失笑をかった。彼は責任者として客観的な決定をしなければならないにもかかわらず、あまりにも安易に中止決定を下したのだ。何より問題は、その無責任な決定は社会に悪影響を及ぼしてしまったことである。

勝利判決を活かすには

表現の場の重要性を喚起したこの勝訴判決は、民主主義社会であれば当然の結果である。しかし、なんらかの力によって表現が制約を受けるのが社会の現実でもある。この判決は、このような不当さに立ち向かった弁護士、支援者、一〇〇〇名を超える世界中の写真家、表現者、そして市民が共に成し遂げた成果だと言える。

民間が運営しているといえども、ニコンサロンはもはや公的な空間として根づいている。企業としての一歩目はニコン自身が踏み出したにせよ、多くの写真家の素晴らしい写真がなければ、今日のような名声を得ることはできなかったはずだ。写真家であれば、撮影のテーマを完成度の高い作品にするため、誰もが時間と努力を惜しまない。そして、媒体や展示空間を通じて作品を発表し、大衆の評価を受け、共感を形成していくのである。誰もが表現の自由を享受し、歴史事実・歴史認識を共有し、それを自由に批評・討論するための判例をまた一つ残すことができた。これからも、不平等で無責任な決定、見えない力によって権利を侵害されることのないよう、皆が努力していかなければならない。

（翻訳：李史織、李イスル）

＊1　一九四八年生まれ。韓国の労働運動家。一七歳でソウル市東大門市場の縫製工場に就職、そこで働く女性労働者の多くが劣悪な環境で働かされている現状を知る。裁断士として働きつつ独学で労働法を学び、労働運動へ。労働環境が改善されない中、一九七〇年、焼身抗議。民主化運動に大きな影響を与えた。

※なお、「表現者・被写体・鑑賞者、三者の権利を守るたたかい：写真展中止事件から五年　安世鴻さんに聞く」『《自粛社会》をのりこえる』（岩波ブックレット）を併読していただきたい。

みちしるべ

李史織（重重プロジェクト、教えてニコンさん！ ニコン「慰安婦」写真展中止事件裁判支援の会事務局長）

二〇一二年五月二二日、写真展準備の連絡係になっていたわたしは、ニコン担当者との中止決定の通話をスピーカーフォンで通訳した。申し訳なさそうにお詫びをしに名古屋に来るという担当者のOさんの声のトーンは、もう少し話し合えばわかり合えるのではないかと感じさせるものが確かにあった。そのときは人と対話しているという感覚がまだあったと記憶している。

ニコンの中止通告が報道されると、CNNニュースを通して世界中に広がり、その後も仮処分申立、東京地裁の写真展開催の決定と、連日事件に関するニュースが新聞やネットニュースで続いた。2ちゃんねると Twitterで情報はシェアされ、ネットでの誹謗中傷や脅迫が報道のたびに波のように起こった。そして、それを追い越す勢いでわたしたちの支援者も増えていった。

安が東京と名古屋を行き来する間、重重プロジェクトメンバーの久保田実千江さんに自宅に泊まり込んでもらい、毎日八時間勤務のパートに出ているわたしに代わって取材の電話やメールでのやりとり、子どもの保育園のお迎えや食事作りの分担までお願いした。安が法的な手続きや事件の対応でほとんど家を空けるようになってしまったため、子育てを夫婦で分担していたわたしたちは、家族単位では対応しきれなくなってしまった。さらには、UR住宅に住んでいる住所がTwitterで拡散されると、UR都市機構と入国管理局に抗議の電話をかけろというツイートが広がり、抗議電話をかける人が自分の姿を動画中継する投稿がいくつかネットに掲載された。UR都市機構から「大丈夫ですか？」と担当者が訪ねてくることもあった。メンバー全員が安全面にナーバスになりながら、二つの「安世鴻・

講演会」を開催し、五月二二日の中止通告から新宿ニコンサロンに写真を搬入する朝まで約一ヵ月、イレギュラー体制の生活が続いた。

写真展を前に、会場で手伝ってくれる人をフェイスブックで呼びかけると、会ったこともなければ今までつながりもなかった人たちが駆けつけてくれた。いま思えば無謀な呼びかけだったかもしれない。でも、オープンから一週間後の七月三日、わたしがやっと会場を訪れたときには、そのおかげで、写真展はなんとか無事に切り盛りされていた。

その日は都内でヘイトデモがあり、その流れで新宿ニコンサロンに向かうと予告されていたが、やはり午後になって明らかに不可解な動きをする人たちが会場内に増えた。ひとりの男性が、荷物検査を終え、写真を半分ほど見ると、ゆっくりと安に近づいた。日の丸のついた汚れたタオルのようなものを両腕に結びつけている。「朝鮮人……うそつき……死ね……帰れ」と小さな声で話すが、答えない安に向かって男性はさらに「安さーん、売春婦でしょ？　どうなんですか？」と繰り返し、そして横にいるわたしにも「きみも売春しにきたの？」と笑いながら話しかけた。

写真の前を何度も往復する人、写真図録を片手で乱暴に広げベンチに投げ捨てる人。一通り観覧し、異様な空気のなか、安に会って涙を流す人。サロン内はさまざまな感情があふれ、息苦しさを感じるほどだった。展示された写真作品の額にはガラスがない。それは安が被写体のハルモニたちと観客との間に隔たりを作りたくないという理由からだった。もし作品が心ない人に傷つけられたら……そんな心配もなかったわけではないが、通常の写真展とは異なる環境のなかでも会場を訪れた人たちが写真を見て、作家、そして被写体と近距離で交流していることに安堵した。

それまで展覧会の準備を何度か手伝ってきたが、これほどまでに会場側と信頼関係のない空間は初めてだった。ニコン側は作家本人との対話を断ち切ってしまったので、会場内ではニコン側の弁護士と意思疎通がまったくできない。苛立つやりとりを繰り返すのみだ。Oさんとの通話以降は不自然なほどに距離が保たれた。「安さんの件は、粛々と対応するようにと言われている」ニコン関係者がそう言っていると知人を介して知った。仮処分決定への異議申し立てが認められなかったニコンは保全抗告を申立て、写真展開催に対してさらに抗議している。新宿ニコンサロンでの写真展は開催できたが、対話を遮断し、作家に責任転嫁するニコンの主張に心が痛んだ。

新宿ニコンサロンでの展示が終わり、大阪でのアンコール展の返事を再三の催促をして待ち続けたが叶わなかった。なんとか大阪での「抗議写真展」と題した写真展を準備できたのは、関西地方の人たちがやはり中止は許さないと声をあげてくれたからだった。

引き継ぎたいこと

このままニコンの中止決定の真相を解明せずに同類の事例が再発した場合、わたしたちが経験したことは他の誰かの「みちしるべ」として役に立つのだろうか。その思いから安はニコンを提訴したが、大企業を相手に、外国人でフリーランスの作家が異国でひとり原告になることの重圧と孤独感は、とても大きかったのではないだろうか。家族であるわたしも同じ思いでいた。なぜ私たちは闘っているのか。誰のための「みちしるべ」なのかということを、口頭弁論で東京と名古屋を行き来する帰り道、車中で何度も話し、確認しながらその思いを奮い立たせなくてはならなかった。傍聴席がガラ空きなときや、わかり合えなかった仲間が去ってしまったときはなおさら、この重圧に何度も押しつぶされそうになる。それでも、事件の報せを聞いて即座に写真展開催のために知恵を貸してくれたジャーナリストの人たちや、ニュースやSNSでの呼びかけを見て駆けつけてくれた人たち、写真を見て涙を流した人たちを思い浮かべ、裁判を一緒に支える人たちに励まされると、勝訴の日を思い描くことしかできなかった。また、仮処分申立からともに闘ってきた李春熙弁護士をはじめ、判決まで支えて下さった弁護団の存在はとても心強かった。表現家の権利を守り、同類事件の再発防止への道を作ってくださったこと、感謝の意を表したい。そして、社会全体の問題である裁判をひとりの原告として抱えることの重さと、次の誰かのためにならなくてはならないという安の思いを共有したい気持ちでわたしは裁判の支援を続けた。

ニコン裁判中も多くの表現が会場の自粛によって発表の機会を失っているが、その事実を人伝てに聞きながらも抗議の声があまり届かない。ニコンから中止通告を受けたとき、写真展を開催してほしいと多くの人が声をあげ、個々にできることを捜して会場と写真を見る人の権利を守った。ニコンに写真展が開催できるように応援メールを送った人もいた。決して作家ひとりの力で写真展を開催し、勝訴を勝ち取ったのではなく、表現者だけでなく、その表現を見る側の訴えがあったからこそ表現の場は守られたのだと思う。このことを、これから表現に関わる人すべてに引き継ぎたい。

裁判資料編

ニコン裁判をめぐるクロニクル

2011

12.28 安世鴻、申込書に「中国に残された日本軍『慰安婦』の女性たち」と写真展内容を記入し、ニコンサロン使用申込書を提出、作品40枚を送付

2012

1.23 ニコンサロン選考委員会で安の写真展開催を決定

1.26 新宿ニコンサロン使用承諾の書面が安に届く

4.5 安、写真展のキャプション原稿等を提出

5.12 ニコン側が印刷した写真展のＤＭ2500枚を安が受領
（この間、写真展開催に向けた実務的なやりとり）

5.14 ニコンサロン選考委員会で大阪でのアンコール写真展開催決定

5. 18 安にアンコール写真展開催決定の書面が届く

5. 19『朝日新聞』名古屋版に、安の活動と本件写真展を紹介する記事掲載

5.21 ニコンに最初の抗議電話、抗議メールが寄せられる

5. 22 9時39分、安、東京展での図録販売に関する質問、大阪アンコール展への質問等をメールで行なう.
13時からニコン社内会議（岡本常務ほか出席）
14時からニコン社内会議。社長室にて、トップ３（社長、会長、副社長）以下出席。写真展中止が決定
18時頃、ニコンから安宛に電話（李史織が対応）、写真展の中止が口頭で伝えられる
19時頃、安にも電話で直接中止の通告

5.25 ニコン映像カンパニーフォトカルチャー支援室室長名義の「お詫び」が安に届く。「諸般の事情を総合的に考慮いたしました結果、写真展を中止することとなりました。」

5.26 室長名義の「ご回答」が安に届く。中止の理由について「諸般の事情を総合的に考慮した結果」と記載

6. 4 東京地裁に施設使用仮処分命令申立

6. 22 仮処分決定（6月25日～7月9日のニコンサロン使用を命じる）
ニコン、保全異議申立

6.25 15時から写真搬入開始

6.26 写真展初日を迎える

6.29 東京地裁、仮処分決定認可

7.2 ニコン、保全抗告申立

7.5 東京高裁、抗告棄却

7.9 写真展最終日、期間中の入場者数は7900人に達する

8.28- *「重重」市民でつくる写真展in練馬*

9. 5 大阪アンコール展について、大阪ニコンサロンの使用を認めない旨の最終回答

10.11- *大阪、緊急抗議展*

12. 25 本訴の提起.

2013

2. 18 レイシストの抗議により異様な雰囲気の中、第１回口頭弁論がはじまる

5.13 第２回口頭弁論

8.26 第３回口頭弁論

11. 11 第４回口頭弁論
「教えてニコンさん！」裁判支援の会スタート集会

12.18- *重重写真展in練馬２*

2014

2.10 第５回口頭弁論

4.28 第６回口頭弁論　宮下紘意見書提出

6.30 第７回口頭弁論

10.6 第８回口頭弁論　赤川次郎、北川フラム、樋口健二意見書提出

12.15 第９回口頭弁論

2015

1. 18- *「表現の不自由展～消されたものたち」.*

4.5 裁判資料集刊行

4. 10 第10回口頭弁論 証人尋問（原告側）

4. 20 第11回口頭弁論 証人尋問（被告側）

6.5 第12回口頭弁論期日（結審）

7.10 和解期日

7.29 和解期日

9.4- *「重重：消せない痕跡」展*

9.7 和解期日

9.30 和解期日（和解協議終結）

12.25 判決言い渡し 。ニコン側控訴せず、確定

訴状

2012年12月25日

東京地方裁判所　御中

原告訴訟代理人弁護士　東澤　靖
同　弁護士　岩井　信
同　弁護士　李　春熙
同　弁護士　平河　直

当事者の表示　別紙当事者目録記載のとおり

損害賠償等請求事件
訴訟物の価額　1403万1740円
貼用印紙額　6万5000円

請求の趣旨

1　被告らは、原告に対し、連帯して、金1398万1740円及びこれに対する2012年9月5日から支払済みまで年5分の割合による金員を支払え。

2　被告株式会社ニコンは、原告に対し、被告株式会社ニコンのホームページ（URL　http://www.nikon.co.jp/）に、別紙謝罪広告目録記載の謝罪広告を、同記載の条件で3ヶ月間掲載せよ。

3　訴訟費用は被告らの負担とする。

との判決ならびに仮執行宣言を求める。

請求の原因

第1　当事者

1　原告

原告は、1971年に韓国で生まれた写真家である。原告は、在日韓国人の妻と結婚した後来日し、現在は日本を拠点に写真家としての活動を行っている。

原告は、1996年ころから、日本軍「慰安婦」問題への取り組みを開始し、写真家としてのライフワークとして、日本軍「慰安婦」に関する写真を撮り続け、各種の写真展や講演会などを開催してきた。

2　被告ニコン

被告株式会社ニコン（以下「被告ニコン」という。）は、光学機械器具の製造ならびに販売を主な目的とする株式会社である。

被告ニコンの「ニコン」ブランドは、カメラ業界で確固たる地位を占めており、被告ニコンのホームページによれば、20

１１年３月期の世界出荷台数において、レンズ交換式デジタルカメラの30％、コンパクトデジタルカメラの13％のシェアを占めている。

３　被告木村真琴

被告木村真琴（以下、「被告木村」という。）は、後述する債務不履行及び不法行為当時の、被告ニコンの代表取締役社長であり、原告の業務執行における最高責任者である。

４　被告岡本恭幸

被告岡本恭幸（以下、「被告岡本」という。）は、後述する債務不履行及び不法行為当時の、被告ニコンの取締役兼常務執行役員であり、かつ、後述のニコンサロン運営等を担当する「映像カンパニー」の責任者として、「映像カンパニープレジデント」の職責を有する者である。

また、被告岡本は、後述するニコンサロン選考委員会の委員長でもある。

第２　本件各写真展開催が決定された経緯

１　ニコンサロンの概要

被告ニコンは、その活動の一環として、写真文化の普及・向上に寄与することを目的として、１９６８年、展示・イベントスペース「ニコンサロン」を銀座に開設した。その後、新宿、大阪にもニコンサロンが開設され、現在に至っている（甲1）。

ニコンサロンの開設・運営にかかる被告ニコンの活動については、「開設以来長年にわたって多くの写真展を開催し、若手からキャリアのある方々にまで幅広く写真活動の場を提供し、開催写真展の中から数多くの写真賞受賞者を輩出するなど日本の代表的写真家の登竜門的役割を果たしてきたこと、また、国外での企画展・地域写真文化への協力」などが認められ、２０１０年、社団法人企業メセナ協議会が主催する「メセナアワード２０１０」においてメセナ大賞部門「写真家ニコリ賞」が授与されている（甲２）。

２　原告の申込

原告は、自らの写真家としての活動の一環として、被告ニコンが運営するニコンサロンにおいて、日本軍「慰安婦」をテーマにした写真展を開催することを企画し、２０１１年12月28日付で、被告ニコンに対し、被告ニコン所定の書式により、ニコンサロンの使用を申し込んだ（甲4）。

その際、原告は、使用申込書に以下のとおり記載した。

写真展名：重重　Layer by Layer
写真展内容：中国に残された日本軍「慰安婦」の女性たち
応募枚数：40枚
応募作品のサイズ：Ａ３
種類：モノクロ

３　新宿ニコンサロンにおける写真展開催決定とその通知

上記申込みを受けて、被告ニコンは、２０１２年1月23日に、ニコンサロン選考委員会を開催し、選考委員らによる審議を経て、原告の写真の芸術的価値を認め、写真展開催を承諾する旨を決定した。なお、同選考委員会の委員長は、被告岡本であった。

被告ニコンは、２０１２年1月24日付で、原告に対し、ニコンサロン選考委員会委員長岡本恭幸名で「ニコンサロン使用承諾の件」と題する書面（甲7）を送付し、原告の申込を承諾して新宿ニコンサロンにおける写真展開催を決定した旨を通知した。

同書面には、「1月23日のニコンサロン選考委員会におきまして、選考委員　土田ヒロミ、大島洋、伊藤俊治、北島敬三、竹内万里子の諸先生と共に慎重に審議の結果、下記のとおり承諾と決定いたしましたのでご通知申し上げます。」との記載があり、開催日時等については、以下のとおり記載されていた。

記

使用会場：新宿ニコンサロン
開催日時：２０１２年6月26日(火)～7月9日(月)(2週間)
毎日午前10時30分～午後6時30分
(会期中無休／最終日は午後3時迄です)
作品展示日：6月25日（月）午後3時～
作品搬出日：7月9日（月）午後3時～

その後、原告と被告ニコンとの間では、上記のとおり開催が決定した新宿ニコンサロンにおける写真展(以下、「本件写真展」ないし「東京展」という。）の実施へ向けた実務的な協議が繰り返された（甲8）。

その過程で、原告は、被告ニコンの指示する様式に従って、キャプション原稿（会場展示用）、パブリシティ用原稿（会場展示用）、作者略歴原稿（会場展示用）などの原稿を全て提出した（甲9ないし甲12）。これらの原稿には、本件写真展の内容が正確に記載されていた。

4　大阪ニコンサロンにおける写真展開催決定とその通知

被告ニコンは、２０１２年5月14日、ニコンサロン選考委員会を開催し、選考委員らの審議を経て、「アンコール写真展」として、新宿ニコンサロンのみならず、大阪ニコンサロンでも、原告の写真展を開催することを決定した（以下、「大阪展」という。）。

被告ニコンは、原告に対し、２０１２年5月15日付で、ニコンサロン選考委員会委員長岡本恭幸名で、「アンコール写真展開催の件」と題する書面（甲14）を送付し、大阪展の開催を決定した旨通知した。

同書面には、「5月14日のニコンサロン選考委員会におきまして、選考委員　土田ヒロミ、大島洋、伊藤俊治、北島敬三、竹内万里子の諸先生と共に審議の結果、貴写真展「重重‐中国に残された朝鮮人元日本軍「慰安婦」の女性たち」のアンコール展を下記の通り開催していただくよう決定いたしました。」との記載があり、開催日時等については、以下のとおり記載されていた。

記

使用会場　：大阪ニコンサロン
開催日時　：2012年9月13日（木）～9月19日（水）（1週間）
　　　　　　期間中毎日午前10時30分～午後6時30分
　　　　　（会期中無休／最終日は午後3時迄です）
作品展示日：9月12日（水）午後3時～
作品搬出日：9月19日（水）午後3時～

原告は、選考委員らが、自己の写真の価値を高く評価した上で、大阪展の開催を決定したものと認識し、同年5月22日までに、大阪展の開催を承諾する旨被告ニコンに回答した。

5　まとめ

以上のとおり、原告による2011年12月28日付の申込を受けて、被告ニコンが、ニコンサロン選考委員会による審議を経て、2012年1月23日に東京展の開催を決定して同月24日付で通知し、さらに同年5月14日に大阪展の開催を決定して同月15日付で通知したことで、原告と被告ニコンとの間で、新宿及び大阪の各ニコンサロンにおいて原告の写真展を開催することを内容とする2つの契約（以下、両契約を総称して、「本件開催契約」という。なお、新宿ニコンサロンにおける写真展開催に関する契約を「東京展開催契約」、大阪ニコンサロンにおける写真展開催に関する契約を「大阪展開催契約」ともいう。）が成立するに至った（契約の具体的内容については、後述第5参照。）。

第3　被告ニコンによる本件写真展中止の通告

1　上記のとおり、本件開催契約が成立し、原告と被告ニコンとの間で、本件写真展開催へ向けた準備が順調に進められてきたにもかかわらず、被告ニコンは、2012年5月22日になって、突如として、本件写真展を中止すると通告した。

中止通告に関する具体的経緯は以下のとおりである。

2　2012年5月22日午後6時ころ、ニコンサロン事務局長のOから、原告の妻あてに連絡があった（なお、原告は日本語能力が万全でないため、電話対応は原告の妻が担当していた。）。Oは、原告の妻に対し、「申し訳ないのですが写真展を中止することになりまして、ホームページ等のスケジュールからも削除させていただきます。」などと述べて、一方的に、本件写真展を中止する旨通告した。

その後、同日午後7時頃に、原告本人とOが、（通訳として原告の妻を介した上で）電話で協議したが、その際も、Oは、写真展を中止せざるを得なくなったと述べるのみで、中止の理由を述べなかった。

3　翌5月23日の夜、再度、Oから原告宛に電話があった。何度か行き違いを経て、原告とOが話をしたのは同日の午後7

時25分頃になったが、Oはこの電話の際も、写真展を中止せざるを得なくなったと述べるのみで、中止の理由を述べなかった（これらの電話の会話内容について、甲19参照。）。

4　被告ニコンから原告に対し、5月24日付で、「お詫び」と題する書面（甲20）が送付された。

同書面は、被告ニコンの映像カンパニーフォトカルチャー支援室室長M名義で作成され、「安様にご出展していただく予定をしておりました『重重』‐中国に残された朝鮮人元日本軍『慰安婦』の女性たち」の下記写真展を中止させていただくこととなり、大変なご迷惑をおかけいたしましたこと、心からお詫び申し上げます。」と本件写真展を中止する旨が記載されていたが、中止の理由については、「この度は、当社は諸般の事情を総合的に考慮いたしました結果、写真展を中止することとなりました。」との記載があるのみであった。

5　原告は、5月23日付で、中止の理由について問いただす質問書（甲21）を内容証明郵便にて送付したが、これに対し、被告ニコンから、5月25日付で、「ご回答」と題する書面（甲22）が送付された。

同書面は、前記「お詫び」と同様、被告ニコンの映像カンパニーフォトカルチャー支援室室長M名義で作成されていたが、中止の理由については、引き続き、「諸般の事情を総合的に考慮した結果」としか記載されていなかった。

6　被告ニコンのホームページには、本件写真展の開催予定が掲載されていたが、5月22日の夜になって、開催予定が削除され、「6／26（火）～7／9（月）安世鴻写真展は諸般の事情により中止することとなりました。関係各位の方々にご迷惑をおかけしたことを心からお詫び申し上げます。」との記載がなされた（甲23）。

第4　仮処分の申立とその後の状況

1　仮処分決定による開催

（1）上記のとおり、被告ニコンは、２０１２年5月22日に至って、突如として、本件写真展の中止を通告し、これに抗議して写真展を開催するよう求める原告に対して、本件写真展を開催する意思の無いことを言明した。

原告は、やむなく、本件写真展を予定どおり開催するため、２０１２年6月4日付で、東京地方裁判所に施設使用を求める仮処分を申し立てた（東京地方裁判所平成24年（ヨ）第１９４９号施設使用仮処分命令申立事件）。

これに対し、東京地方裁判所は、同年6月22日付で、原告の主張を全面的に認め、原告の写真展のために新宿ニコンサロンを使用させるよう命じる仮処分命令を出した（甲28）。

（2）なお、被告ニコンは、同決定に対し、保全異議を申し立てたが（東京地方裁判所平成24年（モ）第５２２６６号保全異議申立事件）、東京地方裁判所民事第９部の他の裁判体は、同年6月29日、被告ニコンの申立を退けて仮処分決定を認可する旨の決定を行った（甲29）。同決定に対し、被告ニコンはさらに保全抗告まで申し立てたが（東京高等裁判所平成24年（ラ）

第1391号保全抗告申立事件）、東京高等裁判所は、7月5日、抗告を棄却する決定をした（甲30）。

（3）上記の仮処分決定を受けて開催に至った本件写真展は社会的注目を集め、期間中の来場者数は、合計7900人にも達し、来場者の大多数が、本件写真展及び原告の活動を賞賛した。

2　被告ニコンによる東京展への協力拒絶

被告ニコンは、仮処分の審尋の場で、原告の写真展を「政治活動の一環」（本件仮処分命令申立事件における被告ニコンの答弁書）と根拠なく決めつけた上で、被告ニコンには、本件写真展開催に協力する義務は無い旨主張した。

そして、仮処分決定がなされるに至った後も、被告ニコンは、「裁判所の決定があるので、仮処分決定に記載された限度では施設の使用を認めるが、それ以上の協力は行わない」などと通告し、実際に、東京展について、以下に述べるとおり、原告による写真展開催への協力を拒絶した。

（1）過剰な警備体制

被告ニコンは、展示会場内に、常時、複数名の警備員を配置するとともに、展示会場入口に金属探知機を設置して、来場者のセキュリティチェックを実施した。このように明らかに過剰な警備体制が敷かれた結果、写真展会場は、芸術作品展示の場にそぐわない物々しい雰囲気で満たされ、来場者の中には、被告ニコンの対応に抗議して入場を断念する者も複数現れた。

（2）パンフレット等の頒布・販売の禁止

また、被告ニコンは、会場内において、本件写真展及び原告自身の活動内容に関するパンフレット等の頒布・販売を禁止した。

パンフレット等の頒布・販売は、写真展に通常付随する行為であって、写真家にとって極めて重要な行為であり、被告ニコンにおいても、従前、ニコンサロンにおける写真展において、パンフレット等の頒布・販売を認める扱いとしていたにもかかわらず、被告ニコンはこれを禁止し、実際に、原告は、写真展の会場においてパンフレット等を頒布・販売することができなかった。

なお、被告ニコンは、原告らの強い抗議の結果、会期末まで残り4日間と迫った7月6日の段階で、ようやく、パンフレット等のうち一部の頒布・販売を認めるに至っている。

（3）会場内での取材等の禁止

被告ニコンは、原告が、会場内において、報道関係者等からの取材を受けることを禁止した。

本件写真展は社会的に高い関心を集めており、会場にも多数の報道関係者等が来場し、原告本人への取材依頼が多数寄せられたが、原告は、被告ニコンによる禁止通告の結果、これらの報道関係者からの取材に会場内で対応することができず、わざわざ会場外に出て対応せざるを得なかった。

（4）広報活動への協力拒絶

被告ニコンは、上記仮処分決定が発令されたにもかかわらず、引き続き、本件写真展の中止通告は有効であるとの立場に固執し、本件写真展をニコンサロンにおける通常の写真展として位置づけず、広報活動への協力を拒絶した。

すなわち、被告ニコンは、上記仮処分決定を受けた後も、被告ニコンのホームページ上に「裁判所から、『ニコンサロンを安世鴻氏の写真展のために仮に使用させなければならない』との仮処分が発令されましたので、これに従って、安世鴻氏に対し新宿ニコンサロンを仮にご使用いただくこととといたしました。」とのみ記載して、本件写真展が通常の写真展とは異なるものであって、被告ニコン自身の判断として開催するものではない旨をアピールした。

また、ニコンサロンにおける通常の写真展においては、新宿ニコンサロンが入居するビル（新宿エルタワー）の1階及び2階部分に、当日開催中の写真展の案内を掲示する扱いになっているのに、本件写真展についてはかかる掲示を行わなかった。

3　被告ニコンによる大阪ニコンサロンの使用拒絶

上記のとおり、東京展に関して、裁判所の仮処分決定が発令され、中止通告が無効であることが確認されたにもかかわらず、引き続き、被告ニコンは、自らの中止通告行為についての謝罪と賠償を行わなかった。

それどころか、被告ニコンは、大阪ニコンサロンの使用を拒絶するという態度を継続した。

原告は、期限直前まで、大阪ニコンサロンでの写真展開催を被告ニコンに対して要求し続けたが、被告ニコンは、原告に対し大阪ニコンサロンを使用させる義務を負っていないとの態度に終始した（甲31、32）。

結局、原告は、大阪ニコンサロンにおける写真展を開催することが出来なかった。

第5　本件開催契約の性質及び内容

1　上記第2記載のとおり、原告と被告ニコンとの間には、新宿ニコンサロン及び大阪ニコンサロンにおいて、原告の写真展を開催することについての契約（本件開催契約）が成立した。

本件開催契約は、被告ニコンが原告の写真展のために会場としてニコンサロンを提供することに加え、芸術的価値の高い写真展を開催するために相互が協力することを、契約の核心的内容とするものであった。

すなわち、被告ニコンは、ニコンサロンを運営して写真家らに写真活動の場を提供することで、写真文化に関わる企業としての社会的評価を確立させ、被告ニコンのブランドイメージを向上させてきたのであり、一方で、写真家にとっては、「日本の代表的写真家の登竜門的役割」を果たしているニコンサロンにおいて写真展を開催することで、写真家としての名声を高めて活動の場を広げることが可能となる。このような相互的利益の追求のため、ニコンサロンでの写真展の開催にあたっては、写真家及び被告ニコンが相互に協力して、芸術的価値の高い写真展を実現していくことが当然の前提となっていたのである。

2　そうすると、本件開催契約に基づく債務の具体的内容としては、単に写真家が写真を提供し、被告ニコンが会場を提供することのみならず（以下、「会場貸与義務」という。）、写真展の開催のために相互に必要な協力を行うこと（以下、「協力実施義務」という。）が含まれるのは明らかである。

被告ニコンが、写真展の開催にあたって、展示スペースの提供に加えて、案内ハガキ制作費の一部を負担し、額を貸し出し、会場内の挨拶文や略歴、キャプションなどの展示物製作費を負担し、案内状の発送費を負担し、プレスリリースを発行し、展示作業費などを負担することとしていた（甲3「ニコンサロンへのお申し込み」の「写真展開催にあたって」）ことは、本件協力実施義務の具体的現れである。

第6　被告ニコンの責任原因

1　東京展の中止通告及び協力拒絶に関して①–債務不履行責任

（1）債務の内容

上記のとおり、本件開催契約により、被告ニコンは、原告に対し東京展および大阪展の展示場を貸与する債務にとどまらず（以下、「本件会場貸与義務」という。）、芸術的価値の高い写真展の開催のために相互に必要な協力を行う債務を負った（以下、「本件協力実施義務」という。）。

（2）債務不履行

しかしながら、被告ニコンは、2012年5月22日以降、突如として、理由の説明も無いまま本件写真展の中止を通告し、原告の抗議に対しても、本件写真展を開催する意思の無いことを言明し続け、本件会場貸与義務及び本件協力実施義務の履行を拒絶した。

これによって、原告は、任意の手段によっては東京展を実施することが不可能となったため、仮処分命令を申し立てて写真展を開催するという異例の対応をとらざるを得なくなった。最終的に東京展は実施されたが、これは、上記の契約内容の一部が仮処分命令等によって実現したものにすぎなかった。

さらに、被告ニコンは、仮処分命令発令後も自らの中止通告行為が有効であるとの立場に固執し、東京展の実施に際して、写真展の広報活動への協力を拒絶し、パンフレット等の頒布・販売を禁止し、会場での取材を禁止し、過剰な警備行為を実施するなどして、本件協力実施義務を履行しなかった。

（3）小括

したがって、被告ニコンによる東京展の中止通告及びそれに付随する協力拒絶等の一連の行為は、本件開催契約についての債務不履行に該当する。

2　東京展の中止通告及び協力拒絶に関して②–不法行為責任

被告ニコンが、本件開催契約にもかかわらず、本件中止通告以降、東京展についての会場貸与義務及び協力実施義務の履行を拒絶したのは、本件写真展を「政治活動の一環」と根拠なく決めつけたからである。

このような被告ニコンの行為は、被告ニコンの選考委員及び被告自身（選考委員長は、前記のとおり、被告岡本である。甲7参照）がいったんは写真表現物としての芸術的価値をみとめた原告の表現物に対して、それらの価値とは無関係かつ根拠のない理由で否定的な評価を行い、一転して原告の表現の場を奪おうとしたものであり、原告の表現行為に対する違法な介入であって表現の自由を保障した日本国憲法のもとでは許さない行為であるとともに、原告を翻弄させ、原告の写真家としての社会的評価を著しく低下させるものであり、かつ、原告の人格権を侵害するものである。

以上のとおり、被告ニコンによる東京展の中止通告及びそれに付随する協力拒絶等の一連の行為は、本件開催契約についての債務不履行に該当するのみならず、原告の社会的評価を著しく低下させ、原告の人格権を不当に侵害する不法行為にも当たるものである。

3　大阪展の中止に関して①―債務不履行責任

被告ニコンは、本件開催契約により、大阪展についても会場貸与義務及び協力実施義務の各債務を負ったところ、被告ニコンは、東京展についての仮処分命令発令後も、大阪展については会場を貸与せず写真展開催にも協力しない旨の態度を維持し続け、会場貸与義務及び協力実施義務の履行を拒絶した。

したがって、被告ニコンによる大阪展の中止およびそれに付随する協力拒絶等の一連の行為は、本件開催契約についての債務不履行に該当する。

4　大阪展の中止に関して②―不法行為責任

被告ニコンは、大阪展においても、本件開催契約にもかかわらず、さらに東京展について会場提供を命じる仮処分命令が発令されていたにもかかわらず、会場の提供及び実施に向けた協力を拒絶したところ、これは、前記の通り、自らいったんは写真表現物としての芸術的価値をみとめた原告の表現物に対して、それらの価値とは無関係かつ根拠のない理由で否定的な評価を行い、一転して原告の表現の場を奪おうとしたものであり、原告の表現行為に対する違法な介入であって表現の自由を保障した日本国憲法のもとでは許さない行為であるとともに、原告を翻弄させ、原告の写真家としての社会的評価を著しく低下させるものであり、かつ、原告の人格権を侵害するものである。

したがって、被告ニコンによる大阪展の中止およびそれに付随する協力拒絶等の一連の行為は、本件開催契約についての債務不履行に該当するのみならず、原告の社会的評価を著しく低下させ、原告の人格権を不当に侵害する不法行為にも当たるものである。

第7　被告木村及び被告岡本の責任原因

1　株式会社における取締役・執行役員の義務と責任

取締役会設置会社（会社法2条7号）においては、取締役によって構成される取締役会が会社の業務執行について決定し

（同362条2項1号）、代表取締役及びその他の業務執行取締役が会社の業務を執行することになっている（同363条1項）。そして取締役は、法令等を遵守し、会社のため忠実にその職務を行わなければならないとも規定されている（同355条）。

したがって、取締役設置会社である被告ニコンにおいて、代表取締役及び業務執行取締役は、会社の業務執行についての決定及び業務の執行において、自らが法令や契約を遵守する義務を負っているのである。

2　被告木村による違法な業務執行と任務懈怠

被告ニコンが、本件写真展の開催中止を一方的に決定し、原告に対して新宿ニコンサロンの使用を認めた以外には本件開催契約上の債務を全く履行せず、さらに、原告の人格権を侵害するなどした行為は、第6で述べたとおり、明らかに違法不当なものである。

したがって、被告木村が、被告ニコンの業務執行における最高責任者である代表取締役として、被告ニコンがこれら違法不当な行為を行うとの方針決定に関与し、被告ニコンに違法不当な行為を行わせたことは、それ自体が被告木村による違法な業務執行である。

さらに被告木村は、被告ニコンが本件写真展の開催中止を一方的に決定すれば、本件開催契約に基づき本件写真展を開催できるという原告の権利及び利益を侵害し、原告に多大な損害が発生することを容易に予想し得たのである。そして被告木村が、被告ニコンの代表取締役としての任務を懈怠せず、適法で適正な業務執行を履行していれば、被告ニコンが本件写真展の中止を一方的に決定することはなく、そうすれば原告に損害が発生することを避けることができたのである。したがって、被告木村に悪意又は重過失が認められることは明らかである。

3　被告岡本による違法な業務執行と任務懈怠

被告ニコンが、本件写真展の開催中止を一方的に決定し、原告に対して新宿ニコンサロンの使用を認めた以外には本件開催契約上の債務を全く履行せず、さらに、原告の人格権を侵害するなどした行為が明らかに違法不当なものであることは、第6で述べたとおりである。

したがって、被告岡本も、被告ニコンの取締役兼常務執行役員として、被告ニコンがこれら違法不当な行為を行うとの方針決定に関与し、被告ニコンに違法不当な行為を行わせたのであるから、それ自体が被告岡本の違法な業務執行である。

さらに被告岡本は、被告ニコンの取締役兼執行役員のなかでニコンサロンの運営等を担当する「映像カンパニー」の責任者として「映像カンパニープレジデント」の職責を有し、さらに本件写真展の開催を決めたニコンサロン選考委員会の委員長も務めていた。したがって被告岡本は、被告ニコンが本件写真展の開催中止を一方的に決定するという意思決定をするにあたり、主導的あるいは中心的な役割を担っていたことが明らかであるから、その業務執行における違法性及び任務懈怠は重大である。そして、被告ニコンが本件写真展の開催中止を一方的に決定すれば、本件開催契約に基づき本件写真展を開催できるという原告の権利及び利益を侵害し、原告に多大な損害が発生することを容易に予想し得たことも、より明らかである。

　このように、被告ニコンにおいて、被告岡本が「映像カンパニープレジデント」の職責を有し、ニコンサロン選考委員会の委員長も務める取締役としての任務を懈怠せず、適法で適正な業務執行を履行していれば、被告ニコンが本件写真展の中止を一方的に決定することはなく、そうすれば原告に損害が発生することを避けることができたのである。したがって、被告岡本に悪意又は重過失が認められることは明らかである。

４　小括

　以上のとおりであるから、被告木村及び被告岡本は、会社法４２９条１項に基づき、原告に生じた下記第８記載の損害を賠償する義務を負う。

第８　損害

１　原告の財産的損害

（１）パンフレット等の販売禁止による損害

　上記第４、２項記載のとおり、被告ニコンが東京展の開催初日から２０１２年７月５日までの10日間、会場でのパンフレットや写真集等の販売を禁止した結果、原告は、同期間中に販売できたはずのパンフレット及び写真集の売上額相当の損害を被った。この点、販売が認められた同年７月６日以降４日間の販売実績額をふまえると、上記販売禁止期間中に本来存在したはずの売上額相当損害は、少なくとも８３万８３００円にのぼる。

　また、原告は、上記販売禁止期間中、来場客からの予約を受け付けて後日発送することで対応したところ、原告は、かかる予約販売分についての送料として合計２万１２８０円を負担せざるを得なくなった。

（２）大阪での代替写真展開催費用

　原告は、大阪ニコンサロンでの写真展を開催できなくなったことにより、その代替となる写真展を、大阪市内の別会場において開催せざるを得なくなった（２０１２年10月11日から16日までの６日間）。

　原告は、上記代替写真展の開催のため、別会場の使用料、広報チラシ制作費及び新たな写真パネルの制作費等、本件写真展が大阪ニコンサロンで開催できていれば負担する必要がなかった下記費用を負担せざるを得なくなった。

記

ア　ギャラリー使用料（２０１２年10月11日から16日まで６日間）　１２万６０００円

イ　チラシの制作・印刷費　３万６７５０円

ウ　写真パネル制作費　２２万９１００円

※代替写真展開催期間中には、本来の展示用写真パネルを原告の他の写真展で使用していたため、原告は、代替写真展での展示用に、新たに写真パネル一式を制作せざるを得なくなった。

（3）逸失利益

原告は、被告ニコンが突如として本件写真展の開催中止を決定したことで、写真展開催のため、弁護士に依頼して仮処分命令を申し立てざるを得なくなり、2012年5月22日以降仮処分決定を得て東京展開催に至るまでの間、仮処分事件対応等に忙殺された。

その結果、原告は、同期間内に予定されていた写真家としての業務をキャンセルせざるを得なくなった。キャンセルしたこれらの業務により得られるはずだった収入は以下のとおりである。

ア　2012年6月初旬の写真修正の仕事　5万円
イ　2012年6月中旬の食べ物撮影の仕事　6万円
ウ　2012年6月中旬の商品撮影の仕事　10万円
エ　2012年6月23日のブライダル撮影の仕事　12万円

（4）仮処分申立関係費用

原告は、被告ニコンが本件写真展の開催中止を一方的に決定したことにより、弁護士に依頼して仮処分命令を申し立てることを余儀なくされ、さらに東京地方裁判所による仮処分命令に対して被告ニコンが保全異議の申し立て及び保全抗告の申し立てをしたことから、これら被告ニコンによる申し立てに対応することが必要となった。

原告は、上記の仮処分事件への対応にあたって、代理人弁護士と協議するために居住地である名古屋と東京間を往復したが、そのための交通費として計9万1760円を、宿泊費として計1万5100円を負担した。また、原告は、代理人弁護士や関係者との連絡のため、少なくとも2万円に相当する電話料金を新たに負担した。

さらに、仮処分命令の申立にあたって、原告は、印紙代2000円及び郵券代1450円を負担するとともに、代理人弁護士に対する仮処分事件弁護士費用として100万円を負担せざるを得なくなった。

（5）結論

以上のとおり、被告ニコンによる、本件写真展の中止通告及びそれに付随する協力拒絶等の一連の行為によって原告に生じた経済的損害は、少なくとも271万1740円を下らない。

2　原告の非財産的損害

ニコンサロンにおいて写真展を開催することは、写真家にとって重要な意義を有するものであり、原告は、開催決定以降、支援者らとともに、本件写真展開催のために尽力してきた。

しかし、当然の中止通告によって、原告は任意の手段によっては写真展を実施することが不可能となり、仮処分命令を申し立てて写真展を開催するという異例の対応をとらざるを得なくなった。原告は、仮処分事件への対応のために、居住地である名古屋と東京を往復することを余儀なくされるとともに、仮処分命令が発令されるまでの間、予定どおり写真展が開催されないかもしれないという焦燥感に苛まされた。

仮処分決定後も、被告ニコンは、東京展開催への協力を拒絶し、さらに大阪展については中止通告を撤回せず、結果、原告は大阪展を開催できなかった。このような被告ニコンの一連の行為は、既に述べたとおり、原告の表現行為に対する違法な介入であって極めて悪質というほかなく、これにより原告に生じた精神的苦痛は甚大である。

さらに、原告は、写真業界において大きな影響力を有する企業であるニコンから、自らの写真展を「政治活動の一環」と根拠無く決めつけられ、写真展開催への協力を拒絶されたことで、写真家としての社会的評価を著しく低下させられた。また、被告ニコンの行為によって表現の場を不当に奪われたことで、原告の写真家としての人格権は著しく侵害された。

以上の各事情にかんがみれば、原告に生じた非財産的損害を金銭評価する場合に、少なくとも金１０００万円を下らないことは明らかである。

３　弁護士費用

被告ニコンが、東京地方裁判所による仮処分命令にもかかわらず、新宿ニコンサロンの使用を認める以外には本件共催契約上の債務を全く履行せず、大阪ニコンサロンについては、その使用さえ認めず、本件開催契約上の債務を全く履行しなかったことから、原告は弁護士に依頼し、本件訴訟を提起せざるを得なくなった。そして、本件訴訟の遂行においては、高度な法律専門的・法技術的能力が必要であることから、弁護士への委任は必要不可欠である。

このような経緯からすれば、本件訴訟において被告らの違法行為と相当因果関係のある損害としての弁護士費用は、第８の１及び２の合計額の約10％である１２７万円を下回ることはない。

４　損害合計額

したがって、本件において原告が被った損害は、別紙損害目録記載のとおり、合計１３９８万１７４０円である。

第９　謝罪広告の必要性

上記のとおり、被告ニコンは、本件写真展を「政治活動の一環」と根拠なく決めつけてその価値を否定し、写真展開催への協力を拒絶し続け、現在に至るまでその態度を改めていない。かかる被告ニコンの一連の行為によって、原告の写真家としての社会的評価は著しく低下させられた。

この点、被告ニコンは写真業界において大きな影響力を有する企業であり、このような被告ニコンから、事実に反する理由で否定的評価を受け、かかる評価が撤回されていないことで、原告の写真家としての社会的評価は現在も毀損され続けている。

かかる事情にかんがみると、原告の社会的評価を回復させるためには、金銭による事後的賠償のみでは足りず、被告ニコンの中止通告行為及び協力拒絶行為が理由の無いものであったことについての謝罪広告が必要不可欠である。

よって、原告は、被告ニコンに対し、原告の社会的評価に対する被害回復のための適当な処分として、民法723条に基づき、別紙謝罪広告目録記載の内容で、謝罪広告を行うことを求める。

第10　結論

よって、原告は、請求の趣旨記載の判決を求める。

以　上

証拠方法

証拠説明書記載のとおり。

添付書類

1　訴状副本　3通
2　甲号証写し　各4通
3　訴訟委任状　1通
4　資格証明書　1通

(別紙)

当事者目録

原告　安世鴻

上記訴訟代理人弁護士　東澤　靖
同　弁護士　岩井　信
同　弁護士　平河　直
同　弁護士　李　春熙

被告　株式会社ニコン
上記代表者代表取締役　木村眞琴
被告　木村眞琴
被告　岡本恭幸

※住所等は省略

(別紙)

謝罪広告目録

1　(見出し)　謝罪広告

(本文)　当社は、当社が運営する新宿ニコンサロン及び大阪ニコンサロンにおいて開催予定であった貴殿の写真展について、2012年5月22日に突然中止を通告し、以降、同写真展の開催に協力しませんでした。

かかる行為は、貴殿の写真家としての名誉を著しく毀損するものでありましたので、深くお詫び申し上げます。

年　月　日

株式会社ニコン　代表取締役　木村真琴

安世鴻　殿

2　条件

被告株式会社ニコンのホームページ

URL http://www.nikon.co.jp/のトップページ

文字の大きさは12ポイント以上

文字のフォントはゴシック体

文字の色は黒色（ただし、背景が黒又は黒に近い色のときは白色）

年月日は謝罪広告掲載の日を西暦で記載する。

掲載期間は３ヶ月

（別紙）

損害目録

1　財産的損害

下記（1）ないし（4）の合計　２７１万１７４０円

（1）パンフレット等の販売禁止による損害

ア　販売禁止期間中の売上額相当損害　８３万８３００円

イ　販売禁止期間中の予約販売分の送料　２万１２８０円

（2）大阪での代替写真展開催費用

ア　ギャラリー使用料　１２万６０００円

（２０１２年10月11日から16日まで６日間）

イ　チラシの制作・印刷費　３万６７５０円

ウ　写真パネル制作費　２２万９１００円

（3）逸失利益

ア　２０１２年６月初旬の写真修正の仕事　５万００００円

イ　２０１２年６月中旬の食べ物撮影の仕事　６万００００円

ウ　２０１２年６月中旬の商品撮影の仕事　１０万００００円

エ　２０１２年６月23日のブライダル撮影の仕事　１２万００００円

（4）仮処分申立関係費用

ア　原告の交通費（名古屋-東京）　計９万１７６０円

イ　原告の宿泊費　計１万５１００円

ウ　通信費（携帯電話の通話料金）　２万００００円

エ　仮処分事件印紙・郵券代　３４５０円

オ　仮処分事件弁護士費用　１００万００００円

2　非財産的損害（精神的損害）　１００万００００円

3　弁護士費用　１２７万００００円

4　上記損害合計　１３９８万１７４０円

意見書

写真展において会場を使用する法的利益
――写真文化の向上と表現の自由についてという視座から

中央大学准教授　宮下　紘

東京地方裁判所　民事第6部合議A係　御中

平成26年4月4日

1．はじめに

写真展を目的とした民間施設の使用承諾についていかなる場合にその撤回が認められるか。この問題は、根源において表現の自由（憲法第21条）にかかわる重大な争点を内包しており、保護されるべき法律上の利益とその制約基準を明らかにする必要がある。そこで、この問題を法的に検討する視座を提供するとともに、筆者の意見を述べさせていただく。

2．受け手の自由としての写真

(1) 表現の自由の基本的原理と受け手の自由

およそ各人が、自由に、さまざまな意見、知識、情報に接し、これを摂取する機会をもつことは、その者が個人として自己の思想及び人格を形成・発展させ、社会生活の中にこれを反映させていくうえにおいて欠くことのできないものであり、また、民主主義社会における送り手と受け手の間の「思想及び情報の自由な伝達、交流の確保という基本的原理」[*1]を真に実効あるものたらしめるためにも、必要なところである。これらの意見、知識、情報の伝達の媒体である写真を公表する自由は憲法上保障されるものと解される。

我が国の最高裁判所も「表現の自由の保障は、他面において、これを受ける者の側の知る自由の保障をも伴うものと解すべき」[*2]であると端的に送り手と受け手の間の情報流通を前提とする表現の自由の重要性を表明している。そして、「表現の自由は他者への伝達を前提とするのであって、読み、聴きそして見る自由を抜きにした表現の自由は無意味となる」[*3]。さらに、近時では「報道機関の報道は、民主主義社会において、国民が国政に関与するにつき、重要な判断の資料を提供し、国民の『知る権利』に奉仕するもの」[*4]と示した最高裁判所の判決から、特に報道が民主主義や国民の国政参加にとって重要な役割を果たしている点から「情報発信行為の憲法上の権利性を受領行為の側から（言ってみれば〝逆方向〟から）基礎づけているとも読める」[*5]という有力な見解も示されている。いずれにせよ、「話し書き伝える自由が、聞き読み受ける自由と表裏の関係にあり、二つが一体となって初めて言論・表現の自由が成り立つ」[*6]。

このように、思想・信条・意見・知識・事実・感情などを含む情報の伝達する行為は、「情報を受けとる行為があってはじめて有意的となるという意味で、『表現の自由』は『情報を受け取る自由』を前提とする」[*7]。そして、情報の流通とは「情報収集—情報提供（伝播）—情報受領の全過程を包摂する」[*8]のであり、その流れは全過程において送り手から受け手への一方向的なものとは限らず、多くの場合、サイクルのごとく双方向的に情報が流通する。「思想及び情報の自由な伝達、交流の確保という基本的原理」[*9]は、まさにこの情報流通の全過程を体現したものと解することができる。

かくして、受け手の自由は表現の自由論を語る上において極めて重要な視点を提供している。

(2) 受け手の自由と写真鑑賞

表現の自由の意義は、送り手の自由のみならず、受け手の自由を保障することにある。とかく写真や絵画等の芸術は鑑賞に供されることを目的としており、芸術を鑑賞する者である表現の受け手の自由が極めて肝要である。

写真が表現の媒体としての価値を有するのは、単に写真を撮影し公表した者としての送り手の法律上保護されるべき利益のみならず、写真を鑑賞する受け手にさまざまな意見、知識、情報を伝達しうるからである。むろん自ら写真を撮影し、それを自己目的で楽しむという方法もないではない。しかし、写真を芸とするプロフェッショナルにとって、撮影された写真は一定の場において写真芸術に高い関心を有する受け手に伝達されて初めてその表現の自由としての本質的な価値を備えることとなる。また、展覧会においては、多数の鑑賞する者を対象として他の優れた写真と比較鑑賞されることによって、ある写真がもつ芸術性は更にその意義を有することとなる。そして、写真鑑賞の場面においても表現は送り手から受け手という一方的な情報流通を意味するのではなく、展覧会という場を設けることにより、鑑賞者は写真家との直接の意見交換を通じ、今度は逆に受け手から送り手へ写真を鑑賞した上での意見や講評等の情報を効果的に返信することができる可能性が拓かれ、さらには第三者に対しても広く写真鑑賞に伴う印象や感想等を公表する機会を持つことができることとなる。

この意味において、展覧会はまさに表現の自由の送り手と受け手の情報の双方向的な場としての役割を果たしている。そして、このような表現の自由の核心をなす情報の伝達と交流の場の提供を恣意的に拒むことは写真展示を行う送り手の表現の自由のみならず、展覧会において公表されるべき写真鑑賞を行う受け手にとって「情報を受け取る自由」までもが侵害され、ひいては自由な情報の流通が阻害されることとなる。かかる情報流通の阻害については、表現の自由を擁護してきた先人達がいわゆる「萎縮効果[*10]」の警笛を鳴らし続けてきたことを思い起こす必要がある。

(3) 写真文化の向上

このように、表現の自由は送り手と受け手との間の情報の自由な伝達、交流が確保されるべきことが何よりも重要である。かかる伝達と交流の機会が保障されて、表現の自由を基盤とする一定の文化が涵養されることとなる。「写真文化」なるものは、新たな表現の地平を切り拓くための先駆的な写真の展示が行われることによって、送り手と受け手の間の情報の自由な伝達と交流を経て発展されるものであるということができる。「写真文化の向上」という目的が、表現の自由と整合的な関係に解されるならば、いかなる写真が展示の場において相応しいかどうかは、専門家による芸術的観点からの審査があるとしても、原則として展示場に来る写真芸術に高い関心を有する者によって判断されるべきものである。

そうであれば、展覧会という場が適切な形で提供されることもまた「写真文化の向上」に不可欠である。特に長年にわたり「写真文化の向上」に寄与してきた展覧会については、表現を効果的に伝達・交流する場として送り手と受け手の双方にとって有益なものとみなされる。

このように、表現の自由の担い手は、送り手と受け手の双方であり、そして両者による情報の伝達と交流の場が必要となる。「写真文化」は、写真芸術に高い関心を有する者や写真芸術について専門的知見を有する者らによって普及・発展せられるものである。「写真文化」それ自体は、裁判官や憲法研究者によって公定されるべきものではないことは多言を要しない。また、「文化」それ自体が動態的な概念である以上、それぞれの時代や社会によって尺度が変わることから、絶対的な基準は存在しない。だからこそ、写真文化の向上の過程において、ある写真をめぐり一定の見解や価値観の対立が生じるのはやむを得ないことであり、またごく自然なことである。

(4) 写真が映し出す真実とその創造的解釈

写真はそれ自体で一定のメッセージを他者に伝える表現である。その表現にはさまざまな動機が想定され、それが政治性やわいせつ性としての性格を併有することもあろう。しかし、そのことからただちにその写真自体がもつ芸術的意義が損なわれるものではない。仮にもある写真が何らかの政治的メッセージをもつ写真であると一定の受け手によって判断されたとしても、その写真が写真芸術に高い関心を有する者による鑑賞を想定し、写真芸術の全体像を概観するという芸術的観点から編集・

構成していたとすれば、写真文化の向上に資する写真であると評価することができる。[*11]

ある写真が政治性を有するかどうかという観点から表現を評価するのは必ずしも妥当とは言えない。なぜなら、写真は、絵画や小説等の他の表現媒体に比べて、事実をより直截に映し出すため、特定の思想や見解を前面に押し出すことが相対的に困難なためである。真実を表現することは、自由で民主的な社会にとって不可欠の要素であり、表現の自由が手厚く保障されるべき理由の論拠の一つとなりうる。すなわち、「真実を公表し、自己の意見を表明して世論形成に参加する自由が保障されていることは、自由な討論を通じて形成された世論に基づいて政治が行なわれる民主主義社会にとって欠くことのできない基盤である」。[*12]

むろんこのことは事実を直截に反映する写真以外の表現行為が相対的に低い価値を有することを意味するものではない。パロディやフォトモンタージュ等の編集・加工の過程が含まれる表現行為であっても、展覧会における写真鑑賞では、送り手の意図とかかわりなく「受け手が自分の自律的判断[*13]」として展示された写真の構成全体を芸術的観点から創造的に解釈することが想定されている以上、送り手の政治的メッセージ性が必ずしも特定されるとは限らない。このように、送り手と受け手の間の「思想及び情報の自由な伝達、交流の確保という基本的原理」においては、伝達と交流の過程での受け手の自律的判断が前提とされている。

3．表現の伝達と交流の場の保障

我が国の最高裁判所は、他の憲法判例では見られないほど表現の伝達と交流の場としての集会の自由を熱心に保障してきており、このような一連の最高裁の判決は表現の自由について極めて重大な意義を有していると考えられる。

(1) 判断枠組み

第1に、表現の伝達と交流の場を保障する集会の自由が精神的自由であるため、これを制約する場合厳格な基準によって審査されなければならない。すなわち、最判平成7年3月7日[*14](以下、「平成7年判決」と言う。)によれば、「集会の自由の制約は、基本的人権のうち精神的自由を制約するものであるから、経済的自由の制約における以上に厳格な基準の下にされなければならない」(最大判昭和50年4月30日を引用)。そして、集会の自由の判断基準について、最高裁判所は厳格な姿勢を見せている。平成7年判決において、最高裁は公共施設の使用許可の可否について「利用を不相当とする事由が認められないにもかかわらずその利用を拒否し得るのは、利用の希望が競合する場合のほかは、施設をその集会のために利用させることによって、他の基本的人権が侵害され、公共の福祉が損なわれる危険がある場合に限られるものというべきであ」るとする。その上で、一般論としての比較衡量論を展開する。すなわち、「基本的には、基本的人権としての集会の自由の重要性と、当該集会が開かれることによって侵害されることのある他の基本的人権の内容や侵害の発生の危険性の程度等を較量して決せられるべきである」。

ここで「一般論」としたのは、平成7年判決において問題とされた条例解釈について最高裁はさらに一歩踏み込んで集会の自由を保障しているためである。平成7年判決で問題とされた条例の「公の秩序をみだすおそれがある場合」に市民会館の使用許可を認めない規定について、最高裁は「本件会館における集会の自由を保障することの重要性よりも、本件会館で集会が開かれることによって、人の生命、身体又は財産が侵害され、公共の安全が損なわれる危険を回避し、防止することの必要性が優越する場合をいうものと限定して解すべき」(傍線、筆者)と判示する。ここで「限定して解すべき」とは、「公共の安全が損なわれる危険」を「単に危険な事態が生ずる蓋然性があるというだけでは足りず、明らかな差し迫った危険の発生が具体的に予見されることが必要である」(傍線、筆者)と解されている。このような、最高裁の判断基準は、最高裁判所の調査官解説に示されているとおり「集会の自由に関する本格的な憲法判例であり、集会の自由の制限の合憲性について、利益較量論、次いで『明らかな差し迫った危険』の基準という二段階の判断基準を採用した」[*16]ものと捉えられる。最高裁のかかる判断基準は単なる利益衡量論のみならず、具体的な事案における「明らかな差し迫った危険」に基づく表現の伝達と交流の保障に資する厳格な判断基準であると評することができる。

(2) 明らかな差し迫った危険の基準

この点に関連して、第2に、「明らかな差し迫った危険」の判断主体と程度についても最高裁は絞りをかけていることに注目すべきである。まず、「明らかな差し迫った危険」の判断主体についてみれば、平成7年判決における最高裁は集会の自由の「許可権者の主観により予測されるだけではなく、客観的な事実に照らして具体的に明らかに予測される場合でなければならないことはいうまでもない」(傍線、筆者)と論じている。すなわち、ある集会や展覧会の会場を許可する主催者側の不安や危惧等による主観による単なる予測によって「明らかな差し迫った危険」の判断がなされてはならないことを示している。さらに、危険の程度としては、単に危険な事態が生ずる蓋然性があるというだけでは足りない。公共の安全に対する危険、言い換えれば「本件会館の職員、通行人、付近住民等の生命、身体又は財産が侵害されるという事態を生ずることが、客観的事実によって具体的に明らかに予見されたということ」が必要であり、文字通り「明らかな差し迫った危険[*17]」に該当するものでなければならない。

(3) 不当な差別的取扱いに対する保障

第3に、表現の内容によって不当に差別的に取り扱われることとなれば、自由で闊達な情報の伝達と交流が妨げられ、特に公の施設においては集会の自由の不当な制限となる(地方自治法244条3項、参照)。平成7年判決においても、危険の判断とは別に「言論の内容や団体の性格そのものによる差別」があったかどうかについて検討している。その上で、かかる差別は存在せず、「当時激しい実力行使を繰り返し、対立するグループと抗争していたこと」に着目して危険の程度を判断していることは重要である。最高裁は、平成7年判決において表現内容の不当な差別的取扱いがなされていないことを前提に危険の程度の判断を下しており、ある表現に付随する危険の程度と不当な差別的取扱いがそれぞれ独立した問題であることを示している。[18]

ある表現が特定の種類の集会や会合等の目的にかなうものであるかどうかについては、平成7年判決の翌年の平成8年3月15日判決[19](以下、「平成8年判決」と言う。)において重要な視点が示されている。同判決では、公の施設が「その施設の設置目的に反しない限りその利用を原則的に認められることになるので、管理者が正当な理由もないのにその利用を拒否するときは、憲法の保障する集会の自由の不当な制限につながる」ことを指摘する。このように、追悼目的の合同葬儀が施設の目的に反することがなく、また現実に結婚式等への支障も認められないのであれば、これを拒むことは施設の利用目的の観点から不当な差別的取扱いをしたと認められることとなる。[20]事実、平成8年判決では、「不当に差別的に取り扱ったものであるということはできない」、すなわち「言論の内容や団体の性格そのものによる差別ではな」い、ことも違法性有無の判断の要素として斟酌されている。このように、最高裁は不当な差別的取扱いという観点からも集会の自由の問題に取り組んできている。

4. 私的支配関係における表現の自由と法律上保護される利益

(1) 表現の自由の射程

表現の自由が基本的人権の中でもとりわけ重要な位置を占め、その意義はどのような立場に置かれていようとも共通する。最高裁判所は、「個別的な私人間の紛争について」も、「人格権としての個人の名誉の保護(憲法13条)と表現の自由の保障(同21条)とが衝突し、その調整を要することとなるので、いかなる場合に侵害行為としてその規制が許されるかについて憲法上慎重な考慮が必要である」[21]と述べ、表現の自由の保障の問題が「個別的な私人間の紛争」の場においても問題となりうることを示している。特に受け手の自由を尊重する立場からは、送り手の表現の自由への規制が公的主体によるものであろうと私的主体によるものであろうと、情報が受け手まで届くかどうかが重要な視点となる。その意味で、表現の自由において重要なのは受け手に情報が届くプロセスであって、情報の遮断をする主体はあくまで副次的な問題にすぎない。[22]

(2) 最高裁判所の枠組み

それでもなお、私人間における個人の基本的な自由の調整についてみると、最高裁は次のように述べている。

「私的支配関係においては、個人の基本的な自由や平等に対する具体的な侵害またはそのおそれがあり、その態様、程度が社会的に許容しうる限度を超えるときは、これに対する立法措置によつてその是正を図ることが可能であるし、また、場合によつては、私的自治に対する一般的制限規定である民法一条、九〇条や不法行為に関する諸規定等の適切な運用によつて、一面で私的自治の原則を尊重しながら、他面で社会的許容性の限度を超える侵害に対し基本的な自由や平等の利益を保護し、その間の適切な調整を図る方途も存する[*23]」。

この判決が示すところは、近時、学説の中でも意見が割れているが、少なくとも私的支配関係における個人の基本的な自由については、私人が主催する集会や展示会であるから前述の表現の自由の意義が全く斟酌されるべきでないと考えるのは失当である。このような私人間の紛争については、前記最高裁判決によれば2つの解決方法が想定されている。一つは「立法措置によつてその是正を図る」という方法である。たとえば、民間宿泊施設が所定の正当な理由もないのに宿泊者を拒むことを立法によって禁ずるという方法がある（旅館業法5条、参照）。しかし、あらゆる私人の行為を限なく立法によって統制することはおよそ不可能であり、立法措置による解決には限界がある。

そこで、いま一つの私人間における紛争解決方法として、「私的自治に対する一般的制限規定である民法一条、九〇条や不法行為に関する諸規定等の適切な運用によつて一面で私的自治の原則を尊重しながら、他面で社会的許容性の限度を超える侵害に対し基本的な自由や平等の利益を保護し、その間の適切な調整を図る方途」がある。事実、最高裁判所は、民間企業における就業規則であっても、男女間の定年年齢の差異が「性別のみによる不合理な差別」であるとして「民法九〇条の規定により無効であると解するのが相当である（憲法一四条一項、民法一条ノ二参照）」と判断している[*24]。ここで最高裁はあえて憲法14条1項を参照条文として列挙している点を見過ごしてはならない。最高裁は私的支配関係においても憲法規範を意識しながら「一面で私的自治の原則を尊重しながら、他面で社会的許容性の限度を超える侵害に対し」て、個人の自由や平等を保障する姿勢を示している。

(3) 法律上保護される利益としての表現行為

表現の自由についても同様のことが当てはまる。前述のとおり、「個別的な私人間の紛争について」も、「人格権としての個人の名誉の保護（憲法13条）と表現の自由の保障（同21条）」の衡量が問題となる場合以外にも、「私的自治に対する一般的制限規定である民法一条、九〇条や不法行為に関する諸規定等の適切な運用」が図られることが想定されている。

たとえば、民間施設における集会の自由が問題とされた事案において、「集会は、その参加者が様々な意見や情報等に接することにより自己の思想や人格を形成、発展させ、また、相互に意見や情報等を伝達、交流する場となるものであるから、参加者は、集会に参加することについて固有の利益を有し、かかる利益は法律上保護されるべきである」と指摘し、たとえ私的支配関係における訴訟であっても実質的な憲法上の自由を「法律上保護される利益」として読み替えているものと解される。また、労働組合における選挙運動について「組合民主主義の趣旨・目的にかんがみれば、労働組合の組織運営上、組合内部における役員選挙については、選挙運動における表現の自由が最大限に尊重されなければならない」という前提の下、受け手である選挙権を有する組合員の判断に拠らず、選挙ビラの所信表明部分を削除した行為が「立候補者として各選挙において自らの意見等を表明するという人格的利益を違法に侵害するものであったから、不法行為を構成する」（傍線、筆者）[*26]と判断した裁判例もあり、私的支配関係における表現の自由を「自らの意見等を表明するという人格的利益」に読み込んでいる点は大いに参考になる。

　これらの裁判例が示すように、たとえ私的支配関係における紛争であっても、「一面で私的自治の原則を尊重しながら、他面で社会的許容性の限度を超える侵害に対し」て、根底にある表現の自由は、法律上保護される利益として保障される必要がある。むろんこのことは民間施設を公共施設と同視することを必ずしも意味しない。平成8年判決が示しているとおり、特に民間施設の場合は「施設の設置目的」の観点から公共施設に比べて一定の幅があると想定される。もっとも、このような幅は「一面で私的自治の原則を尊重しながら、他面で社会的許容性の限度を超える侵害に対し」て、という私的支配関係における最高裁の判例の枠を超えてはならない。

5．写真文化の向上と表現の自由という視座

　以上論じてきたことをもとに冒頭の問いに立ち返り、留意すべき点についてまとめることとする。

　第1に、写真展示は本質的に表現行為であり、かかる表現行為の保障のため「写真文化の向上」という写真展の目的は表現の自由の価値と整合的に解釈されなければならない。すなわち、「写真文化の向上」のためになによりもまず情報の受け手である写真展の来場者を含む写真芸術に高い関心を有する者らに写真の伝達と交流の機会が保障されることが不可欠である。そのような伝達と交流の場を遮断することは、表現の自由の趣旨の没却であり、ひいては「写真文化」の「衰退」を招来することとなる。

　第2に、仮にある施設においてある写真を展示することによ生じうる危険に対しては、単なる対立する利益の比較衡量論では不十分であり、客観的な事実に照らして具体的に明らかに危険が差し迫っていると評価しうる「明らかな差し迫った危険」の基準を満たさなければならない。危険性の程度は単に危険な事態を生ずる蓋然性があるというだけでは足りず、またその判断は写真展の主催者側の主観による判断であってはならない。仮に差し迫った明白な危険もないにもかかわらず、一定の写真の展示に反対する団体等の妨害が予想されることを理由に写真

展示拒否が認められるとすれば、写真展示に反対する団体に対して表現拒否権を付与するに等しいことになる。[*27]

第3に、写真展の開催に際して、ましてひとたび展示が決定した後に、写真の内容やその写真家の性格から不当な差別的取扱いがあってはならない。私企業における男女の定年年齢差別が、憲法上保障された平等権を手掛かりに民法90条によって違法となるとした前記の最高裁判決[*28]と同じく、民間施設における表現行為を不当な差別的取扱いをすることは表現の自由という法律上保護される利益の侵害を構成するものと解される。

以上

＊1　最大判昭和58年6月22日民集37巻5号796頁参照。
＊2　最大判昭和59年12月12日民集38巻12号1308頁。
＊3　最大判昭和44年10月15日刑集23巻10号1239頁色川幸太郎裁判官反対意見。
＊4　最大判昭和44年11月26日刑集23巻11号1490頁。
＊5　駒村圭吾『憲法訴訟の現代的転回』（日本評論社・2013）261頁、参照。
＊6　芦部信喜『憲法学Ⅲ人権各論（1）〔増補版〕』（有斐閣・2000）262頁。
＊7　佐藤幸治『日本国憲法論』（成文堂・2011）249頁。
＊8　佐藤・前掲注7。
＊9　最大判・前掲注1。
＊10　最大判・前掲注2、参照。
＊11　最判平成20年2月19日民集62巻2号450頁、参照。
＊12　最大判昭和61年6月11日裁判官大橋進補足意見。
＊13　宍戸常寿『憲法解釈論の応用と展開』（日本評論社・2011）132頁。
＊14　最判平成7年3月7日民集49巻3号687頁。
＊15　これは公の施設の利用を拒否するために必要とされる「正当な理由」（地方自治法244条2項）の解釈を具体化したものと解される。
＊16　近藤崇晴『最高裁判所判例解説民事篇平成7年度』289頁。
＊17　この点については、平成7年判決は最大判昭和29年11月24日刑集8巻11号1866頁を引用している。
＊18　いわゆる表現の自由の観点に基づく差別の問題である。阪口正二郎「芸術に対する国家の財政援助と表現の自由」法律時報74巻1号（2002）34頁、参照。
＊19　最判平成8年3月15日民集50巻3号549頁。
＊20　この点については、最高裁判所調査官による解説、秋山壽延『最高裁判所判例解説民事篇平成8年度』210～211頁、参照。
＊21　最大判昭和61年6月11日民集40巻4号872頁。
＊22　この背景には、表現の自由が公共財としての意義を有するという指摘がある。長谷部恭男『憲法〔第5版〕』（新世社・2011）193頁。
＊23　最大判昭和48年12月12日民集27巻11号1536頁。
＊24　最判昭和56年3月24日民集35巻2号300頁。
＊25　東京地判平成21年7月28日判時2051号3頁。
＊26　大阪高判平成22年2月25日労働判例997号94頁。
＊27　松井茂記『日本国憲法〔第3版〕』476頁、参照。
＊28　最判・前掲注24、参照。

意見書

写真家　樋口健二

２０１４年9月11日
東京地方裁判所民事第6部合議A係　御中

1　はじめに

私の写真家としての活動歴は、約50年に及びます。私は、写真のジャンルの中でもフォトドキュメンタリー（報道写真）を専門としてきました。私は、現実社会で発生した多くの政治、経済、社会問題をはじめ、隠された戦争の悲史、開発に伴う自然破壊、労働災害、産業公害等をテーマとして、数多くの写真を撮影するとともに、問題の解決をも追求して、今日に至っております。

写真家としての活動の片わら、学校法人・日本写真芸術専門学校の副校長として、若いフォトジャーナリスト育成にも務めています。

本意見書では、本件におけるニコンの行為が有する問題点について、自由な「表現の場」が確保されることの重要性を中心に、写真家の立場から意見を述べます。

2　二つの写真展との出会い

私が生まれ育ったのは、長野県諏訪郡富士見町松目、すばらしい自然環境にかこまれた農業の盛んなところでした。当時は、農家の長男が高校を出たら百姓を次ぐのは至極当たり前のことでした。私自身も高校を出て2年ほど農業に携わりました。その後、家族を説得して22歳の年に上京し、様々な職を転々とした末に、川崎の製鉄会社でクレーン免許を取得して3年を過ごしました。

１９６１年秋、私が写真家を志すことになる決定的な機会が訪れました。「ロバート・キャパ展」が東京のデパートで開かれたのでした。世界的な戦争報道写真家として著名な彼の作品は、スペイン内乱の〝倒れる兵士〟、ノルマンジー上陸作戦の銃弾雨あられと降りそそぐ中を海岸に向け進む兵士たち。カメラで立ち向かったキャパの姿に当時の極限状況を重ねると、その同時性が私の身体をゆさぶり、また、パリ解放やナチスドイツ兵との間に子をなしたフランス女性が丸坊主にされ、赤子をしっかりと抱きかかえて追放されてゆく姿に戦争の本質を感じたものです。着の身着のまま逃げ惑う老人、子どもたち。民家の上にふりかかる戦争の影は、恐怖、むなしさ、ばからしさを見事に表現していて身震いする感動に襲われたものです。

ただパネルに貼ってあるだけの写真で、どうしてこんなに多くの人が引きつけられ、感動させられるのか、わかりませんでした。私もそのときは、「なんだこんなブレたような写真」と思ったほどでした。一方で、キャパの写真は、私にまったく新しい世界、想像もしなかった世界への拡がりをつきつけてくれました。私が、百姓の長男に産まれて、百姓の後を継ぐ、それを宿命だと思い、その後下積みの労働者になり、厳しい職場で踏みつけられて生きていくのだと思っていた私でしたが、そんな中で私自身にも違うなにかができる、新しい世界があるかもしれない、そんな希望を開かせてくれたのです。

その後しばらくして、私は、仕事をやめて現在の東京綜合写真専門学校に入学し、写真の道に進み始めました。

入学した年、先輩の一期生桑原史成が、〝水俣病〟を撮って衝撃のデビューをしました。僕が写真のことをまだ何も知らない1962年の夏に、フジフォトサロンで魂を揺さぶるような〝水俣病〟の報道写真展を開いたのです。彼が登場したときには度肝を抜かれ、「これに続け！」と奮い立たされました。

このように、ロバート・キャパ展、桑原史成の水俣展という二つの写真展との出会いが、私を写真の道に進ませ、さらにその中で報道写真家として生きることを後押ししてくれました。

なお、私の人生を変えた二つの写真展は、どちらも民間企業が関与して開催されたものでした。ロバート・キャパ展を主催したのは、東京のデパートでした。桑原史成の水俣展が開催されたのは、富士フイルムが運営するフジフォトサロンでした。

写真の本質が記録性にあるのは言うまでもありません。それだけに時代の目撃者としての写真家たちのカメラアイは、他のジャンルにないリアリティーとアクチュアリティーとを一挙に表現可能であると私は信じています。

だからこそ1枚の写真でも多くの人々の心を揺さぶり感動と啓もうを与えるものと思い続けています。

3　写真を発表する場の重要性

私は最初からフリーのカメラマンとして出発したので、確実に発表できる媒体がなかったために、空しい想いをしたことや、焦りを感じたことが多々ありました。

苦しい場面や悲しい場面、厳しい場面に立ち会って、被写体に強烈なシンパシーを持ってシャッターを押していても、いつ発表できるかわからない写真を撮っているだけじゃないのか。何の力にもならないんじゃないのか、という虚しさ。私の写真を撮らせてくれる相手だって、早く発表して訴えてほしいと願っている。それなのに発表できないままに、事態はドンドン進んでいく。そんな長い過程のなかでの焦りや虚しさは、私にとってとてもつらいことでした。それでもたまたま、雑誌に発表できたり、写真集にまとめて出版できたりしたとき、たくさんの人から励ましの手紙をいただいたり、遠いところから電話で感想を言われて、「ああ、よかったな。」と思いました。

その後、徐々に写真家としての活動を認められて、作品を発表できる場が増えていっても、発表できるまでの虚しさというのは変わりません。それでも、一つのことをたとえ何年かかろうとも撮り続けると、写真集や本にして出版できたり、講師として招いてくれたり、写真展を開いたりと、発表の機会が与えられていきました。写真家冥利に尽きることでした。これは、お金が入るとか、有名になるということの嬉しさではなく、私を支えてくれる人たち、私を写真家として認めてくれる人たちがいるということの嬉しさなのです。

私自身、若いころから「売れない仕事」をやり続けてきたのですが、徐々に、一つずつの作品が自分なりに納得できるものとして積み重なり、自身の作品に自信をもてるようになっていきました。そうすると、写真展や写真集などで先輩たちの作品を見て、ああいい仕事だなあと私自身が感じたように、私の作品に触れて、「いい仕事だ。」、「触発されて頑張っています。」と言ってくれる人が増えていきました。本当に心強いことです。このように私の写真に出会い、一枚の写真から状況を「読む」人が出てくると、それは私に跳ね返ってきて、ますます、手抜きや妥協のない写真を撮り続けなければならなくなっていくのです。

このように、撮影した写真を発表する場があるということが、写真家にとっては極めて重要なことです。そのような場があることで、違う世代や、違うジャンルの写真家たちがともに芸術的意見を戦わせたり、切磋琢磨して、写真表現がより豊かになっていくのです。また、写真界とは違う世界にいる一般の市民のみなさんに、写真と、写真家が伝えたいテーマを届けていくためには、写真展をはじめ、多くの人々が作品に触れることのできる発表の場があることが絶対的に必要です。

逆に、そのような発表の場がないことは、写真家にとって、売れないとか、生活ができないということとは比べようがないくらい、つらいことなのです。

4 「写真展」という空間

写真展のすばらしさは写真集や雑誌のグラビアとは違い生の影像といってよいでしょう。しかも、写真のレイアウトによっては大小さまざまに構成されるからです。

写真展会場の空間も人々の心に感動を呼び起こしてくれます。

また作者と見る者とのコミュニケーションの場ともなり、必要不可欠だと考えております。

5 写真とさまざまな視点、立場

私が写真を撮り続けてきたなかで、いつも頭から離れないことがあります。それは、いったいどういう視点、どういう立場で写真を撮るかということです。

たとえば客観性という言葉があります。カメラマン、ジャーナリスト、何をやっていくにしても常に客観性を持ちなさいと、写真学校でもよく言われました。しかし、客観性という言葉は美しいけれども、客観性で物事を見ていったらどうなるのか、四日市に関わったときに、私は何度も考えさせられました。世の中には、現実の問題として、強者と弱者がいます。私の写真家としての仕事は、物言えぬ人たちの側にたった写真を撮り、事実を伝えていくことだと考えてきました。

フォト・ドキュメンタリーに、政治的、社会的な問題が含まれるのはいうまでもありません。そもそも、写真に「こうでなくてはならない」などという定義があるはずがないと断言します。写真文化は、写真展をはじめとする表現の場を通じて、写真家同士の切磋琢磨や、また写真家と鑑賞者の相互作用を通じて発展していくのであり、最初から正解があるようなものではないのです。

もしも、ニコンサロン側が「政治的」であったり、「中立性」に欠ける作品展示に場を提供しないとするならば〝写真文化の向上〟などという大義を捨てるべきです。

ニコンサロンは、現在までに多くのドキュメンタリー写真家たちに写真展会場を提供してきました。私も、数えきれないほど、ニコンサロンの写真展会場に足を運んだものです。作品の内容は千差万別でしたが、その中には、政治性もあれば社会性も強く感じる作品が多数ありました。

最近の写真展の中にも、土門拳賞を受賞した桑原史成さんの「水俣事件」の作品展があります。これなど政治色を強く感じさせる写真展ではないでしょうか！　政治色のある作品や社会性の強い作品展に会場を提供しなくなる時代が到来するとすれば、それは、写真家だけでなく、日本社会全体にとって暗い時代といわざるをえません。

6　ニコンの中止決定は「写真文化の向上」に反する

私は、写真家としての活動の片わら、学校法人・日本写真芸術専門学校の副校長として、若いフォトジャーナリスト育成にも務めています。一九八〇年から前記学校で、報道写真ゼミを担当し、多くの卒業生を世に送り出しました。その中から、以下の優秀な卒業生が誕生しています。

・鈴木邦弘　「森の人・ピグミー」ニコンサロン賞（伊奈信夫賞）
・宇井眞紀子　「アシリ・レラ（アイヌ語で新しい風）」さがみはら写真賞新人奨励賞
　「アイヌ・風の肖像」北海道東川賞（東川町）特別賞
・中田聡一郎　「星のしゃぼう（砂守が育んだ故郷）」さがみはら写真賞新人奨励賞
・前田春人　「クエイト・ライフ」日本写真協会新人賞
・権徹　「新宿歌舞伎町」講談社出版文化賞（写真部門賞）

他にも多くの写真家たちがフォトジャーナリズムの世界で活躍しています。ここに記した写真家のほとんどが、ニコンサロンで写真展を開催しています。特に新人写真家にとって、ニコンサロンの存在は大きく、フォトドキュメンタリーの世界にとってなくてはならない会場と言ってよいでしょう。写真界においては権威ある場所だと私は固く信じております。

そのようなニコンサロンで予定されていた安世鴻氏の「日本軍慰安婦」写真展が、ニコンによって中止を通告された事件を報道で知り、私は強い怒りを感じました。彼の作品はニコンサロン側と五人の選考委員（プロ写真家、批評家）によって審査され開催が決定していたのです。いやがらせに簡単に屈しないで毅然とした態度と対応が必要だったのではないでしょうか。

ニコンサロン側のどんな言い分をふまえても、その姿勢は自ら「写真文化」を破壊するものといわざるをえません。ニコンサロンがこれまでフォトドキュメンタリーの発展のために果たしてきた貢献すら、無にするものです。

私は、今回のニコンの中止決定は、写真家から不合理な理由で表現の場を奪うものであり、「写真文化の向上」に真っ向から反するものであると確信します。

以　上

ニコンサロンでの安世鴻の中止決定について

作家　北川フラム

２０１４年９月17日

東京地方裁判所　御中

私は、株式会社アートフロントギャラリーの代表取締役であるとともに、アートディレクターとして国内外の美術展、企画展、芸術祭を多数プロデュースしてきました。そうした経験から、今回のニコンサロンにおける安さんの写真展が、一度は開催が決まっていたにもかかわらず中止決定が為されたことについて、以下の通り、意見を述べます。

記

真実すらも時代の風潮によって不分明になり、ましてひとつの事件、現象の評価が時代の変化につれて白黒が真逆になることを私たちは経験してきた。その時、少量の想い、少数の意見をこそ、しっかりと遺しておかなくてはならない。

それが、現に生きている一億三千万人弱の国民、七十億人の一人ひとりの存在を尊いとする最低限の人間的立場だと考える。少なくとも、それらの一人ひとりの生理を表れである表現を発表する場は、その想いから経営されたいと想う。

そしてまた、それらの表現の手立てとなる道具、文明の利器を提供するものは、その表現の差異、評価によってではなく、その利器が、すべての人の身体活動の外延としてフェアに使用されることに注力すべきだと考える。


以上がニコン・サロンの安世鴻写真展に関する私の感想だ。

写真は多くの人たちに、個々の表現の可能性を広げてきた。文明の利器は、あくまで、一人ひとりの身体活動の自在さに寄与するものでありたい。そこから始まる表現の内容の差異は個人の思想・立場によるものだ。


表現は個々の人間を表すものであって、一人ひとりの個人が違うものであるのと同じように、一人ひとりの個人による表現もまた違うものになることは当然である。

「ニコンサロンでの安世鴻写真展」の中止決定は、その一人ひとりの個人の違いを否定し、表現を発表する場を閉じ、表現の可能性を狭めるものである。表現の場を運営するものは、その点に十分配慮すべきである。

写真展の使用承諾の恣意的な撤回は認められるべきではない。

以　上

写真文化の担い手として

作家　赤川次郎

平成26年9月14日
東京地方裁判所　御中

オリンピック招致には「おもてなしの国」を強調しながら、一方で日本はなぜこれほど「人権」に関して頑で冷淡なのか。

国連の人種差別撤廃委員会が、日本で「ヘイトスピーチ」が野放しにされている点を厳しく批判したが、それに対して、ネットに、

「そんな国連からは脱退しろ」

という書き込みがあったという。

戦前、日本は国際連盟を脱退して、戦争への道をひた走った。ネットに書き込んだ人間はその歴史を知っていたのかどうか。自分に都合のいいところだけ「国際化」しようというのはあまりに虫のいい話である。

むろん、日本は様々な分野で、世界に誇る物を生み出して来た。その一つがカメラのニコンであることは間違いない。

私が作家になった三十数年前、雑誌などのインタビューのと

きは、いつもプロのカメラマンが同行して写真を撮っていた。彼らの手には必ずニコンFがあった。当時、ニコンFを持つことはプロのカメラマンの証しでもあったのである。

デジタル以前のフィルムの時代、露出計もオートフォーカスもない、シンプルなメカそのもののニコンFは、その堅牢さと高い信頼性で、世界の過酷な戦場を記録した。外国映画にも、カメラマンが登場すると、必ずといっていいほどニコンを首からさげている。それを見る度、いささかの誇りを覚えたものだ。それだけに、ニコンの名を、安世鴻さんの写真展の中止をめぐる事件で目にしたときの失望は大きかった。

ニコンが写真展を中止したのは「政治活動の一環」だからという理由だった。しかし、もともと現代を映し取る写真が「政治」と無関係であるはずがない。

「政治」が展示を中止する理由になるのなら、あらゆる戦場の写真が展示できないことになる。「貧困」を写せば、今の福祉政策への批判になるし、渋滞した道路を写せば交通行政への批判となるだろう。

ニコンが「政治」を拒むなら、ニコンフォトサロンはペットの写真展ぐらいしか開けなくなる。それだって、ペットの殺処分を描けば政治への批判である。

ニコンはただカメラという「道具」を作っているだけだと言いたいのだろうか。

出版、新聞、TVなど、単に「利益を追求する」だけではない企業というものがある。

カメラマンは発表の場を得て、初めて表現者になるのだ。世界的カメラメーカーであるニコンのフォトサロンがその発表の場を閉ざすようなら、ニコンは写真を「文化」と認めていないことになる。

「従軍慰安婦」問題については、最近朝日新聞が自己検証の結果を発表したことで、まるで「慰安婦」そのものがなかったかのように言い立てる人々がいる。しかし、もともと「強制」があったかどうかを問題にしているのは日本だけだ。世界の日本を見る目は全く変らない。

どんな議論であっても、まず発表の場を与えることが第一歩である。発表そのものを否定するような言論は言論の名に値しない。

サイモンとガーファンクルに「僕のコダクローム」という歌があり、その中で「ニコンのカメラも持ってるぜ」と、ニコンを持っていることを自慢する歌詞がある。ニコンが「世界のニコン」である証しだ。ただ、ニコンを誤って「ナイコンカメラ」と発音しているが。

ニコンには、写真文化の担い手としての誇りを取り戻してほしい、と切に願うものだ。

以　上

陳述書

安世鴻

東京地方裁判所　裁判官　御中

２０１４年９月24日

第１　経歴

１　写真家を志したきっかけ

私は、１９７１年に韓国の江原道（カンウォンド）で生まれました。その後、家族でソウルに引っ越し、小学校に通いました。幼いころから写真を撮るのを好きだったせいで、中学3学のころから、写真家になりたいとの夢を持って思春期を送りました。中高級学校のころには、タルチュム（韓国の仮面劇）のような伝統文化を写真に収めて写真を習得していきました。私は踊りの一つ一つを、どんな言語でもなく、写真で表現したくて、写真の道に進むことにしたのです。学校の特別活動でも、写真班に加入して写真を撮りました。校内の写真大会で賞を受けたりもしました。

大学時代には、校内で学生たちが新聞を作る学報社にも入り、社会問題に対しても深く関心を持つことになりました。そして学校外での写真家・専門家の集いである「社会写真研究所」で仕事をして、人々の生活像を深みをもって撮ることができる、ドキュメンタリー写真を撮り始めました。韓国社会の色々な社会像を反映して、統一、労働者、障害者などの被写体を、写真で撮りました。

その後、韓国の社会評論『キル（道）』雑誌社でカメラマンとして仕事をしながら、私の本分であるドキュメンタリー写真を着実に撮り続け、展示会や雑誌を通じて写真作品を発表しました。20代半ばからは、韓国社会を記録するドキュメンタリーの他に、韓国の内面を写真に捉えるために、仏教、巫俗など伝統文化をテーマとして写真を撮るようになりました。『ティセジプ』という雑誌（韓国伝統文化雑誌）で伝統文化の部分を担当したり、韓国伝統民俗院で写真分科長の責任を引き受けて仕事をしたりしました。

２　元日本軍「慰安婦」女性とのかかわり

日本軍「慰安婦」問題に直接的に関心を持ち始めたのは、１９９５年、社会評論『道』で写真画報の取材をすることになり、ハルモニ（韓国語で「おばあさん」）らと出会ったときからでした。その後、ハルモニたちが住んでいる「ナムヌの家」に3年間ボランティアとして通い、ハルモニの過去から現在に至るまでの話を聞きました。ハルモニたちの苦痛を、頭だけではなく、気持ちで感じはじめながら、写真を通じて人々に知らせなければならないという考えがわき、改めて写真を撮り始めました。

2001年からは、中国のあちこちに「慰安婦」として行って後、故郷へ帰ってくることが出来なかったハルモニたちの存在を知るようになりました。すぐに中国に行ってその方を探しだし、写真で記録する仕事をしました。

5回中国を訪問して、12人のハルモニに会って写真で記録した後、2003年ソウルでの写真展を始め、韓国の色々な所で写真展を開催しました。これについて、ドイツの人類学雑誌Journal-Ethnologieに私のインタビュー記事が紹介され、ドイツとフランスでも多くの関心を寄せてもらいました。

3　日本での写真家としての活動

2007年には在日同胞3世である李史織と韓国で結婚式を挙げて、2009年に、日本の名古屋に移住しました。私は写真家として日本で地位を築くために多くの努力をしました。私が住んでいた名古屋をはじめ、大阪や東京にも通って、日本の写真界の雰囲気を感じ、溶け込み、私の認知度をアップして写真家の道を進もうと思いました。名古屋地域の写真家らと「路地裏」展という写真展開いたり、朝鮮学校学生たちの生活を撮った写真展を開いたりもしました。

2010年、大阪で、韓国の海辺の文化である豊漁祭をテーマにした「海巫」を心斎橋アセンスギャラリーで開催しました。これは日本と韓国の共通して持つ海洋文化に対する文化的交流を広げる契機になりました。朝日新聞にも記事がのせられました。2011年には韓国の巫女を被写体にした写真展「魂巫」を、新宿PlaceMで、10日間にわたって開催しました。ここでは、写真展とギャラリートークを通じて、日本の写真家と市民らに、韓国ドキュメンタリー写真に多くの関心を持ってもらいました。また、日本での私の認知度を高めて、日本の友人らと幅広くつきあう契機になりました。

4　最近の写真家としての実績

今回、ニコンサロンでの写真展の後も、札幌、東京（東京ではFCCJ（外国人特派員協会）や古藤ギャラリーなどを会場にしました）、名古屋、大阪など、色々な地域で写真展が続きました。

さらに私は、海外でも写真展を開催するために、写真フェスティバルやギャラリーに写真を送りました。その結果、2012年12月には、カンボジアでの第7回アンコール国際フォトフェスティバルに参加しましたし、2013年3月には、アメリカ、ニュージャージーで写真展を開催するなど、徐々にですが世界でも写真の作品性を認められるようになりました。これらの写真展当時には、現地のマスコミであるThe Record新聞、New York One TVにも大きく報道され、ニューヨークタイムズLENS BLOGにも記事化されるなど大きい反響を起こしました。

第2　ニコンサロン写真展の開催決定と準備過程

1　ニコンサロンの選考に応募した経緯

さきほど述べたとおり、私は、２０１１年10月に「魂巫」という写真展を開催していますが、２０１０年12月にこの写真展を準備していたとき、開催場所を探すために東京を何度か訪問して写真ギャラリーをみて回ったことがありました。このとき、おりしも銀座ニコンサロンでは、韓国人写真家イ・サンイルさんが、韓国の民主化闘争である光州（クァンジュ）抗争をテーマにして、写真展を開催して、会場でギャラリートークをしていました。これを見た私は非常に感銘を受け、私もここで写真展をできればよいと考えました。

その後、２０１１年12月に重重写真展をする場所を探している間、日本のある写真家と、東京都写真美術館キュレーターの方から、「ニコンサロンに写真を送れば君の実力なら十分に写真展ができる」という話を聞いて、勇気を出して写真を送りました。申込書と写真40枚、写真の内容を分かる10ページほどのパンフレットを添付して公募に応募したのです。

ニコンサロンでの写真展は、写真家にとって、長年、名誉な場として知られてきました。特にドキュメンタリー写真家がその作品を発表する場が少ない中で、ニコンサロンは、新人にとっては登壇の機会に、既存の作家にとっては自身の価値を満たすことができる空間でした。私としても、当時、日本に移住して3年になるかどうかの時期でしたが、写真家として名誉を得て、ここ日本で持続的な写真活動をするための大事なステップになると考えていました。

私は、長い間、日本軍「慰安婦」被害者のハルモニの写真を撮ってきましたが、特定の政治的立場を持って接してきたという認識はありません。ハルモニたちは、70年から80年も前に、人間として、女性として、有り得ないような苦痛に遭い、それから長い時間が経ったにもかかわらず、その胸には、まだ当時の苦痛がそのまま残っているのです。私は、そういう「痛み」そのものを写真で撮り、発表しているのです。

2　開催決定通知

周りの方々からは、十分に可能だろうという話は聞いていましたが、ニコンサロンに写真を送ったあとも、写真のクォリティーが足りなくて落とされないだろうかと、内心、心配もたくさんしました。しかし、一ヶ月後にニコンから、新宿ニコンサロンで2週間の写真展を開くことを決定したという決定通知を受けて、とてもうれしかったです。応募者が外国人であることや、写真のテーマに関係なく、写真だけの価値をみて選考してもらえたことで、ニコンはやはり、世界的な企業らしい選択をするのだなあと考えました。

3　決定後の準備

写真展開催が決定した後、ニコンサロン事務局からは、写真展を広報やプレスリリースのために必要な写真3枚と、私の経歴、写真内容が分かる原稿を要求されました。その後も、写真展広報ハガキを作るために、担当者と3、4回Eメールや郵便をやり取りしました。そして製作されたハガキが私に送られてきました。私は、知人とともに、写真展広報のために色々な所にそのハガキを配布しました。または、私は、ニコンが新聞社や写真関連雑誌、インターネットサイトなどにプレスリリースを送ったのも確認しました。

私は写真展が決定された以後、展示用写真プリントを作るために、それまで作業したフィルムをスキャンして、最上の写真として作るために何度も補正を進めていました。写真のプリントは展示空間や照明によりカラーや白黒の濃淡が変わるので、細心で長時間の作業が必要です。

4　大阪でのアンコール写真展の開催決定

2012年5月15日、ニコンから、大阪ニコンサロンでのアンコール写真展を9月13日から1週間開催することが決まったという内容の通知書が送られてきました。このアンコール写真展についても、開催にともなう費用や交通費などをニコンが負担するということでした。

第3　重重プロジェクトについて

1　「重重プロジェクト」名義での活動をはじめたきっかけ

このように、新宿ニコンサロンでの写真展開催が決まりそれに向けた準備をする過程で、東京だけでなく、大阪、名古屋など他の地域でも写真展を開ければよいとの希望を抱くようになりました。しかし、個人が、日本の様々な地域で、写真展を継続的に開催するということは大変なことだと判断しました。

そこで、個人レベルでこれに取り組むのではなく、「重重プロジェクト」という形で、複数の市民らと共同で写真展の準備をし、ともに開催していく形式を考えるようになりました。それは、一度の写真展で終わるのではなく、様々の地域の市民らと共に写真展を開催して、写真という人々の心を動かし感動を与えることのできるアート活動を通して、「慰安婦」被害者の痛みを知らせていくプロジェクトです。

この重重プロジェクトを立ち上げたのは2012年3月ころのことでしたが、最初は、私と妻の李史織、それに数人の知人が集まってはじまったプロジェクトでした。私は2010年、2011年に2回の写真展を開いていますが、その準備のなかで知り合った知人たちです。知人はみな普通の一般市民で、美術を専攻してデザインを専門にしている方、放送関連の仕事を長年してきた方、過去は医師で今は引退された方、ふだんは主婦として生活している方、慰安婦関連活動をしてきた方など、それぞれ自分の生活を持ちながら、空いた時間で出来ることを分かち合う形式で、最初ははじめました。

このように重重プロジェクトは、ニコンサロンでの写真展開催が決まったことをきっかけにして、妻と少数の知人らで立ち上げたもので、ニコンサロン写真展の準備をしていた当時の段階では、一般市民らが手弁当でできる範囲で集まっていたものにすぎません。

なお、重重プロジェクトの代表は、当面、私が担当することになりました。

2　写真家としての表現活動と財政の問題

写真家は、自身の写真活動を維持するために血の出るような努力をします。ただ写真家だけではありません。美術家、音楽家、小説家など数多くの表現者の中で、自身の芸術活動だけで生計をたてている人物は何人もいません。大多数の作家は、自身の活動のために違ったことをしなければなりません。私もまた同じことです。写真を撮るために、雑誌の仕事をしたりブライダル写真をとるなど商業写真をしてこそ、生計の一部が維持されます。その他、アルバイトをしてこそ生計が維持されて、撮影に必要なフィルムを買って交通費を充当することができます。

写真展をするための会場を探すのは容易でありません。有料の会場を借りる場合、1週間に少なくとも15万円以上の費用を支払わなければならず、写真をプリントしてフレームを作って、パンフレットを作るのにも、80万円程度の費用がかかります。その上で写真が売れてくれれば幸いですが、それでも全体の費用をまかなうには不足します。ニコンサロンの場合には、写真を販売することが禁止されていて、自身の本やパンフレットを販売することが収益金の全部です。

このような金銭的な問題は、写真家が活動の上で抱えている基本的な悩みです。韓国をはじめとする海外の芸術家は、このような問題を解決するために、プロジェクト形式を利用します。一人であらゆることを解決するのではなく、展示や撮影に必要な金額を募金で集め、必要な人材を募集して、一緒に進めるというやり方が、傾向的に増加しています。資金調達の面では、既存の財団を通じて支援を受ける場合だけでなく、インターネットを通したクラウドファンディングを通じて必要な資金を確保する場合があります。日本国内の場合には、重重プロジェクトを始めた当時の状況では、このようなファンディングのシステムが成り立っていませんでしたが、私は、ニコンサロンでの写真展開催を契機に、海外の方式を模倣して、直接人々に重重プロジェクトを知らせ、ファンディングを始めることを思い立ったのです。

重重プロジェクトを知らせていく過程で、私の周辺の芸術家は好意的な反応を見せたし、今回プロジェクトに参加する人々も増えました。もちろん、募金により集まった資金は、写真やフレームの製作費用など、写真展の開催のために必要な費用に充当され、写真活動以外には流用しません。

第4　中止決定以降の状況

1　名古屋の新聞報道について

写真展を準備する過程で、周辺のいろいろな人に、私の展示の便りを知らせ始めました。その中で、仲良くしていた知人の一人が朝日新聞のファン・チョル記者を紹介してくれ、日本軍「慰安婦」に関する取材をしたいという連絡を受けました。２０１２年５月17日、名古屋の朝日新聞社の近所で取材に応じました。取材された内容は、２００１年から慰安婦被害者と出会う中で経験した話と、被害者のハルモニに関する話、私の写真家としての活動経歴などでした。私は、ハルモニたちの現在の境遇を伝え、彼女たちの現在まで続いてくる苦痛を写真で知らせることが、私の使命であるということを説明しました。この記事は５月19日の紙面に掲載され、私の取材にもとづく内容に加え、今後名古屋、四日市などで予定されている講演会や、ニコンサロンでの写真展についても紹介してもらいました。

この記事が出た５月19日土曜日、名古屋ウィル愛知でスライド講演会がありました。ウィル愛知事務所にはどんな講演会なのか、いくつかの問い合わせ電話がきていたと聞きました。午後２時から始まった講演会は、50人の聴講者が参加した中で物静かに進行されました。

２　５月22日に中止通告を受けた前後の状況

その後５月22日夕方ころ、私の妻の携帯電話に、ニコンサロンの担当者から、写真展が中止されたという連絡がきました。そのとき、私の妻は担当者に、本人でなければ回答ができないので再度電話するよう説明しました。

私は、その日の午後７時ころ、通訳として私の妻を介しながら、ニコンサロンの担当者と通話をしました。ニコン側は、写真展を中止することにした、理由は明らかにすることができないといいました。そして、直接私と面会して謝罪をするという言葉だけ反復をしました。私は責任者と会って話をし、中止の理由を明らかにしてほしいと要求しましたが、話になりませんでした。

その翌日に、ニコンサロンの担当者ともう一度電話で会話をしましたが、これ以上対話しても意味がないと感じられたので、内容証明郵便を送りました。これに対する返事は電話での会話の時と同じく、理由を明らかにすることができない、すでに中止決定を下した状態であるというものでした。

私個人の力ではこれ以上巨大企業であるニコンを相手にすることはできないと考え、以前に面識のあった李春熙弁護士に電話をかけてまず相談をしました。私の人生で、裁判や弁護士に依頼することなど一度も経験したことがなく、また、このように写真展を中止するという虎物もはじめてだったので、１週間深刻に悩みました。

結局は、写真家が自ら発表の場をあきらめるならば、今後永遠に日本でこれ以上写真家として生きることができないという考えに至り、仮処分手続を李春熙弁護士と準備することになりました。

３　マスコミの反応など

ニコンの写真展中止決定を知り、私の周辺をはじめとして、多くの人々が理解できないという反応を示しました。民主主義国家において、日本を代表する世界的なカメラ企業が、具体的に明らかにできないような理由で写真展を中止させたことに、多くの否定的な反応があり、日本のマスコミをはじめとしてアメリカCNNニュースも関心を示し、取材を受けました。報道がなされると、全世界の写真家が、ニコンに抗議をし、ニコン企業の写真検閲に反対する声明と署名を直接送ったということです。

4　仮処分手続遂行時の状況

（1）仮処分手続が進行される過程で、ニコンは、ニコンサロンは自分たちが運営する施設なのでいつでも写真展を中止できると主張したと聞きました。また、より一層驚くべきなのは、私が、ニコンサロン写真展を利用して政治的活動をしようとしているとの主張をしてきたことでした。私の写真は、私が表現者として、写真家として、生み出した芸術作品です。私の写真のどこにも、政治活動としての手段をみてとることができません。かえって、老いてみすぼらしさの中に、普通の老人たちから見ることはできない苦痛を見せるだけでした。ニコンは、私の写真展が、「慰安婦」被害者の写真であるという理由だけで中止したものであり、かえってニコンこそが政治的な対応をしたと非難されるべきです。

（2）写真展が中止されて裁判が進行される過程で、私の自宅住所、自宅電話、携帯電話番号がインターネットに流出しました。初めのころには何件か無言の電話がきましたが、非通知の電話に対して受信拒否をすると、その後、電話はほとんどかかってきませんでした。なお、ホームページを通じてくるメッセージの大部分が、慰安婦を否定する内容と、韓国人は日本から出て行けという内容でした。

写真展が中止された後、仮処分手続が進められている間は、右翼の抗議メールが何通かきていましたが、仮処分の決定が出た後には、写真展に反対するメールや連絡はほとんど無くなりました。

第5　東京展の会場の状況

1　搬入当日（6月25日）の状況

東京地方裁判所で、写真展を開催せよとの命令が出された後、数日の間で、急いで写真展を準備しました。写真展を準備する上で最も重要な一ヶ月間、写真展準備をまともに出来なかった状況から、何か準備しそびれたことはないか心配でたまらなかった反面、それでも写真展が開催できるということに大きい喜びを持ちました。

私は、写真展開催の前日である6月25日、写真を私の車に乗せて、早朝名古屋を出発して新宿ニコンサロンへ向かいました。

しかし、新宿ニコンサロンに到着すると、想像もすることはできないギャラリー状況に、喜びを奪われました。ニコンサロンのある新宿エルタワーの中では、1階から28階のニコンサロンの間に、警備服を着た人々が10人余りも待機して、私を監視するようにしていました。ギャラリーに入る正門は堅く閉じられ、裏口からだけ出入りが可能な状況でした。写真展準備を手伝うために来てくれた知人らについても、出入り可能な人数を制限されるなど、威圧的な状況の中で写真展を準備しなければなりませんでした。

警備員だけではなくニコン側の職員も配置され、また、ニコン側が雇用した弁護士3人が腕章をまいて会場に待機していました。手には記録のための紙とペンをもっていました。彼らは、私と友達の、一挙手一投足を監視して、言葉と行動を全部記録していました。私が、会場の中に入ってくることが出来なかった友達に会うために、エレベーター前に少し出て行った瞬間にも、ニコン側弁護士が後についてきました。彼らは、そばで私と友人の対話を盗み聴いて記録をしていたし、遠く避けて話を交わす中でも、監視は続きました。

ニコン側弁護士は、私に、裁判所の命令によって写真展を開くだけであって、写真展にはいかなる支援もできないと言いました。そして、この施設はニコンの施設だから、私が誤りをすれば（誤りの基準が何かわからない）いつでも写真展を中止させると言ってきました。まるで脅迫のようでした。

2 写真展会期中の会場の状況

翌日である6月26日の午前10時から写真展がはじまりました。私の写真展に反対して抗議する人々（以下、「反対者」といいます。）は、会場となった新宿エルタワーの外で、「慰安婦」を否定して写真展を反対する集会を持ちました。集会を終えた反対者らのうち、10人から20人余りが、その後会場を訪ねてきて、写真展内容が偽りとして、しばらく騒ぎ立てました。反対者のうち1人は、私にわかることができない言葉でつぶやいていましたが、私は対応をしませんでした。そのとき、会場の中には、50人くらいの観覧客と、ニコン側職員、弁護士、万一に備えて警察が来ている状況でしたが、反対者らは、自分たちの一方的な主張を声高に述べて、そのまま会場を出て行きました。一時騒然とした時間帯はありましたが、警備員やニコン側弁護士の制止もあって、暴力沙汰には発展しませんでした。

二日目以降からは、明確な反対者は会場には押し寄せてこず、写真を観覧したいという気持ちの人々が、主に訪ねてきました。その中には反対者と思われる人々も、数人、一そろいになって訪ねてきていましたが、静かに写真を見て出て行きました。展示がはじまって1週間が過ぎたころには、10人余りの反対者らが訪ねてきて、「慰安婦は偽り」という札を首にかけて写真を観覧していたこともありました。

ニコン側弁護士は、このような反対者の抗議に、いちいち対応しておらず、一定の時間が過ぎると、観覧客のために出て行ってほしいという話を反対者に伝えていました。これに対し、反対者は、しばらく抗議して後はおおむね素直に外に出て行きました。

反対者が起こした騒動の中で、私に直接的に抗議してきた例は、初日の一度だけでした。それ以外では、反対者は、私をみつけても、私の表情だけを見るだけで、せいぜい、他のボランティアスタッフたちに、「慰安婦は嘘だ」という言葉をかける程度でした。

写真展が中止され、仮処分手続をする過程で、日本の多くの報道機関と他の国のマスコミはこの問題を大きく扱いました。それは全て、ニコンの一方的な写真展中止は、表現の自由を侵害することだと扱いました。

実際の会場では、初日の開館前から、観覧の人々が会場の前に列をつくってくれ、私どもが計数器で測定した結果では、2週間の会期中に7900人もの人々が訪問してくれました。

3　ニコン側の妨害行為

写真展では、どのような作家でも自身を広報するため、広報紙を配ったり、パンフレットなどを販売して、写真製作や撮影経費などを補充します。これは、極めて一般的な写真家のやり方です。

しかし、ニコンは、東京展の開催期間中、私に一方的にパンフレット販売を禁止し、広報物の配布を禁止しました。写真展の初日に抗議した結果、ニコンは翌日から二種類のパンフレットの配置だけを許容しましたが、販売は引き続き禁止しました。さらには自分たちが制作した広報用ハガキですらも、一枚だけの備えつけが認められただけでした。配置していた二種類のパンフレットをみた観覧客のうち多数の方が購入を希望しましたが、私たちとしては、販売が禁止されていることを知らせなければなりませんでした。あまりにも問い合わせが多いので、購入を希望された方々の住所を教えてもらい、後日送付して、入金をもらう方法をとることにし、三日目からは予約を受け始めました。このような方式で、4日間で予約数は361部に達しました。

第6　大阪展について

新宿ニコンサロンでの写真展の最終日、会期の終了時に、私はニコンの不当な写真展に抗議する社長宛の手紙を、サロンのスタッフに伝達しました。その手紙には、まだ明らかになっていない写真展の中止理由を明らかにして、展示を通して受けた損害を賠償するように求める要求に加え、大阪のアンコール写真展を正常に開催してほしいという内容を記載しました。しかし、この手紙が社長に伝達されたのかはわかりません。

私は、東京展終了後も、引き続きニコンに連絡をして、大阪での写真展を開いてほしいというメッセージを伝えていましたが、ニコン側はずっと返事を遅らせ、写真展まで後数日となった9月5日付けで、大阪展は開催することはできないとの連絡を受けました。

私としては、大阪の写真展は、ニコンが誤りを認めて中止を撤回し、自ら写真展を開催することを願っていましたので、裁判よりはニコンを説得したいという思いでした。そこで、東京のように仮処分を申し立てるのではなく、別会場で開くという決断をしました。私は急いで、大阪で写真展を開くことができるギャラリーを探しました。幸いにも知人の助けで、一ヶ月後である10月に、1週間スケジュールが空いている展示場を探すことができました。大阪に住む友達の助けを受けて、大変でしたが、なんとか代わりの写真展を準備しました。

すでに予定していた写真展が開かけず、他の場所のギャラリーを借りて、広報をするところに費用が発生しました。そして写真展の中止決定が下された以後、問題解決のために東京をふくめ様々な人々の助けを乞うために、あちこちに通った結果、生計を立てるための仕事も正常にできませんでした。これは大阪写真展の準備期間にも続きました。

第7　中止決定による損害

1　はじめに

2012年、写真展のためにニコンサロンに写真を送ったことは、私にとって、日本で初めて、公式に写真家として評価を受ける場でした。日本の有名な写真家と評論家の5人によって、写真作品それ自体によって評価され選考されれば、ニコンサロンという名誉な空間で写真展をできるだけでなく、日本写真界への入門を認められ、同時に高い評価を受けたことを意味します。

ニコンサロンに選考の対象となる写真を送って、一ヶ月後に写真展開催が決定された時、「私の写真を多くの人々が見て、感じて共感する契機ができる」と感じ、とてもうれしかったです。

しかし、ニコンの中止決定は、私と家族に致命的な精神的衝撃と、生活への重大な影響を及ぼしました。

2　経済的損害

東京展示会が中止決定を通告された後、仮処分手続を経て開催に至るまでの期間、弁護士や裁判所とのやりとりなどに忙殺され、生計をたてるための仕事をすることができませんでした。仮処分手続をする過程で何回も東京を訪問して、仮処分手続に備えざるを得なくなり、考えることもできない経費が発生しました。もともとの予定では、展示期間中も、二、三日間だけ会場に立ち会った後は、帰ってきて自分の仕事をしようと思いましたが、ニコン側の威嚇的な形態と写真展妨害の姿を見て、展示期間ずっとギャラリーを空けることができませんでした。これに伴う滞在経費が発生し、また、通常の仕事が出来なかった分が損失になりました。

詳しくは、李史織から説明があると思います。

3　精神的損害

ニコンが写真展を中止させる過程で、ニコン側は私に何の相談もしませんでした。中止決定を通知してきた後には、中止理由すら具体的に説明せず、責任者との対話さえも拒否しました。そのような中で、私は正当な法の力を頼って、展示会を守るしかないと考えました。

東京地方裁判所での仮処分手続の過程で、ニコン側は、写真展を通じて私が政治的活動をしていると主張しました。そしてサロンは自分たちの所有物なので何でも自分たち思いのままにできると主張しました。しかし東京地方裁判所は、ニコンと私との間に厳然とした契約関係があると認定し、私の写真展は「写真文化の向上」という目的に反しないとして、写真展を開催するよう命令を下しました。

前でも申し上げたように、写真展の開催期間中、私は、ニコン側職員と弁護士から不当な待遇を受け続けました。その他にも観覧客に対する過剰な警備や監視も頻発しました。老若男女問わず、カバンを開けられてチェックされ、金属探知器を通じてボディーチェックを受けた後でようやく、会場内に入ってくることができました。多くの方々がニコン側のオーバーな行動に過敏反応を見せ、ニコン側に抗議する姿をしばしば見ました。さらにはニコンの対応に抗議して、会場内に入ることを断念した方々もおられました。

ニコンサロンの空間は、写真家と写真愛好家の空間です。それを維持して発展させてきたのは、ニコンだけでなく、写真家と毎度写真展を訪ねてきた愛好家です。ニコンが主張する「写真文化の向上」が、自分たちの営業上の利益のための文化向上ということなのでしょうか。私と周辺の人々は、驚きに耐えなかったです。私は、今回の事件までは、写真家や愛好家を守るのは、ニコンという企業との、互いに協調的な関係だと考えていました。写真家たちは、大企業から支援を受けて、写真作業を通じて新しい作品を発表することで、ともに写真文化を向上させるものだと考えていました。

しかし今回の事件に対するニコンの反応は全くそうではありませんでした。理由を明らかにしないままで写真家を捨てました。

ニコンサロンでの写真展開催期間中、会場の内外のどこにも、私の名前と写真展を知らせる広報文を見つけ出すことができませんでした。建物のロビーや、ニコンサロンホームページでも、他の写真展を広報する文面は見つかりましたが、私の名前はみつけることができませんでした。ニコンは、中止決定が違法で認められないと判断されたにもかかわらず、通常の写真展であれば当然に行わなければならない広報、私の名前と写真展の題名などを知らせる広報をしませんでした。

このような、中止決定以降のニコン側の対応全ては、私の写真家としての表現活動に、「政治的活動」や「他の活動の手段」などのレッテルを貼るものです。表現者としての私の名誉、人格に対する最大の侮辱です。写真界で巨大な影響力をもつニコンから、このように不当な、そして否定的な評価を受けたことのショックや絶望感は、言葉では表現しがたいものでした。

第８　不当な中止決定が、写真表現にもたらす影響について

1　ニコンサロンでは、ベトナム戦争をはじめとして、戦争をテーマにした写真展が何度も開かれてきました。しかしその戦争写真展は、一国家の戦争に対する正当性を擁護するための

ものではないでしょう。戦争のみじめさと、理由もなしに被害を受ける人の姿を知らせることで、戦争を反対して平和を守らなければならないというメッセージを含んでいます。このような教訓的なメッセージは、具体的な説明がなくても誰でも分かるでしょう。

私が開催した重重写真展もまた、同じことです。私の写真を一度でも見た人ならば、70年前の少女時代に受けた、今でも忘れることはできない「慰安婦」被害者の苦痛を見ることができます。今回の写真展でも私は、戦争で、弱者である女性が苦痛にあってはいけないというメッセージを入れました。

ニコンの写真展中止決定を巡って、写真展に反対する意見だけがあったわけではありません。かえってニコンの誤った中止決定に反対して、写真展を開かなければならないという立場を持つ人々が全世界に存在しました。ニコンの写真展中止決定はCNN、LA Times、Japan Timesなど全世界に記事化されて広がっていきました。ニコンは反対者のわずかな抗議によって、「不買運動」につながることを心配したといいますが、写真展開催によるニコンカメラの売り上げ減少を、証拠として提示していません。かえって中止決定によりニコンのイメージは全世界的に失墜したのであり、英国のある写真家から始めたニコンへの抗議署名はマグナム作家のような有名な写真家が署名するなど、ニコンのイメージは落ちました。

2　写真関係者たちは便宜上写真のジャンルを区分します。ドキュメンタリー、純粋写真、商業写真など、数百種類のジャンルが、撮る対象と使用目的などそれぞれの基準によって分けられます。しかしすべてのジャンルの写真は、結局人の幸福を追求してお互いの意見を伝達する言語です。ドキュメンタリー写真はより一層記録を通した芸術です。私たちの周辺の被写体の人生を記録して、他の人らとイメージを通じて疎通することが写真の役割です。

写真言語で記録された被写体のイメージは、写真展やメディア媒体を通じて大衆に伝達されます。被写体―写真家―大衆間の疎通が成し遂げられることが、すべての表現手段の基本だと考えます。このようにして、人々の記憶に長く残って、心を動かすことが芸術的表現です。そういう効果を最大化させるために、写真家は、専用の空間を通じて写真を展示します。人類の歴史とともに発展してきた美術に比べて歴史が短い写真は、展示のための専用の空間が不足しているのが現実です。ニコンサロンが設立された理由も、写真家が写真を発表する空間が不足していたためだと理解しています。そのようにして設立されたニコンサロンは、30年あまりの間、写真家と愛好家の重要な空間として地位を確立してきました。

このような空間で、事前検閲によって写真家が制約を受けるなら、写真家は自身の写真を発表する空間を失って行くでしょう。いや時間が過ぎるほど、写真家は発表の空間を確保するために自ら写真のテーマを検閲することになり、多様なテーマの表現は消えるでしょう。

ここでは、写真家だけが被害を受けるのではありません。写真展を見に来る人々もまた、すでに検閲された写真だけを見ることになることによって、多様な被写体またはテーマに対する、知る権利を侵害される結果を招くでしょう。

3　私は4年以上日本に住んでいますが、多様なジャンルで表現の自由が侵害される例を見ました。映画、美術品などの色々な表現者の作品が、少数の意見によって、まともに光を放つことができないまま、上映が中断されたり、作品が展示空間から強制的に撤収されるのを見ました。表現物に対する多様な意見はありえます。いや見る人々の数だけ意見が違うでしょう。しかしそれが自身の意見と違うといって、正当な手続きなしで集団的抗議やヘイトスピーチを通じて作家と市民に被害を与える現状は、危機的です。

4　一部の抗議によって、ニコンが写真展を中止するとすれば、それは、ニコンが、右翼など、反対者や妨害者の不当な行動に屈服するということです。ニコンが、自身の主張のとおり不買運動による損失を心配したとすれば、そのために本来守るべきなのは、反対者や妨害者ではなく、写真家と愛好家です。そうしてこそようやく空間も守られることができるのです。展示を通して、作家の作品は、展示を見に来た人々に評価を受けなければなりません。その評価によって作品の存在の有無は分かれると考えます。

実際に、私の写真展を反対して中止させようした反対者の中で、私の写真をまともに見た人は多くありません。作家の意図と作品性を無視したまま、被写体が日本軍「慰安婦」被害者という理由だけで、写真展進行が中断されました。写真家と、写真を選定した選考委員を排除したまま、会社の少数の経営陣によって、ニコンサロンは本来の趣旨を喪失しました。ニコンはこれに対して、中止の真の理由を明らかにするべきであり、また、私と選考委員、写真家らと愛好家に謝罪をしなければならないでしょう。

今後、経営陣による事前検閲などで、ニコンサロンの独自運営を侵害してはいけません。それが守られれば、このような事件が再発しないだろうと信じます。

以　上

判決書

平成27年12月25日判決言渡
東京地方裁判所　平成24年（ワ）第３６３２８号　損害賠償等請求事件
口頭弁論終結日　平成27年6月5日

（住所略）
原告　安世鴻
同訴訟代理人弁護士　東澤靖
同　岩井信
同　李春熙
同　平河直
東京都（以下略）
被告　株式会社ニコン
同代表者代表取締役　木村眞琴
東京都（以下略）
被告　木村眞琴
東京都（以下略）
被告　岡本恭幸
被告ら訴訟代理人弁護士　中島茂
同　栗原正一
同　原正雄
同　寺田寛

主文

1　被告株式会社ニコンは、原告に対し、１１０万円及びこれに対する平成24年9月5日から支払済みまで年5分の割合による金員を支払え。
2　原告の被告株式会社ニコンに対するその余の請求並びに被告木村眞琴及び被告岡本恭幸に対する請求をいずれも棄却する。
3　訴訟費用は、原告に生じた費用と被告株式会社ニコンに生じた費用の各10分の1を同被告の負担とし、その余を原告の負担とする。
4　この判決は、1項に限り、仮に執行することができる。

事実及び理由

第1　請求

1　被告らは、原告に対し、連帯して１３９８万１７４０円及びこれに対する平成24年9月5日から支払済みまで年5分の割合による金員を支払え。
2　被告株式会社ニコンは、原告に対し、同被告のホームページに別紙謝罪広告目録1記載の謝罪広告を同目録2記載の条件で掲載せよ。

第2　事案の概要

本件は、写真家である原告が、①（ア）写真展示場「ニコンサロン」を運営する被告株式会社ニコン（以下「被告会社」という。）が、原告との間で、東京及び大阪の写真展示場で原告の写真展を開催することを内容とする契約を締結した後に、その開催中止を一方的に決定し、東京展については、裁判所による仮処分の発令後に写真展の開催自体には応じたものの、その開催に当たり必要な協力をせず、大阪展については写真展の開催に応じなかったことにつき、債務不履行又は不法行為に基づく損害賠償責任を負う、（イ）被告会社の代表取締役である被告木村眞琴（以下「被告木村」という。）及び担当取締役である被告岡本恭幸（以下「被告岡本」という。）が、被告会社の上記のような対応の方針決定に関与したことにつき、会社法429条1項に基づく損害賠償責任を負うと主張して、被告らに対し、損害賠償金1398万1740円（慰謝料、仮処分関係費用、逸失利益、弁護士費用等）及びこれに対する平成24年9月5日（大阪展開催中止の最終通告日の翌日）から支払済みまで民法所定の年5分の割合による遅延損害金を連帯して支払うことを求めるとともに、②民法723条に基づき、被告会社に対し、謝罪広告の掲載を求める事案である。

1　前提事実（争いがないか、後掲証拠及び弁論の全趣旨により認められる。）

（1）　原告は、日本を拠点として活動している韓国生まれの写真家である。

被告会社は、カメラの製造販売等を業とする会社であり、東京（銀座、新宿）及び大阪の3箇所に写真展示場「ニコンサロン」を開設し、写真家に写真展の開催のために無償で使用させるなどの活動を行っている。平成24年5月ないし9月当時、被告会社の業務分掌上、ニコンサロンの運営は、映像カンパニーのフォトカルチャー支援室ニコンサロン事務局（以下、単に「ニコンサロン事務局」という。）が担当していた。

被告木村は、平成24年5月ないし9月当時、被告会社の代表取締役であった。

被告岡本は、平成24年5月ないし9月当時、被告会社の取締役兼常務執行役員であり、被告会社の映像カンパニーを統括するカンパニープレジデントの職にあった（乙194、195、197）。

（2）　被告会社がニコンサロンを写真展の会場として無償で使用させる目的は、質の良い写真作品の公開を通じて、写真文化の普及・向上を図り、カメラ及び関連機材の販売促進につなげることにあり、各ニコンサロンは被告会社が扱うカメラ等の製品を展示するショールームに併設されている。このうち、新宿ニコンサロンは、JR新宿駅近くの高層建物である新宿エルタワーの28階のうち被告会社が賃借する部分にショールームを中心として構成された「ニコンプラザ新宿」の中にある。

被告会社は、一般からニコンサロンでの写真展開催の申込みを募り、ニコンサロン選考委員会(映像カンパニーのカンパニープレジデントが委員長を務めるほかは、社外の写真家等5名で構成される。)において選考の上、その開催の諾否を決定している。ニコンサロンでの写真展の開催は、延べ数千回に及び、日本の代表的写真家の登竜門的役割を果たしてきたと評価されている(甲1~3、乙1、１４４、１４６)。

(３) 被告会社は、ニコンサロンで写真展を開催するに当たっては、次のとおりのニコンサロン使用規定(以下「本件使用規定」という。)を了承することを求めている。ニコンサロンでの写真展の開催に当たり、被告会社は、展示場を無償で使用させるほか、案内ハガキの制作費の一部及び発送費(個人分を除く。)、会場内の挨拶文、略歴、キャプション等の展示物制作費、プレスリリースの発行、展示作業費等を負担するが、展示作品のプリント、パネル、運搬等の経費や、案内ハガキの制作費の一部等は、写真家の自己負担とされている(甲３、８、乙１、１４６)。

「１. 会場使用料は無料です。
２. 使用取り止めおよび変更は、使用日より3カ月前までにお申し出ください。万一3カ月以内に使用取り止めのお申し出があった場合は、ニコンサロン運営上の損害金を補償していただく場合があります。
３. ４.(略)
５. ニコンサロン使用権の第三者への譲渡および転貸はできません。
６. 一般入場者より入場料を徴収することは、お断りいたします。また、会場内において写真集などの物品を販売する場合は、事前に承諾を得てください。
７. 使用に際し、ニコンサロンの間仕切り、造作などは変更できません。また、ニコンサロンに写真以外のものを搬入・展示する場合は事前に承諾を得てください。
８.(略)
９. ニコンサロン事務局が、申し込み書記載内容に反する展示であると判断した場合は、展示後といえども全展示物を撤去し、使用を中止していただきます。
10. 展示作品に関しての協力会社名、商品名およびデータ等の会場内での表示は、原則としてお断りいたします。
11~13.(略)」

(４) 原告は、平成23年12月28日付けで、「ニコンサロン使用規定を了承し、下記の通り申し込みます。」とあらかじめ記載された所定のニコンサロン使用申込書に次のとおり記入して、応募作品と共に、ニコンサロン事務局宛てに提出した(甲４。以下、この行為を「本件使用申込み」という。)。
写真展名:重重(Ｌａｙｅｒ ｂｙ ｌａｙｅｒ)
写真展内容:中国に残された朝鮮人「日本軍慰安婦」の女性たち
応募作品:枚数・40枚 サイズ・Ａ３ 種類・モノクロ

(５) 被告会社は、平成24年1月24日付けで、原告に対し、「ニコンサロン選考委員会　委員長岡本恭幸」の名で「ニコンサロン使用承諾の件」と題する書面を送付し、同月23日のニコンサロン選考委員会において審議の結果、本件使用申込みについて、「下記の通り承諾と決定いたしました」と通知した(甲7．以下、この行為を「本件使用承諾」といい、下記の写真展を「東京展」という。)。

記

使用会場：新宿ニコンサロン
開催日時：平成24年6月26日～同年7月9日（2週間）
午前10時30分～午後6時30分
(会期中無休／最終日は午後3時まで)
作品展示日：6月25日午後3時～
作品搬出日：7月9日午後3時～

(6)　原告は、ニコンサロン事務局からの指示に従い、平成24年4月上旬頃に、東京展の会場掲示用のキャプション原稿（甲9)、パブリシティ用原稿（甲10）及び作者略歴原稿（甲11）と案内ハガキ原稿を提出した。これらの原稿では、写真展名が「重重-中国に残された朝鮮人元日本軍「慰安婦」の女性たち」に変更されていた。

被告会社は、平成24年5月9日頃に、東京展（変更後の写真展名による。以下同じ。）のスケジュールが掲載された「銀座・新宿ニコンサロン2012年6月度スケジュールのお知らせ」と題する書面(甲16、乙163。以下「リリース書面」という。)をマスコミ関係者に送付してプレスリリースを行い、同月11日頃、被告会社のホームページにも東京展のスケジュールを掲載した。また、被告会社は、平成24年5月上旬頃、東京展の案内ハガキの校正を終えて、同月中旬頃、原告の費用負担による増刷分を含む合計2500枚の案内ハガキ（甲17）を原告に届けた（甲7、8、15、乙74、146)。

(7)　被告会社は、平成24年5月15日付けで、原告に対し、「ニコンサロン選考委員会　委員長岡本恭幸」の名で「アンコール写真展開催の件」と題する書面を送付し、同月14日のニコンサロン選考委員会において審議の結果、「重重-中国に残された朝鮮人元日本軍「慰安婦」の女性たち」のアンコール展を「下記の通り開催していただくよう決定いたしました。ご了承いただきますようお願い申し上げます。」と通知した(甲14。以下、この行為を「本件アンコール展開催通知」といい、下記の写真展を「大阪展」という。また、東京展と大阪展を併せて「本件写真展」という。)。

記

使用会場：大阪ニコンサロン
開催日時：平成24年9月13日～同月19日（1週間）
期間中毎日午前10時30分～午後6時30分
(会期中無休／最終日は午後3時まで)
作品展示日：9月12日午後3時～
作品搬出日：9月19日午後3時～

(8)　平成24年5月19日の朝日新聞朝刊（名古屋版）に、「名古屋市在住の韓国人写真家安世鴻さん（41）が、中国に戦後置き去りにされた朝鮮人の元従軍慰安婦を撮り続けている。この春、写真展などを企画する実行委員会を結成し、19日には名古屋市で講演会がある。」、「元慰安婦が重ねた苦悩に、問題の解決を願う思いを重ね、プロジェクト名は「重重」とした。」、「6月26日～7月9日には、東京の新宿ニコンサロンで写真展を開く。」などと紹介する記事（甲２４。以下「本件記事」という。）が掲載されたところ、同月21日頃から、ニコンサロンで本件写真展が開催されることに関し、被告会社への電話や電子メールで批判的な意見が寄せられたり、インターネット上の電子掲示板に批判的な書き込みがされたりした。

（9）被告会社は、平成24年5月22日午後、社内で検討した結果、本件写真展の開催を中止することを決定し（以下「本件中止決定」という。）、同日午後7時頃、ニコンサロン事務局長であるO（以下「O」という。）から原告の妻である李史織（以下「李」という。）を介して原告に対し、本件写真展の開催を「諸般の事情」により中止することとした旨を電話で伝えるとともに、同日、被告会社のホームページのニコンサロン写真展スケジュール中に掲載されていた東京展の開催予定を削除し、これに代えて「6／26（火）～7／9（月）安世鴻写真展は諸般の事情により中止することとなりました。関係各位の方々にご迷惑をおかけしたことを心からお詫び申し上げます。」と掲載した（甲１９、２３）。

（10）原告は、平成24年6月4日、東京地方裁判所に対し、原告を債権者、被告会社を債務者として、新宿ニコンサロンを東京展のために仮に使用させることを求める仮処分命令の申立て（以下「本件仮処分命令申立て」という。）をし、同裁判所は、同月22日、その申立てを認容する決定（以下「本件仮処分命令」という。）をした。被告会社は、これを不服として保全異議の申立てをしたが、同裁判所は、同月29日、本件仮処分命令を認可する決定をした。被告会社は、これを不服として保全抗告をしたが、東京高等裁判所は、同年7月5日、その抗告を棄却する決定をした（甲２８～３０）。

被告会社は、上記のとおり本件仮処分命令に対し不服申立てをする一方、本件仮処分命令に従い、原告に新宿ニコンサロンを東京展の会場として使用させた。東京展は、予定どおり平成24年6月26日から同年7月9日まで新宿ニコンサロンにおいて開催され、7千人前後（原告集計によれば７９００人、被告会社集計によれば約６５００人）が来場した。

（11）原告は、東京展が終了した後、被告会社に対し、大阪展の予定どおりの開催への協力を求めたが、被告会社は、これに応じず、最終的には平成24年9月5日に原告に送付した書面により、これに応じられない旨を伝えた。

原告は、平成24年10月11日から同月１６日まで、大阪市内のギャラリーを借りて、写真展（以下「代替展」という。）を開催した（甲３１、３２、乙３５）。

２　争点

（1）被告会社が債務不履行責任又は不法行為責任を負うか

ア　被告会社と原告との間で契約が成立したか
イ　被告会社が契約上の義務を履行したか
ウ　被告会社が契約上の義務の履行を免れる理由（解除、錯誤、履行不能）があるか
エ　本件中止決定等の違法性
（2）　被告木村及び被告岡本が会社法４２９条1項に基づく責任を負うか
（3）　原告が被った損害の有無及び額
（4）　謝罪広告請求の当否
（5）　被告会社による相殺の抗弁の当否

第3　争点に関する当事者の主張

1　被告会社が債務不履行責任又は不法行為責任を負うか

（原告の主張）

（1）　被告会社と原告との間で契約が成立したか

ア　原告が平成23年12月28日付けで本件使用申込みをし、被告会社が平成24年1月24日付けで本件使用承諾をしたことにより、原告と被告会社との間で、新宿ニコンサロンにおいて原告の写真展を開催することを内容とする契約（以下「東京展開催契約」という。）が成立した。

イ　また、原告が本件使用申込みをし、被告会社が平成24年5月15日付けで本件アンコール展開催通知をしたことにより、原告と被告会社との間で、大阪ニコンサロンにおいて原告の写真展を開催することを内容とする契約（以下「大阪展開催契約」といい、東京展開催契約と併せて「本件契約」という。）が成立した。なお、原告は、被告会社からの本件アンコール展開催通知に対しても、同月22日に、李が代理してニコンサロン事務局の担当者に対し「大阪のリコール展、よろしくお願いします。」との電子メールを送信し、返答している。

（2）　被告会社が契約上の義務を履行したか

ア　本件契約に基づく債務の内容には、単に原告が写真を提供し、被告会社が会場を提供すること（以下「会場貸与義務」という。）のみならず、これに付随する信義則上の義務として、芸術的価値の高い写真展の実現のために相互に必要な協力を行うこと（以下「協力実施義務」という。）が含まれており、被告会社は、写真展の広報や会場内の環境維持を含め、通常の写真展において質の高い写真展を実現するために通常認められている行為について、原告からの要請があればこれに応ずるべき義務を負っていた。

イ　ところが、被告会社は、合理的な理由なく一方的に本件中止決定をし、原告が抗議しても、本件写真展を開催する意思のないことを言明し続け、原告が東京展の開催のために本件仮処分命令申立てをすることを余儀なくした。

その上、被告会社は、本件仮処分命令が発せられた後も、仮処分で命じられた限度で施設使用を認めるのみで、それ以上の協力は行わないとの姿勢を貫き、東京展の開催期間中、過剰な警備体制を敷いて写真を鑑賞するための良好な環境を破壊し、原告の写真が掲載されたパンフレット等の頒布・販売を禁止し、

原告が会場内で報道関係者からの取材を受けることを禁止し、ホームページ上や会場外の掲示による広報活動を実施しないなど、本件写真展の開催への協力を拒絶し続けた。

このような被告会社の一連の対応は、東京展開催契約に基づく協力実施義務の不履行に当たる。

ウ　また、被告会社は、大阪展については、会場貸与自体を拒否し続け、大阪展開催契約に基づく義務を一切履行しなかった。

（3）被告会社が契約上の義務の履行を免れる理由（解除、錯誤、履行不能）があるか

被告会社が本件契約上の義務の履行を免れる理由はない。

本件中止決定がされた時点で、写真展の中止を必要とするような具体的危険を予見させる事情は何ら存在せず、実際にも、本件写真展は一部の特異な妨害者による妨害行動があったものの無事に開催されている。

また、原告は、当初から、写真展名欄に「重重（Ｌａｙｅｒ ｂｙ ｌａｙｅｒ）」、写真展内容欄に「中国に残された朝鮮人「日本軍慰安婦」の女性たち」と明記して本件使用申込みをし、被告会社はこれを認識した上で本件使用承諾及び本件アンコール展開催通知をしている。

「重重プロジェクト」は、本件写真展を成功させ、一人でも多くの人に原告の写真を見てもらうための活動であって、原告が本件写真展を他の活動の手段として利用しようとした事実はない。

（4）本件中止決定等の違法性

被告会社は、いったんは写真としての価値を認めて開催を決定した本件写真展について、わずかな抗議活動を契機としてこれに過剰に反応した上、これに起因して原告の政治活動の一環と根拠なく決めつけ、忌避、嫌悪して、本件中止決定をし、本件仮処分命令により被告会社のそのような判断が否定された後も自らの過ちを認めず、東京展については、会場使用を認めたのみで、開催に協力せず、大阪展については開催を拒絶し続けた。このような被告会社の行為は、原告の写真家としての社会的評価を低下させ、原告の人格権を侵害するとともに、表現の伝達と交流の場を理由なく奪い、差別的取扱いをして、憲法的価値を侵害するものであり、また、文化施設の運営における行為規範にも反するものであって、重大な違法性を有する。

なお、被告会社は、本件中止決定をした理由は安全確保の必要性にあったなどと主張するが、本件中止決定がされた時点において本件写真展を開催した場合に危険が生ずる客観的根拠は皆無であったし、被告会社自身も仮処分段階ではそのような主張を一切していなかったことに照らし、被告会社がそのような理由で本件中止決定をしたものではないことは明らかであって、本件中止決定には何ら合理的な根拠がない。

以上によれば、被告会社による本件中止決定及びその後の一連の対応は、本件契約の債務不履行に当たるとともに、原告に対する不法行為に当たる。

（被告らの主張）

（1）被告会社と原告との間で契約が成立したか

ア　被告会社は、一定期間内に応募された作品の中から優等者を選定し、優等者に対し、主たる報酬として、新宿又は銀座の展示スペースを無償で提供し、従たる報酬として、①案内ハガキ制作費の一部負担、②額の貸出し、③会場内の挨拶文、略歴、キャプション等の展示物製作費の負担、④案内状の発送費（個人分を除く。）の負担、⑤プレスリリースの発行、⑥展示作業費の負担を提供する旨の優等懸賞広告をし、これに応募した原告に対し、選定の結果、報酬として、新宿ニコンサロンにおける展示スペースの提供と上記①ないし⑥の提供を決定したものであって、被告会社と原告との間で契約は成立していない。

イ　アンコール展の開催は、優等懸賞広告の報酬に含まれていない。

被告会社は、原告に対し、優等懸賞広告とは別に、大阪で写真展を開催する意思があるか意向打診をしたが、これに対し、原告側から、費用負担につき問合せがあったのみで回答はない段階で、被告会社が本件中止決定を伝えて意向打診を撤回しているから、大阪展については何らの合意も成立していない。

（2）　被告会社が契約上の義務を履行したか

ア　契約の成立が認められるとしても、それは新宿ニコンサロンの展示スペースを無償提供することを主たる債務とするもので、従たる債務の内容は上記（1）ア①ないし⑥の負担にとどまり、原告主張の協力実施義務は契約上の債務の内容に含まれない。

イ　被告会社は、本件仮処分命令に従い、予定どおりの期間に新宿ニコンサロンの展示スペースを原告に無償で提供した上、上記（1）ア①ないし⑥の負担をしたから、上記契約上の義務を履行した。

会場の警備、パンフレット等の頒布・販売の許可、会場内での取材の許可、会場外の案内掲示等は、いずれも被告会社が有する会場の管理権限の行使に関わり、被告会社の裁量に属する事項であって、被告会社が原告に対しこれらを行うべき義務はない。

（3）　被告会社が契約上の義務の履行を免れる理由（解除、錯誤、履行不能）があるか

ア　解除

（ア）　申込条件違反

被告会社は、「写真文化の向上を目的とする写真展であること」をニコンサロンでの写真展開催を許諾する条件としているところ、これに合致するためには、①写真作品として優れていること、②安全、平穏な鑑賞環境が保全されることの2条件をいずれも満たすことを要する。

ところが、原告の応募は、本件写真展を「重重プロジェクト」という一定の目的を持って行われる募金活動、物品販売、支援者募集、写真展等から成る一連の有機的な活動の一環として組み込み、その活動の目的達成の手段とすることを企図したものであり、本件写真展を開催すれば、これに抗議する者らの行動により原告、原告関係者、来場者、被告会社従業員らが危険にさらされたり、賛否両派の意見表明活動が行われて会場が騒然

となることが予測されたから、上記②の条件に反する。
（イ）　安全性に関する告知義務違反
ニコンサロン写真展への応募者は、信義則に基づく真実義務として、被告会社が会場管理権限者として出展掲示の諾否を判断するために重要な事実を、所定のニコンサロン使用申込書の写真展内容欄に自主的に記載して告知すべき義務を負う。

原告の応募は、「重重プロジェクト」活動の一環として企図されたものであり、そうである以上、重大な危険混乱が予測されたから、原告はそのことを被告会社に対し告知する義務を負っていたにもかかわらず、原告は、本件使用申込みに当たり、写真展内容欄に「中国に残された朝鮮人「日本軍慰安婦」の女性たち」と記載したのみで、本件写真展が「重重プロジェクト」の一環であることを何も記載せず、上記の義務を履行しなかった。
（ウ）　本件使用規定違反
原告は、①本件使用申込みに当たり、使用者氏名欄に記載された原告に加えて、「重重プロジェクト」の活動主体である「重重-安世鴻「慰安婦」写真展実行委員会」にも出展掲示活動を行わせようとしていた点、本件写真展が「重重プロジェクト」活動の一環であることを写真展内容欄に記載していなかった点で、本件使用規定9条に違反し、②東京展開催に必要な資金を募るとして、募金活動を行った点で、入場料の徴収を禁止する本件使用規定6条に実質的に違反し、③本件写真展の開催を「重重プロジェクト」のホームページで告知して、その活動の宣伝、広報、募金活動に利用した点で、協力会社名等の会場内での表示を禁止する本件使用規定10条に実質的に違反した。
（エ）　被告会社は、上記の各違反を理由として、平成24年5月22日、本件契約を解除した。
イ　錯誤
被告会社は、本件使用承諾及び本件アンコール展開催通知をした際、原告が他の何らかの活動の一環として出展掲示を行う意図を有していると認識していなかった。本件写真展が「重重プロジェクト」活動の一環として行われるのであれば、安全性、中立性に重大な問題が生じ、ニコンサロン写真展の趣旨に合致しないことになるから、被告会社は、原告の上記意図を認識していれば、本件使用許諾及び本件アンコール展開催通知をすることはなく、そのことはニコンサロンの使用申込みについての被告会社の説明に明示されていた。

したがって、被告会社の原告に対する本件契約締結の意思表示は、錯誤により無効である。
ウ　履行不能
原告主張の会場貸与義務は、①平成24年5月19日に本件写真展に関する新聞報道がされた後、被告会社に多数の抗議が寄せられ、本件写真展を開催すれば原告、原告関係者、来場者、被告会社従業員ら（以下、併せて「原告その他の関係者」という。）の生命身体に危険が及ぶ可能性が生じ、安全性の確保が困難となったこと、②そのような状況の下で本件写真展を開催すると、原告は無償で作品を出展掲示できる一方、被告会社は多額の警備費用の支出を要する上、不買運動が行われて業績に多大な損失が生ずることが予測され、履行に要する費用が過大であること、③本件写真展が原告の「重重プロジェクト」活動の手段として利用される状況が明らかとなったことにより、社会通念上履行不能となって消滅した。これに伴い、付随的義務である協力実施義務も消滅した。

(4) 本件中止決定等の違法性

被告会社が本件中止決定をした実質的理由は、①平成24年5月22日の時点で、自分達の主張に反対する者に対しては罵声を浴びせかけて直接に暴力を振るう団体による抗議活動が伝えられており、本件写真展を開催すれば、このような抗議活動を行う者が会場に押しかけ、暴行、傷害等の事件を起こす客観的な危険性が存在していたことから、原告その他の関係者の安全性の確保を最優先に考えたこと、②原告が「重重プロジェクト」のパンフレットに自らの主張を記載した上で「新宿ニコンサロンでの写真展開催に必要」としてカンパを募ったことにより、世の中で意見が分かれている事柄について、被告会社が一方の意見を推進するための活動を支援していると社会的に受け止められる可能性が生じており、中立性を確保する必要があったこと、③被告会社の事業とは全く関連性のない原告の活動の手段として本件写真展が利用されることを回避する必要があったことにあり、本件中止決定には正当な理由があるから、被告会社による本件中止決定及びその後の一連の対応に違法性はない。

2 被告木村及び被告岡本が会社法429条1項に基づく責任を負うか

(原告の主張)

(1) 被告岡本は、被告会社の取締役の中でも、ニコンサロンの運営を担当する映像カンパニーの全体を見渡すべきカンパニープレジデントの立場にあり、本件写真展の開催、運営に関する権限を有し、自ら主導して本件中止決定をした者であるが、被告会社に対する最初の抗議メール及び抗議電話があった後、正確な情報の収集と分析をせず、具体的危険性を冷静に見極めようとしないまま、インターネット上で閲覧した内容を過大に評価して、わずか1日で拙速に本件写真展の中止を決定した上、本件仮処分命令において本件中止決定には理由がないとの司法判断が下された後もこれを維持し、東京展の開催により安全性の危惧がないことが実証された後も方針を変えなかったものであり、担当取締役としての職務を行うについて悪意又は重大な過失があったというべきである。

(2) 被告木村は、被告会社の代表取締役であり、被告会社の業務執行における最高責任者として本件中止決定を承認した者であるが、被告岡本が正確な情報の収集と分析をせずに拙速な判断をしており、再検討を命ずるべきことは明らかであったのに、漫然と本件中止決定を承認し、その後も報告を受けながら方針を変えなかったものであり、代表取締役としての職務を行うについて悪意又は重大な過失があったというべきである。

(被告木村及び被告岡本の主張)

被告木村及び被告岡本は、安全性の確保、中立性の確保、手段性の回避という正当な理由に基づいて、適正に本件中止決定をしたものであって、その経営判断は取締役としての善管注意義務に合致しているから、会社法４２９条１項に基づく責任を負わない。

３　原告が被った損害の有無及び額

（原告の主張）

原告は、被告会社の債務不履行又は不法行為により、次のとおり、合計１３９８万１７４０円の損害を被った。

（１）パンフレット等の販売禁止による損害　８５万９５８０円

原告は、東京展の開催初日から１０日間、被告会社が会場でのパンフレット、写真集等の販売を禁止したために、その売上げを得られなかった。販売を一部認められた４日間の販売実績に照らすと、上記の販売禁止期間中に得られたはずの売上げは８３万８３００円を下らない。

また、原告は、上記の販売禁止期間中、来場客からパンフレット等の予約を受け付けて後日発送することで対応し、その送料として２万１２８０円の支出を要した。

（２）大阪での代替展の開催費用　３９万１８５０円

原告は、一方的に本件中止決定がされたことにより、大阪市内の別の会場で代替展を開催することを余儀なくされ、ギャラリー使用料１２万６０００円、チラシ制作・印刷費３万６７５０円の支出を要したほか、代替展が開催された時期には本来の展示用写真パネルを東京の海外特派員記者クラブで使用することが先に決まっていたため、新たに写真パネル一式を制作せざるを得なくなり、写真パネル制作費２２万９１００円の支出を要した。

（３）逸失利益　３３万円

原告は、本件中止決定がされてから本件仮処分命令を得て東京展開催に至るまでの間、仮処分に関する手続への対応等に忙殺されたことにより、同期間に予定されていた次のとおりの業務をキャンセルせざるを得ず、これらの業務により得られたはずの収入３３万円を得られなかった。

ア　平成24年6月初旬の写真修正の仕事　５万円

イ　平成24年6月中旬の食品撮影の仕事　６万円

ウ　平成24年6月中旬の商品撮影の仕事　１０万円

エ　平成24年6月30日のブライダル撮影の仕事　１２万円

（４）仮処分関係費用　１１３万０３１０円

原告は、東京展の開催のために本件仮処分命令申立てをすることを余儀なくされた上、被告会社による保全異議及び保全抗告に対応することを要したことにより、印紙代２０００円、郵券代１４５０円、打合せのための名古屋・東京間往復交通費９万１７６０円、宿泊費1万５１００円、電話料金２万円、弁護士費用１００万円の支出を要した。

（５）慰謝料・無形損害　１０００万円

原告は、被告会社による本件中止決定及びその後の一連の対応により、本件仮処分命令申立てをして写真展を開催するという異例の対応をとらざるを得なくなり、名古屋・東京間の往復を余儀なくされるとともに、予定どおり写真展が開催されないかもしれないという焦燥感に苛まれた上、写真家としての社会的評価を低下させられ、人格権を侵害された。

被告会社による一連の対応が憲法的価値を侵害する重大な違法性を有するものであることや、裁判手続においても被告らが本件中止決定の理由についての主張を大きく変遷させるなど不当な対応を続けてきたことを考慮すると、原告が被った精神的苦痛及び無形の損害の金銭的評価として相当な額は、1000万円を下らない。

(6) 本件訴訟の弁護士費用　127万円

原告は、被告会社による本件中止決定及びその後の一連の対応により、弁護士に依頼して本件訴訟を提起することを余儀なくされた。その弁護士費用として相当な額は、127万円を下らない。

（被告らの主張）

争う。

4 謝罪広告請求の当否

（原告の主張）

写真界で極めて大きな影響力を有する巨大企業である被告会社から、「諸般の事情」としか理由を説明されずに、写真展の開催を直前に一方的に中止されたことによって、原告の写真家としての社会的評価は著しく低下させられており、原告の社会的評価を回復させるためには、事後的賠償のみでは足りず、謝罪広告が必要不可欠である。

（被告会社の主張）

争う。

5 被告会社による相殺の抗弁の当否

（被告会社の主張）

被告会社は、東京展の安全確保のために、ニコンサロン写真展において通常は実施していない警備員による警備を実施し、警備費用410万6025円を支出した。これは、被告会社が、展示スペースの提供義務を履行するために生じた費用であるから、弁済の費用（民法485条）に当たる。そして、その支出が必要となったのは、原告のコメントを掲載した新聞報道がされたことを契機として、本件写真展への批判が突如として巻き起こり、抗議が殺到したことによるから、原告がその行為によって弁済の費用を増加させた場合に当たり、上記警備費用は原告が負担すべきである。

被告会社は、平成27年4月10日の本件口頭弁論期日において、原告に対し、上記警備費用の求償債権をもって、原告の本訴請求債権とその対当額において相殺するとの意思表示をした。

（原告の主張）

(1) 被告会社による相殺の抗弁は、故意又は重過失により時機に後れて提出された防御方法であって、それにより訴訟の完結を遅延させるものであるから、却下されるべきである。

（２）　被告会社が支出した警備費用は、写真展の開催のために通常付随するものではなく、弁済の費用には当たらないし、原告の意向とは関わりなしに被告会社の一方的な判断により支出されたものであって、原告が当該費用を増加させた事実もないから、被告会社は原告に対しその支払を請求する権利を有しない。

第４　争点に対する判断

１　前提事実に加えて、証拠（甲５０、５１、乙１４６、１４７、１６１、証人李、証人Ｍ、証人Ｎ、原告本人、被告岡本本人のほか、後掲のもの。ただし、各枝番を含む。）及び弁論の全趣旨によれば、次のとおりの事実が認められる。

（１）　原告は、伝統舞踊、障害者、日本軍元従軍慰安婦、巫女等をテーマにドキュメンタリー写真を撮り続けてきた韓国人写真家であり、銀座ニコンサロンで光州事件をテーマにした韓国人写真家の写真展が開催されているのを見て感銘を受けたことを契機として、平成23年12月に本件使用申込みをしたところ、平成24年1月に被告会社から本件使用承諾を受け、その後は、ニコンサロン事務局の担当者との間で、会場掲示物、案内ハガキ等の原稿のやり取りをするなど、開催に向けた準備を平穏に進めていた。

その過程で、原告は、当初提出した使用申込書（甲４）では「重重（Ｌａｙｅｒ　ｂｙ　ｌａｙｅｒ）」としていた写真展名を、平成24年4月に提出した会場掲示用のキャプション原稿等（甲９～１１）では「重重-中国に残された朝鮮人元日本軍「慰安婦」の女性たち」と変更したが、ニコンサロン事務局の担当者は、使用申込書の写真展内容欄に書かれていたことを写真展名にしたのだと受け止めて、特に問題とせず、同年5月9日頃に発送したリリース書面（乙１６３）や、同月11日頃にホームページに掲載したニコンサロン写真展スケジュールには、上記変更後の写真展名を記載した。被告岡本も、リリース書面に目を通し、原告の写真に付された上記変更後の写真展名も見たが、これを特に問題視していなかった。

（２）　原告は、本件使用承諾を受けた後、東京展の開催に向け、展示作品のプリント、パネル制作等を進める中で、その制作費等の写真展開催に必要な資金や、搬入、会場運営等の支援スタッフを募る必要を感じ、平成24年3月ないし4月頃から、原告を代表とする「重重プロジェクト」の名で写真展開催のための資金サポート及び支援スタッフを募集することとし、「重重プロジェクト」のホームページや原告が独自に作成した東京展の案内ハガキに「現在6月26日の新宿ニコンサロンでの写真展開催に必要な1，２８３，０００円を募っています!!」と記載して、「安世鴻日本軍「慰安婦」写真展実行委員会」名義口座への送金を呼びかけた（甲６、１８、乙２の２）。

（３）　平成24年5月14日に開催されたニコンサロン選考委員会で、ニコンサロン事務局の担当者が同年9月ないし10月の大阪ニコンサロンの写真展スケジュールに空きがある旨説明したところ、選考委員らが原告の出展を相当とする意見を述べたので、被告会社は、同月15日、原告に対し、本件アンコール展開催通知（甲14）をした。

原告は、それまで、大阪での写真展開催は念頭に置いてなかったが、この通知を受けて是非やりたいと考え、平成24年5月22日午前9時39分頃に、妻である李を通じて、ニコンサロン事務局の担当者に対し電子メールを送信し、「大阪のリコール展（注：アンコール展の誤記）、よろしくお願いします。」と返答した（甲8）。

（4） 平成24年5月19日（土）に本件記事が新聞に掲載されたところ、同月21日（月）午後以降、被告会社及び株式会社ニコンイメージングジャパン（ニコンプラザの運営に当たる子会社。以下、併せて「被告会社等」という。）に対し、ニコンサロンで本件写真展が開催されることに関し、多数の電話、電子メール等が寄せられたほか、インターネット上で電子掲示板「2ちゃんねる」等に多数の書き込みがされた。同日の電話や電子メールには、このような写真展をなぜ被告会社が支援するのかと抗議するもの、不買運動を予告するもの、開催の中止を求めるものなどがあった。また、同日の上記電子掲示板への書き込みには、不買運動を呼びかけるもの、抗議を呼びかけるもの、原告がニコンサロンでの写真展開催に必要として募金を呼びかけていることを疑問視するもののほか、「意図的に日本企業にやらせてるなもう暗殺で対抗するしかないんじゃないかこんなんwスパイ同士の戦いなんだろw」、「開催すればそこに撮影者来るだろうし直接文句いいにいけばいいいんじゃね？」などというものがあった（乙22～28、46～49、75～80、87～90、122、123、130、133～136）。

（5） ニコンサロン事務局が置かれたフォトカルチャー支援室の室長代理であったM（以下「M」という。）は、平成24年5月21日午後3時51分頃、被告会社の広報担当者からの報告で、同日午後に被告会社に寄せられた電子メール（このような写真展をなぜ被告会社が支援するのかと抗議するもの）の存在を知り、同日午後4時51分頃、被告岡本に対し、当該電子メールの内容を添付して状況報告をし、「写真展の主義主張についてニコンが賛同しているわけではなく、あくまでも写真表現の質を審査して会場を提供している。」と広報担当者を通じて回答する方向で検討しているが、今後エスカレーションする可能性を感じている旨伝えた。これに対し、社外に出ていた被告岡本は、同日午後7時35分頃、「本件トップを含めて情報の共有が必要です。広報とも再度相談方お願い致します。」と返信した（乙25、26）。

（6） 翌日の平成24年5月22日に出社した被告岡本は、同日午前9時頃から午前10時頃まで、映像カンパニーのマーケティング本部長等から、社内の複数部署に外部から寄せられた電話及び電子メールや、インターネット上の電子掲示板への書き込みの内容の報告を受け、自らもパソコンの画面で電子メールや書き込みの内容を閲読して、「これは大ごとになる。」と感じ、本件写真展の開催は厳しいかもしれないと考え、映像カンパニーとしての対応を決めるため、同日午後1時から会議を行うことを決め、関係者に参集するよう指示するとともに、被告会社の経営トップ3人（会長、社長、副社長）に報告して情報共有をするため、午後2時からのアポイントをとった。

その後、被告岡本は、自ら更にパソコンで記事の検索等をし、「在日特権を許さない市民の会」の構成員がロート製薬株式会社（以下「訴外会社」という。）に対し反日的な韓国人女優をCMに起用したことが問題であるとして本社に押しかけて抗議行動をしたことにつき強要罪の疑いで逮捕された旨の報道記事（乙158）及び同団体が平成24年5月12日に訴外会社の本社前で行った抗議行動の動画（乙159はその静止画）を見て、実際に旗を振ったり、怒号を上げたりして抗議が行われている様子に衝撃を受けた。

被告岡本は、同日午後1時からの会議で、自ら検索した上記の動画を示したりしながら参集者と協議した。同会議では、大阪展についても既に本件アンコール展開催通知をしていることの報告や、この段階で写真展開催を中止するのは原告に失礼ではないかなどという意見もあり、また、本件使用規定には解約の根拠となる規定はないことが席上で確認されたものの、被告岡本は、「暗殺」等に言及する電子掲示板への書き込みの内容や、上記の動画にみられた訴外会社に対する抗議行動の例を重視し、映像カンパニーの責任者として本件写真展の開催中止を決断した。被告岡本は、同日午後2時から、社長である被告木村並びに被告会社の会長及び副社長と面談して、被告木村らに対し、上記のとおり本件写真展の開催中止を決めた旨を報告したところ、被告木村らは、やむを得ないなどと述べて、その方針を了承した。

その後、被告岡本は、弁護士を訪ねて、以後の対応について助言を求め、被告会社は、その助言に従い、同日午後7時頃のOからの電話及び同月24日付けの書面（甲20）で、原告に対し、理由につき「諸般の事情」とのみ説明して本件中止決定を告げた（甲19、乙124）。

(7)　原告が平成24年6月4日に本件仮処分命令申立てをしたところ、被告会社は、原告が本件写真展を自らの政治活動の一環として位置付け、これを政治活動の場にしようとしているから、応募条件に反しており、解約事由があるなどと主張して争ったが、東京地方裁判所は、同月22日、被告会社の主張を排斥して、本件仮処分命令（甲28）をした。

これを受けて、被告会社は、仮処分で命じられた東京展の開催に向け、厳重な会場警備体制を整えることとし、金属探知機の設置、従業員、警備員及び弁護士の常駐等の手配をするとともに、所轄警察署に協力要請を行い、原告側にもこのような警備体制をとることにつき協力を求めて、東京展の開催に臨んだ。併せて、被告会社は、原告に対し、双方の代理人弁護士を通じて、大阪展の開催は断念してもらえないかと告げたが、原告側は、開催希望を維持し、東京展が終わってから考えたいと返答した(乙39、99〜104、106〜114、184〜187)。

(8)　東京展の初日である平成24年6月26日には、「在日特権を許さない市民の会」、「主権回復を目指す会」等による街宣活動が新宿エルタワーの入口付近で行われた後、街宣活動を行っていた団体の構成員らが写真展会場に入ってきて、原告の支援者らとの間で言い合いとなったり、同団体の代表者が原告に面談を求めようとしたりした。翌日以降も、会場周辺での街宣活動や、写真展開催に反対する立場と思われる者の来場があり、会場が一時騒然となることはあったが、同月30日に、原告に謝罪を要求する来場者に対して他の来場者が「出て行け」と体を押したことがあったほかには、同年7月9日までの開催期間中、暴力行為に及ぶ者はなかった。

被告会社は、平成24年7月6日、それまで承諾を与えていなかった写真集の販売について、「会場の混乱が予想されたことから販売をお控えいただいておりましたが、現在、安氏をサポートするスタッフの方々が会場に多く常駐されていますので、販売していただいても支障がないと判断いたしました。」と伝えて、同日以降の販売を承諾した（乙３３、３７～３９、４３、１０７、１４３、１８１～１８３）。

（９）原告は、平成24年7月9日に東京展が終了した後、被告会社に対し、改めて大阪展が予定どおり行われるよう協力を求めたが、被告会社は、同年9月5日、同年5月24日付け書面等で連絡したとおりで応じられないとの回答をした。

原告は、その後に大阪市内で写真展を開催できる会場を探し、平成24年10月11日から同月16日まで、同市内のギャラリーで代替展を開催した（甲３１、３２、乙３５）。

2　争点1（被告会社の責任）について

（1）契約の成否について

ア　前提事実によれば、原告が、平成23年12月28日頃に、本件使用規定を了承して申込みをする旨記載されたニコンサロン使用申込書（甲４）に必要事項を記入して本件使用申込みをしたのに対し、被告会社が、平成24年1月24日頃に、使用会場を新宿ニコンサロン、開催日を同年6月26日から同年7月9日までと指定して、本件使用承諾（甲７）をしたことによって、原告と被告会社との間で、本件使用規定の定めるところに従い、被告会社は、原告に対し、上記の期間中、新宿ニコンサロンを写真展の会場として無償で使用させる債務を負担する一方、原告も、被告会社に対し、使用日から3か月前に取止め又は変更の申出をしない限り、上記の期間中、新宿ニコンサロンで申込内容に沿った写真作品を出展する債務を負担することを内容とする契約（東京展開催契約）が成立したものと認められる。

イ　また、上記使用申込書（甲４）には、応募作品の返却方法として直接引取りを希望する場合に、その引取場所をニコンサロン事務局、銀座、新宿、大阪の各ニコンサロンのいずれとするかを選択する欄が設けられているのみで、使用会場を選択する欄は特に設けられておらず、原告が本件使用申込みに当たり、希望する使用会場を東京（銀座、新宿）のニコンサロンに限定した事実は認められないから、前提事実によれば、原告が、上記のとおり本件使用申込みをしたのに対し、被告会社が、平成24年5月15日頃に、使用会場を大阪ニコンサロン、開催日を同年9月13日から同月19日までと指定して、本件アンコール展開催通知（甲14）をしたことによって、原告と被告会社との間で、本件使用規定の定めるところに従い、被告会社は、原告に対し、上記の期間中、大阪ニコンサロンを写真展の会場として無償で使用させる債務を負担する一方、原告も、被告会社に対し、使用日から3か月前に取止め又は変更の申出をしない限り、上記の期間中、大阪ニコンサロンで申込内容に沿った写真作品を出展する債務を負担することを内容とする契約（大阪展開催契約）が成立したものと認められる。

なお、前記認定のとおり、原告は、平成24年5月15日頃に本件アンコール展開催通知を受けた後、同月22日午前に、妻である李を通じて、ニコンサロン事務局の担当者に対し、「大阪のリコール展(注:アンコール展の誤記)、よろしくお願いします。」などと記載した電子メールを送信して、大阪展開催の意思があることを明示しており、同日午後に被告会社から本件中止決定を伝えられる前に、本件アンコール展開催通知に対し、これを了承する旨の返答をしているから、本件使用申込みに大阪展開催の申込みは含まれないと解したとしても、本件アンコール展開催通知による被告会社の申込みに対し、原告が上記の電子メールを送信して承諾の意思表示をした時点で（被告会社の担当者が閲読可能となった時点で、閲読前であっても、被告会社において了知可能な状態に置かれたと認められる。）、大阪展開催契約が成立したと認められるのであって、結論を異にしない。

(2) 債務の履行の有無について

ア　本件契約は、上記のとおり、原告が使用申込書記載の内容に沿う写真作品を出展し、被告会社がニコンサロンをその写真展の会場として無償で使用させることを主たる債務の内容とするものである。

東京展開催契約については、被告会社は、本件中止決定をして、いったんは上記債務の履行を拒んだものの、本件仮処分命令に従い、予定どおり平成24年6月26日から同年7月9日まで新宿ニコンサロンを東京展の会場として使用させているから、被告会社に上記債務の不履行はない。

一方、大阪展開催契約については、被告会社は、本件中止決定を維持し、大阪ニコンサロンを原告の写真展の会場として使用させることに応じていないから、被告会社は上記債務を履行していないことが明らかである。

イ　原告は、被告会社が、東京展の開催期間中、過剰な警備体制を敷いて写真を鑑賞するための良好な環境を破壊し、原告の写真が掲載されたパンフレット等の頒布・販売を禁止し、原告が会場内で報道関係者からの取材を受けることを禁止し、ホームページ上や会場外の掲示による広報活動を実施しなかったことが、本件契約上の付随的義務に違反すると主張する。

しかし、本件使用規定には、会場内において写真集等の物品を販売する場合や、ニコンサロンに写真以外のものの搬入又は展示をする場合には、事前に被告会社の承諾を得ることを要する旨の定めがあるほか、展示作品に関する協力会社名、商品名等を会場内で表示することを原則として禁ずる旨の定めがある。これらの定めは、ニコンサロンを写真展の会場として無償で提供するに当たり、会場を専ら写真鑑賞の場として使用することを求めるものであると解され、特に不合理であるとはいえない。また、新宿ニコンサロンが設けられた「ニコンプラザ新宿」は、被告会社が高層建物の一区画を所有者から賃借して使用しているものであって、写真展開催に当たり、会場内外の警備体制や案内掲示をどのようにするかは、被告会社において施設管理上の制約や必要性に鑑みて判断すべき事柄であるといえる。そうすると、被告会社が、東京展の開催期間中、本件使用規定において被告会社の別途の承諾を要するものとされているパンフレット等の頒布・販売を禁じたことはもとより、原告からみて過剰と評価される警備体制を敷いたこと、原告が会場内で報道関係者からの取材を受けることを禁止したこと、会場外の掲示による広報活動を実施しなかったことのいずれについても、東京展開催契約上の債務の不履行に当たるということはできない。そのほか、被告会社がそのホームページ上で写真展につきどのような記事を掲載するかについても、東京展開催契約において何らかの制約が課されているものではなく、その掲載内容に関し、被告会社に東京展開催契約上の債務に不履行があるということはできない。

(3)　不法行為責任について

ア　上記のとおり、被告会社は、東京展については、最終的に会場を無償で使用させる債務を履行したものの、東京展の開催が約1か月前に迫った時期になって、原告と何ら協議することなく、一方的に本件中止決定をし、本件仮処分命令が発せられたところ、これに従って東京展の開催には応じたものの、保全異議申立て及び保全抗告をして争った末、被告会社の主張が排斥されて本件仮処分命令が確定した後も、本件中止決定は正当であるとの主張を維持して、大阪展については、結局、会場を使用させる債務を履行しなかったものである。

本件契約は、原告にとって、良質な表現活動の場の無償提供を得られるという利益がある一方、被告会社にとっても、自社のショールームに併設された展示場で継続的に良質な写真作品の展示を行うことにより、企業評価が高まるとともに、カメラ及び関連機材の販売促進につながるという利益が得られることを期して締結されたものであり、原告の側でも、写真展の開催に向けて、写真パネルの制作その他の準備を自己の負担において進めていたことに加え、本件契約は、原告が表現物を提供し、被告会社が表現活動の場を提供することを主たる債務の内容とするものであって、被告会社がその一方的な判断により会場を使用させる義務を履行しないと、原告は表現活動の機会を失わされることになることも考慮すると、上記のとおりの被告会社の一連の対応は、そのような対応をとったことにつき正当な理由があると認められる場合でない限り、契約の当事者として、契約の目的の実現に向けて互いに協力し、その目的に沿った行動をとるべき信義則上の義務に反し、不法行為が成立するというべきである。

イ　被告会社は、原告との間で本件写真展の開催に係る契約が成立しているとしても、契約解除により終了したか、錯誤により無効であるか、又は履行不能であることにより、契約上の義務を履行すべき責任を負わないと主張し、また、被告会社による本件中止決定及びその後の一連の対応には正当な理由があるので違法性はないと主張するが、これらの主張は、いずれも、①本件写真展を開催すれば、原告その他の関係者の生命身体に危害が加えられることや、不買運動により被告会社が多大な損失を被ることが予測される状況であったこと、又は、②本件写真展が「重重プロジェクト」という他の目的を持った活動に組み込まれ、その活動の手段として本件写真展が利用されていたことを実質的理由とするものである。

しかし、前記認定事実によれば、本件記事が新聞で報道された直後に、ニコンサロンでの本件写真展の開催を非難する電話、電子メール、電子掲示板への書き込み等が集中的に出現し、電子掲示板への書き込みの中には「暗殺」等の不穏当な表現も散見された事実が認められるものの、インターネット上で匿名のユーザーによって断片的に書き込まれたこの種の書き込みの存在から、直ちにその言葉どおりの行動が現実に行われる危険性が高まっていたと認めることはできない。被告会社において本件中止決定がされる際には、「在日特権を許さない市民の会」の訴外会社に対する抗議行動の例が重視されているが、この事例についても、同団体の構成員が訴外会社に対し執拗に回答を要求したことにつき強要罪の疑いで逮捕されたとの報道がされているにとどまり、関係者の生命身体に危害が及ぶような状況があったとはうかがわれない。前記認定のとおりの事実経緯に照らすと、本件写真展を開催すれば、開催に反対する立場の者らによって抗議行動が展開され、会場内外で言い合い等のトラブルが発生することは十分に予測されたものの、本件全証拠によっても、本件写真展を開催すれば原告その他の関係者の生命身体に危害が加えられる現実の危険が生じていたとは認められない。不買運動のおそれについても、一連の電話、電子メール、電子掲示板への書き込み等において、これに言及するものがあったというにとどまり、実際に不買運動が高まり被告会社が多大な損失を被る現実の危険が生じていたとは認められない。このような場合、被告会社としては、まずは契約の相手方である原告と誠実に協議した上、互いに協力し、警察当局にも支援を要請するなどして混乱の防止に必要な措置をとり、契約の目的の実現に向けた努力を尽くすべきであり、そのような努力を尽くしてもなお重大な危険を回避することができない場合にのみ、一方的な履行拒絶もやむを得ないとされるのであって、被告会社が原告と何ら協議することなく一方的に本件写真展の開催を拒否したことを正当とすることはできない。

また、前記認定事実によれば、原告が本件写真展の開催予定時期までに「重重プロジェクト」の名で行っていたことは、本件写真展の開催に必要な資金と支援スタッフの募集にとどまり、本件写真展が写真展示とは異なる目的の活動に組み込まれ、又は、その活動の手段として本件写真展が利用されていたとは認められず、この点についても被告会社が本件写真展の開催を拒否したことを正当とする根拠とはならない。

その他本件全証拠によっても、被告らが本件契約の解除事由、錯誤無効又は履行不能を基礎付けるものとして主張する事実を認めることはできず、被告会社が本件契約上の義務の履行を免れる理由はなく、また、被告会社による本件中止決定及びその後の一連の対応に正当な理由があるということはできない。

したがって、被告会社は、原告に対し、不法行為に基づき、上記のとおりの被告会社の一連の対応によって原告が被った損害を賠償すべき責任を負う。なお、被告会社は、大阪展開催契約の債務不履行についても損害賠償責任を負うが、その損害として認められる範囲は、上記の不法行為による損害として認められる範囲を超えない。

3　争点2（取締役の責任）について

被告岡本は、被告会社の映像カンパニーの責任者として本件中止決定を主導した者であり、被告木村は、被告会社の代表取締役としてこれを了承した者であるところ、以上説示したところによれば、その判断は、客観的にみれば、本来重視すべきでない事情を重視し、考慮すべき事情を十分に考慮せずに行われた誤った判断であったといわざるを得ないが、被告岡本及び被告木村がそのような判断をしたことにつき何ら根拠となる事情がなかったというわけではなく、突発的に生じた問題に対し困難な判断を迫られた中で利益衡量を誤ったにとどまる上、本件中止決定後の対応については、弁護士に法的観点からの助言を求めた上で方針を決し、本件仮処分命令が発せられた後には、これに不服申立てをしながらも、仮処分で命じられた事項については遵守に努めていることに照らすと、被告岡本及び被告木村にその職務を行うについて悪意又は重過失があったということはできない。

したがって、被告岡本及び被告木村は、会社法４２９条１項に基づく責任を負わない。

4　争点3（損害）について

(1)　前記認定事実によれば、原告は、被告会社による本件中止決定及びその後の一連の対応により、急遽、本件仮処分命令申立てをすることを余儀なくされ、被告会社による保全異議申立て及び保全抗告への対応も含め、保全処分の手続を遂行するために、弁護士費用のほか、印紙代、郵券代その他の実費の支出を要したものと認められる。

これにより原告が被った損害は、事案に鑑み、５０万円の限度で被告会社の不法行為と相当因果関係のある損害と認める。

(2)　原告主張のその他の経済的損害については、その支出を裏付ける客観的な証拠がなく、直ちに認めることができないが、前記認定事実によれば、原告は、被告会社による本件中止決定及びその後の一連の対応により、他の業務に優先して保全処分の手続への対応をとることを余儀なくされたほか、大阪での代替展の開催のために本来無用の労力を割くことを強いられ、また、これらの一連の対応の中で、本件写真展の開催を実現することが危ぶまれたことにより多大な心痛を被ったことが認められる。

これにより原告が被った無形の損害及び精神的苦痛の金銭的評価は、事案に鑑み、50万円とするのを相当と認める。

(3) これらに加えて、原告は、その訴訟代理人に本件訴訟の追行を委任しており、これによって支出を要した弁護士費用は、10万円の限度で被告会社の不法行為と相当因果関係のある損害と認める。

(4) 以上によれば、被告会社は、原告に対し、不法行為に基づく損害賠償として、110万円の支払義務を負う。

5 争点4（謝罪広告）について

前記認定事実に照らし、被告会社による本件中止決定及びその後の一連の対応は、必ずしも原告の社会的評価を低下させるものであったとはいえないし、原告の社会的評価の低下につながるところがあったとしても、上記のとおり、被告会社による本件中止決定が正当な理由のないものであったことを認め、被告に対し無形の損害の塡補を含む損害賠償を命ずることによって損害の回復が図られるので、これに加えて、謝罪広告の掲載を命ずることが適当であるとはいえない。

6 争点5（相殺）について

(1) 被告会社は、原告に対し、不法行為に基づく損害賠償責任を負うのであり、不法行為により生じた債権を受働債権とする相殺は許されない（民法509条）。

この点を措くとしても、被告会社が東京展の開催に当たり支出した警備費用は、被告会社が自らの施設管理上の判断により負担したものであって、本件契約上の債務の弁済の費用に当たるとはいえないし、原告がその行為によって増加させた費用であるともいえない。

したがって、被告会社による相殺の抗弁は理由がない。

(2) 原告は、上記抗弁について、時機に後れて提出された攻撃防御方法であるとしてその却下を求めるが、上記のとおり、訴訟の完結を遅延させることなく判断が可能であるので、却下しない。

第5 結論

以上によれば、原告の請求は、被告会社に対し、不法行為に基づき、損害賠償金110万円及びこれに対する不法行為後である平成24年9月5日から支払済みまで民法所定の年5分の割合による遅延損害金の支払を求める限度で理由があり、被告会社に対するその余の請求並びに被告木村及び被告岡本に対する請求はいずれも理由がない。

東京地方裁判所民事第6部
裁判長裁判官　谷口園恵
裁判官　田邉実
裁判官　岩下弘毅

原告本人尋問調書

安世鴻

速記録（平成27年4月10日第10回口頭弁論）
事件番号平成24年（ワ）第3632８号
本人氏名　安世鴻

■**原告代理人（李）**
甲第51号証を示す
○この陳述書の住所氏名欄の字はあなたのもので間違いないですね。
間違いありません。
○この陳述書はあなたのお話を私どもが聞いてまとめて、確認してもらって作ったもので間違いないですね。
はい、そのとおりです。
○学生時代から写真に興味を持ち始めたんですね。
はい。
○卒業後も、ドキュメンタリー写真を中心に写真を撮り続けてきましたね。
はい。
○２００７年に李史織さんと結婚して、２００９年から名古屋に住んでますね。
はい。
○あなたは、日本軍慰安婦以外にも、韓国の民族文化である「海巫」「魂巫」をテーマとして写真を撮ってきたことがありますね。
はい。
○その「海巫」や「魂巫」をテーマとした写真で、日本で写真展を開いたこともありますね。
はい、そのとおりです。
○元日本軍慰安婦のハルモニたちに関心を持つようになったのはいつ頃からですか。
１９９５年、９６年頃からです。
○何かきっかけがありましたか。
雑誌の仕事で被害者のハルモニたちに会いました。ハルモニたちの「ナヌムの家」を訪問したこともあります。取材が終わってからも、そのハルモニたちの心の痛みを知り、続けてそこを訪問したり、ボランティア活動をしていました。
○訪問する過程で、ハルモニたちの様子を写真で記録するようになりましたね。
はい、そうです。
○なぜ、写真で記録するようにしたんですか。
その人たちの痛みが余りにも大きく、またそれを知らない人たちが多く、それを知らせるためです。

○あなたは写真家として、芸術家として活動してるわけですよね。
はい。
○その芸術家としての立場からも写真を撮っていきたいと考えたんですか。
はい。
○中国に残されたハルモニたちの写真も撮るようになりましたね。
はい。
○なぜ、韓国国内だけではなくて、中国に残されたハルモニたちの写真も撮るようになったんですか。
当然、戦争が終われば祖国に戻らなければいけないのですが、戻ってない人がいるという話を聞いて、その人たちを探し、記録をしました。
○中国に残されたハルモニたちもまた強い痛みを持っていたんでしょうか。
はい、そうです。
○その痛みがあなたが写真を撮る原動力にもなったんですね。
はい、そうです。
○慰安婦のハルモニたちをテーマにした写真展を初めて開催したのはいつですか。
個人展としては2008年の8月です。韓国でです。
○日本国内で慰安婦のハルモニたちをテーマにした写真展を初めて開催したのは、今回のニコンサロンでの写真展が最初ですね。
はい、そうです。
○その他の経歴や活動状況は陳述書に書かれたとおりでいいですね。
はい、そうです。
○今回の写真展のことについて伺います。あなたは、なぜ、ニコンサロンに写真を応募しようと考えたんですか。
当然、私は写真家として発表の空間を探していました。偶然、東京都写真美術館のキュレーターの方から、あなたのレベルなら写真を応募すれば十分な実力を持っていると言われたからです。
○ニコンサロンという会場のことはあなたは知ってたんですか。
展示する空間を探してる過程で知りました。
○どのような会場だと認識しましたか。
ニコンサロンで写真を展示できるのはとても名誉なことであるし、経験者としては重要な写真を発表する場であると聞きました。また私のように初心者であるものが発表するところでもあると聞きました。
○ニコンサロンで写真展を開くということは、あなたにとってどういう意味がありましたか。
もっと多くの人たちに私の写真を見せることができるし、また私が日本で写真の道に登壇できる、そういう場であると思いました。
○2011年12月28日付けでニコンサロンに写真を応募しましたね。
はい、そうです。

原告尋問調書

○申込書を送ってますね。

はい。

○申込書と一緒に何を送りましたか。

写真40枚と、内容が分かる10ページにわたるパンフレットを送りました。

甲第5号証を示す

○今言ったパンフレットというのはこのパンフレットで間違いないですか。

はい、そうです。

○ニコンサロンに応募したときに、このパンフレットを同封したことは間違いないですか。

間違いありません。

○あなたは申込みを実際にして、選考が通るかどうかについてどう考えてましたか。

私の写真が、実際、日本の評論家と専門家たちにどういう評価を受けるのかというのが心配でした。

○2012年1月24日付けでニコンサロン選考委員会からの回答がありましたね。

はい、そうです。

○写真展の開催が決定したという通知でしたね。

はい、そうです。

○写真展の開催が決まったと知ってどう感じましたか。

とてもうれしかったです。

○どううれしかったのか、もう少し具体的に言ってください。

今後私は日本で写真作家として活動できる機会が多くなるだろうしまた多くの写真作家と会って、よりよい写真が撮れるだろうと思いました。

○5月15日付けで、大阪でのアンコール写真展も決まったという通知が届きましたね。

はい。

○それを受け取って、どう感じましたか。

とてもうれしかったです。もっと多くのところで写真展を開催したいと思ったのでうれしかったです。

○東京だけではなくて大阪でも決まったということで、ニコンがあなたの写真の評価をより認めてくれたという思いはありましたか。

はい、そうです。

○大阪でのアンコール展の開催については、あなたも了承しましたね。

はい。

○写真展の中止のことを初めて聞いたのはいつですか。

5月22日の夕方、妻から、ニコンから電話があったという話を聞きました。

○一番最初、奥さんは、ニコンからどういう電話があったというふうに言ってましたか。

写真展が中止になったという内容でした。

○その後あなたは李さんと合流して、一緒にニコンの担当者と電話で話しましたね。

電話を受けました。
○李さんを通訳にして、ニコンサロンの担当者と話をしましたね。
はい、そうです。
○相手はOさんでしたね。
はい。
○Oさんは何と言っていましたか。
写真展が中止になったので、謝罪しに行きたいという話でした。
○あなたはそれに対して何と答えましたか。
理由を知りたいと言いました。
○Oさんは中止理由について説明しなかったんですか。
明らかにできないと言いました。
○理由を知りたいと聞いたわけですよね。それについてOさんは何と言ってましたか。
ずっと、明らかにできない事由であり、謝罪しに行きたいという話を繰り返しました。
○謝罪に行きたいという申入れについては、あなたはどう答えましたか。
理由を知らない限りは謝罪は受け入れられないと言いました。
○この日の電話では特に結論は出ませんでしたね。
はい。
○次の日もOさんから電話がありましたね。
はい。
○李さんを通訳にしてOさんと話しましたね。
はい、そうです。
○この日、Oさんはどのように話していましたか。
同じく謝罪をするために私の家を訪問したいと言いました。
○あなたはそれを受け入れましたか。
受け入れませんでした。
○この日、中止理由について説明がありましたか。
それはありませんでした。
○翌日以降、ニコンから、中止についての書面も届いてますね。
はい、そうです。
○そこには中止の理由についてどう書いてましたか。
具体的な事実はありませんでした。諸般の事情を考えての中止だと書いてありました。
○22日と23日の電話で、Oさんは、中止は既に決定されたものとして話していましたか。
はい、そうです。
○中止するかどうか、あなたと相談したいというような発言はありましたか。
全くありませんでした。
○その時点で、写真展に対して抗議が多数寄せられているという話はありましたか。
ありませんでした。
○あなたの身の安全を確保しなければいけないという話はありましたか。

ありませんでした。
○写真展の開催について、カンパを募ってることが問題だと言われたことはありますか。
ありませんでした。
○ニコンからの中止の通告を受けて、あなたはどうしましたか。
とても怒りを覚えましたし、理由を明らかにしないことに対してもとても怒りを覚えました。
○開催を実現するために、あなたは何か手段を取りましたか。
まずはニコン側ともっと対話をしたかったのです。ですが、対話ができないことを知って、弁護士に相談して仮処分手続をしようと思いました。
○東京地方裁判所はあなたの主張を認めて写真展会場を使用させるように命令を出しましたね。
はい、そうです。
○その決定を見てどう感じましたか。
民主主義の国であるから、表現は守られなければいけないし、当然だと思いました。
○仮処分の決定が出たのは6月22日でしたね。
はい、そうです。
○6月25日が搬入の日でしたね。
はい、そうです。
○これは何時頃から搬入をしましたか。
本来は4時頃だったんですが、遅くなりまして、5時頃になりました。
○搬入について、ニコン側は何か指示をしてきましたか。
まず、私を手伝うために来た友人の数を制限しました。それとニコン側の弁護士が私のことをいちいち記録をし、誰かが会話をした場合にはそれを聞いていました。
○搬入作業中の現場の様子を、あなたは写真撮影することはできましたか。
全くありませんでした。そのあとも写真撮影はさせてくれませんでした。
○搬入の日も写真撮影できなかったんですね。
はい。
○この搬入日は、あなたとお手伝いの人以外に、一般の方は入場できませんでしたよね。
はい、そうです。
○写真展に反対する人が入ってくるということはなかったですよね。
搬入する日はそういう人は来ていません。
○そういう日であるにもかかわらず、写真撮影も認められなかったということですね。
はい、そうです。
○6月26日から写真展が始まりましたね。
はい。
○あなたは、初日、写真展の会場に行きましたか。
はい、私は行きました。
○まず会場の外で抗議活動というのはあったんですか。

直接は見ていないのですが、会場の外で抗議している人がいるという話は聞きました。
○会場の外での抗議の様子は会場の中には直接伝わってこなかったんですか、聞こえたりとか。
聞こえていません。
○反対する人たちは、会場の中に入ってきましたか。
はい。
○1度に同時に会場の中に入ってきた反対者の人数は何人ぐらいでしたか。
10人ないし20人だと判断しました。
○同時に最大20人ぐらい入ってきたこともあるんですか。
それが、初日、初めてでした。
○反対者らは会場内でどういう行動を取りましたか。
私に、慰安婦はうそであるというものと、私に韓国に帰りなさいという話でした。
○あなたは、反対者と直接話をしましたか。
しませんでした。
○反対者の中で、あなたに抗議文を渡そうとした人はいませんでしたか。
いました。
○あなたはそれにどう対応しましたか。
受け取りませんでした。
○ニコン側の主張によると、反対者の行動に怒ったあなたの支援者とされる人々が、帰れ帰れというコールを起こしたということになっているんですけれども、そういう事実はありましたか。
数人がそういうことを言ったと聞いています。
○直接あなたはその様子を見ましたか。
見てはいません。
○あなたが、そういったコールをするように、支援者スタッフに指示したことはありますか。
ないです。
○会場に入ってきたその10人や20人の反対者は、どのようにして出ていきましたか。
5分ないし10分ぐらいたったときに自然と外に出ていきました。
○あなたは反対者から暴力を受けたことがありますか。
ないです。
○あなたは、会場の中で身の危険を感じたことはありましたか。
ないです。
○2日目以降もあなたは会場を訪れてますね。
はい。
○あなたから見て、一番反対者が多く来て騒ぎになったのは初日という理解でいいですか。
そうです。
○2日目以降に、会場の中で、あなたが反対者から暴力を加えられたことはありましたか。
ないです。
○身の危険を感じたことはありましたか。

ないです。
○あなたは、写真展の期間中、反対者に対して、どのような態度で接しましたか。
何の対応も取りませんでした。いかなる対応も取っていません。
○何か挑発したり、論争したりということはしてませんね。
ありません。
○反対者たちも、会場の中に来て、写真を見ていったんでしょうか。
見ました。
○反対者の人に写真を見てもらうというのは、あなたにとってどういう気持ちでしたか。
私は、写真は誰が見てもいいし、それに対して評価をしてもいいと、評価をすべきだと思いました。
○写真展開催期間中のニコン側の対応について、あなたは大きな不満がありますね。
はい。多かったです。
○どういった点に特に不満がありますか。
展示場の周辺にはその展示を知らせるものもありませんでしたし、ましてや私の名前もありませんでした。
○会場の警護の点について、あなたはどう思いましたか。
警備は過剰であると思いましたし、そういう警備が観覧する人たちを妨害していると感じました。また、ニコン側の弁護士の監視と録音に対しては、人権侵害であると、強く感じました。
○写真展の途中まで、あなたが作成したパンフレットを配布したり販売することが認められませんでしたね。
はい、そうです。
○それもあなたにとっては不満ということですか。
はい。とても不満がありました。
○あなたはそのようなニコン側の対応を見て、ニコンがあなたの写真展について、どのように考えているんだというように感じましたか。
したくないのにやむなくしている、という感じがありました。
○新宿ニコン写真展での写真展が終了した後、大阪での写真展について、あなたは何か要望をしましたか。
写真展を正常に開いてくれと要求しました。
○ニコン側はどのような対応をしましたか。
ずうっと返事を遅らせました。それと、写真展を開催する数日前に裁判を通してやりなさいと、そういうふうに言いました。
○大阪での写真展を拒否したということですね。
はい、そうです。
○中止について、仮処分の決定で中止はおかしいという判断が出たわけですけれども、それでもニコンは開かなかった。それについてはあなたはどう感じましたか。
あり得ないことだと思いました。
○大阪での写真展の開催については、あなたはどう考えましたか。
当然開かれるべきだったと思いました。
○実際にはニコンサロンで開催できずに、別の会場で開いていますね。

はい。

○別の会場で開くことにしたのはなぜですか。

大阪の友達が写真展を待っていましたし、写真展を見たいという人が多かったので、緊急に別の会場で開きました。

○あなたは重重プロジェクトという名前でも、写真家の活動を行っていますね。

はい。

○重重プロジェクトの活動を始めたのはいつですか。

２０１２年の３月からです。

○ニコンサロンでの写真展の開催が決まった後ですね。

はい、そうです。

○なぜそのニコンサロンの写真展が決まった時期に、重重プロジェクトで活動を始めることにしたんですか。

東京の人たちだけでなく、ほかの地域の人たちにも写真を見せたいという気持ちから、プロジェクトという形でプロジェクトを計画しました。

○「重重」という言葉にはどういう意味があるんですか。

ハルモニたちの額に重なっている深いしわを見て、そういう名前をつけました。

○そのしわの意味と、ほかにもあなたは意味を込めていませんか。

はい、そうです。

○どういった意味ですか。

プロジェクトで写真展を次から次へとつなげていくという意味もあります。

○２０１２年の5月当時、重重プロジェクトには何人くらいのメンバーがいましたか。

６名程度です。

○メンバーとなっていたのはどのような人たちでしたか。

私の周りにいる人たちで、それぞれのことをしている人たちです。

甲第6号証を示す

○これは重重プロジェクトの活動を説明するために作成したパンフレットですね。

はい、そうです。

○このパンフレットを作成したのはいつですか。

２０１２年の4月です。

○このパンフレットはどのような機会に配布したものですか。

写真展を見に来た人たちにプロジェクトの存在を知らせるために、配布しました。

○このパンフレットを作った当時、あなたはこの重重プロジェクトを通じて、どのようなことを実現したいというふうに考えていましたか。

写真展を絶え間なく続けたいという気持ちでした。

○多くの人に写真を見てもらいたいという目的がありましたか。

はい、そうです。

○あなた個人で活動をする場合と、プロジェクトの形で活動をする場合とで、写真を見てもらえる人数というのは変わるんですか。

大きな違いがあると思います。
○プロジェクトでやったほうがたくさんの人に見てもらえるんでしょうか。
はい、そうです。
○あなたは慰安婦のハルモニたちの写真を多くの人に見てもらって、何を伝えたかったんですか。
まず、私が会ったハルモニたちの深い心の痛みを、写真で伝えたかったのです。
○あなたはそういった痛み、ハルモニたちの思いを伝えるための方法として、写真という方法を選択したわけですね。
はい、そうです。
甲第6号証を示す
○この文章、一番下のこの囲みの中の真ん中辺りですけれども、「重重プロジェクトは皆さんと一緒に作っていく日本軍『慰安婦』写真展です。一人ひとりの声が合わされば合わさるほど大きな訴えとなります。」と書かれていますけれども、あなたの気持ちを代弁した言葉ということでいいですか。それはあなたの思いを表現した言葉ですか。
そうです。
○一方、この一番下のところに、「一人でも多くの被害者女性たちが生きている間に、日本の心からの謝罪と、日本軍『慰安婦』問題が早急に解決することを目指し、皆さんの参加を呼びかけています！」という言葉がありますね。どういった趣旨でこの文章を入れたんですか。

まずは、ハルモニたちの痛みがとても大きく、そして、多くの人たちにそれを共有してもらいたいと思ったからです。
○あなた個人は、日本政府の謝罪であったり、慰安婦問題の解決というのを願っているんですか。
そう思います。
○あなたの個人的な願いとしては、そうだということですね。
そうです。
○あなたは日本政府の謝罪と慰安婦問題の解決を実現するために、写真を撮って写真展を開いているんですか。
そうではありません。
○もう1度、あなたが写真を撮ってハルモニたちの写真展を開いている目的について、教えてください。
まず私の大きな目標は、ハルモニたちの痛みを多くの人たちに知らせることです。また、そういう痛みがとても大きかったので、それを何とか減らしてあげるために、基本的な問題解決が必要だと思いました。基本的にはハルモニたちは被害者であり、それでまた加害者がいるのです。ですから、加害者が解決を始めていかなければいけないと思います。
○あなたは写真展の会場に、そういった謝罪の問題、解決の問題を掲げているんですか。
そうではありません。
○あなたは重重プロジェクトの活動として、写真展の開催準備以外の活動をする予定がありましたか。
ありません。

○ニコンサロンでの写真展を、慰安婦問題の解決のために利用しようと考えていましたか。

そうではありません。

○ニコンサロンで写真展を開くことで、たくさんの人に写真を見てもらうということが、あなたの思いだったわけですね。

そうです。

○ニコン側の中止決定、またその後の対応によって、あなたに大きな損害が生じていますね。

はい、そうです。

○経済的な損害、その金額については、先ほど李さんが述べてくれたとおりでいいですか。

はい、そうです。

○経済的損害を超えた大きな痛みを、あなたは受けましたね。

はい、そうです。

○あなたはニコンの対応によって、どのような苦痛を受けましたか。

彼らの不誠実な対応で精神的にショックを受け、家族の人たちも衝撃を受けました。

○今回の中止決定は、あなた個人の問題にとどまるものでしょうか。

そうではありません。

○どういった問題ですか。

写真家をはじめとしたドキュメンタリー写真家たちは、困難な環境の中で写真を撮り、それを発表しているのです。共感しているのです。そういう発表の場を奪うということは、写真家たちの表現の場を奪うということだと思います。

○今回のニコンの中止決定については、日本だけではなく、世界中の写真家が意見を表明してくれていますね。

はい、そうです。

○どういった意見が出されましたか。

当然写真展は中止してはいけないし、写真展を開催しなさいという意見でした。

○あなたは今回のニコンの中止決定に合理的な理由があると考えていますか。

とても私には分かりません。

○合理的な理由もなく恣意的に中止決定をすることが、日本社会の表現の自由にどのような影響をもたらすというふうに考えますか。

このように表現の自由を奪っていった場合に、写真を発表する機会がなくなるだろうし、写真活動も減っていくだろうと思います。また、写真を発表できる空間がなくなっていくということは、写真のテーマも制限を受けることになり、すると、写真の愛好家たちも直接的な被害に遭うことと思います。

○あなたはどういった気持ちでこの裁判を起こしたんですか。

当然表現の自由は守るべきだと思ったのです。

○こういった事態がもう1度起こってほしいというふうに思いますか。

二度とこういうことが起こらないように、対策をとらなければいけないと思います。

○あなたはニコンに伝えたいことがあれば、ここで述べてください。

当然、今回のことはニコンの何らかの力によって中止になったと思います。これは当然ニコン側の誤りでありますし、理由を明らかにすべきだと思います。また、私と愛好家たちに謝罪をすべきだと思います。また、二度とこういうことが起こらないように、ニコンは自ら対策をとり、それを実践していかなければいけないと思います。

■被告ら代理人（中島）

甲第51号証を示す

○2ページの7行目を見てください。安さんがお書きになった陳述書の下から7行目、ここに「ソウルでの写真展を始め、韓国の色々な所で写真展を開催しました。」と書いてありますね。この韓国のいろいろなところで開催した写真展の写真展名は「重重」でしたか。

はい、そうです。

○その写真展のときに安さんは講演もされましたか。

はい、したことがあります。

○カンパ活動もされましたか。

そのときはしませんでした。

甲第50号証を示す

○奥さんの李さんの陳述書ですけれども、12ページの下から11行目『重重』という言葉は、世鴻さんが以前から好んで使っていた」と書いてありますね。重重という言葉は安さんはいつ頃から使っていましたか。

２００３年からです。

○同じく甲50号証の12ページ、2の（1）に「3月30日には、ゆうちょ銀行に『安世鴻日本軍「慰安婦」写真展実行委員会』名義の口座をつくりました」と書いてありますね。この口座は重重プロジェクトのカンパの資金を入れるために作ったものですか。

はい、そうです。

甲第6号証を示す

○この甲6号証のパンフレットは、いつ頃お作りになったんですか。

２０１２年の４月末頃です。

○重重プロジェクトのホームページを拝見すると、4月21日、近場のメンバーが集まってパンフレットの折り込みをしましたと書いてありますが、そのとおりですね。

はい。そのとおりです。

○この甲6のパンフレットの3枚目を見てください。上から2段目、Exhibition写真展と書いてあります。そこに、日本10余か所と、海外、ソウル、ニューヨーク、パリ、ベルリン、ロンドンなどで写真展を企画と書いてあります。先ほどの重重プロジェクトの名義の口座に資金カンパが入ったら、こういう写真展でも費用として使うつもりでしたか。

はい、そうです。

乙第29号証を示す
○ここの真ん中のアスタリスクが3つ並んでいる下に、「みなさま、こんにちは！」と書いてあります。その下に「名古屋『旧日本軍による性的被害女性を支える会』です。」と書いてあります。この会を御存じですか。
はい、知っています。
○この中に友人の方がいらっしゃいますか。
います。
○２０１２年6月25日、これは本件写真展の前の日で搬入の日です。その日、被告会社の弁護士から、安さんの李弁護士に、会場内での物販はお断りしますと申し入れました。
はい。
○李弁護士さんからそのことを聞きましたね。
聞きました。
乙第43号証の1、2を示す
○乙43号証の1、これは送り状です。乙43号証の2、これは手紙です。この内容は、写真展の様子を見ていたが支障ないと判断したので、写真展図録、海巫図録、魂巫図録は販売してよいですと書いてあります。この手紙の内容を訳してもらいましたか。
はい。
甲第24号証を示す
○朝日新聞の２０１２年5月19日付け記事です。ここに書かれている内容を訳してもらいましたか。
私が確認しました。
○中身で安さんのおっしゃったところと違うところがありましたか。
ありません。
乙第31号証の2を示す
○これは4月28日、尾張旭の講演会の記事です。この講演会では、先ほどのこの甲6のパンフレットは配りましたか。
配布しました。
乙第31号証の5を示す
○これはウィルあいちの写真講演会です。ここの講演会でも先ほどの甲6のパンフレットを配布されましたね。
はい、しました。
甲第24号証を示す
○この5月19日付け朝日新聞では、高山市でも講演会を予定していると書いてあります。この高山市の講演会はいつ行われましたか。
6月24日の日曜日だったと思います。
○それから四日市で6月10日に行われた講演会では警察官は何名ぐらい来ましたか。
確認はしてないのですが、大勢来ていたと感じています。
乙第１２６号証の1を示す
○これは韓国語ですが、乙１２６の2が日本文になっておりまして、項番を付けております。この項番は日本語と韓国語は一致しています。その乙１２６号証の1の5枚目の項番47、ここでアナウンサーが、「大阪のニコンサロンに対しても仮処分の申し込みを出さなければなりませんね」と質問しています。それに対して、48、安さんは、「展示が無事に終われば、その後うちの弁護士と相談をしてまたその部分を進める予定です」とお答えになっています。そこで伺いますが、大阪で仮処分をするとまた弁護士費用が掛かりますが、その費用はカンパで集めようと思っていましたか。

それは違います。

○じゃ、費用はどうするつもりでしたか。

それは私が仕事をするなり何なりして、それは賄わなければいけないと思いました。

○先ほど、大阪でアンコール展が決まったと聞いたとき、うれしかったとおっしゃいましたね。

はい、そうです。

○大阪で写真展を開催する費用はどうするつもりでしたか。

募金をしようと思いました。それは大阪写真展が決まる前にそのように考えていたということです。

乙第126号証の1を示す

○そこの第22項を御覧いただきたいんですが、ここで、「私を殺さなければならないというそんな話までインターネット上に回っています。」と書いてあります。さらに28のところで、「子供が一人いるので、ちょっと安全な所に避難させて」とお答えになっています。この安全なところというのは、先ほども奥様がおっしゃっておられましたが、奥様の御実家のことですね。

はい、そうです。

甲第51号証を示す

○これは安さんの陳述書ですが、この12ページ目、下から2行目に、「私どもが計数器で測定した結果では、2週間の会期中に7900人もの人々が訪問してくれました。」と書いてあります。この7900人というのは、そのときまでに安さんが開かれた写真展としては多いほうですか。

多いです。

乙第5号証の7を示す

○朝日新聞の記事ですが、最後のほうに、ニコン広報課と安さんの両方のコメントが載っています。この内容を誰かに訳してもらいましたか。

いいえ、まだ聞いてません。

○では日本語で言いますが、ここに、「安さんは『会場を混乱させたのは悲しいが、たくさんの人に作品を見ていただけて光栄だ』と語った。」とあります。このコメントは間違いないですか。

それよりもっと長く話していたと思います。

○重重プロジェクトのホームページを拝見すると、2012年9月19日から11月4日まで、韓国の国立大邱博物館で写真展をやっておられますね。

そのとおりです。

○ネットで拝見しましたが、国立大邱博物館というのは大変に立派な建物です。この大邱博物館での写真展に申込みをしたのは、安世鴻さん御自身ですか。

応募しませんでした。

○じや、なぜここで開催されたんですか。
　２０１２年に写真展の準備をしていた際に、その大邱博物館から、ここでも展示をしたらいいんではないかという話があって合意したものです。
○それは大体いつ頃ですか。
　春から夏にかけての期間でした。そういう話が出たのは何回もあったので、決定されたのが具体的にいつだったか覚えていません。

■原告代理人（李）

　乙第１２６号証の１、２を示す

○１２６号証の2のほうの日本文のほうですけれども、3ページ目、28項、日本語で先ほど出ましたが、「家族に子供が一人いるので、ちょっと安全な所に避難させている状態です。」と書いてありますね。
　はい。
○一方で、１２６号証の1、韓国語のほうですけれども、同じ28項を見ると、先ほど日本語訳で避難をさせたというところの原文では、「ピシン（避身）」ということで、「避難（ピナン）」と少し違うというのが原文なんですけれども、これは昨日読んで分かりましたね。
　はい。
○あなたとしては、避難をさせたというふうに答えた記憶はないですね。インタビューに対して。
　私は、「ピシン（避身）」だと言いました。

■裁判官（岩下）

　甲第４号証を示す

○これは安さんが書かれた申込書なんですけれども、ここにはどこのニコンサロンでやるかという記載はないんですが、使用する会場というのは安さんが希望するんですか。
　違います。それはニコン側が決めます。
○特に安さんから希望を出すわけではなく、ニコン側が決めるということでよろしいですか。
　はい、そうです。
○東京展の開催当日のことについてお聞きします。会場内に安さん側のボランティアとして数名の支援者がいらしたということでよろしいですか。
　１日に、３、４名程度の支援者がいました。
○それは今回の重重プロジェクトの支援者と同一ですか。違っていますか。
　会員ではありません。
○大邱博物館での写真展の開催についてお聞きします。先ほどのその写真展開催についての話ですが、２０１２年の写真展の準備中に、大邱博物館のほうから話があったということでお聞きしてよろしいですか。
　そのとおりです。
○そこで言う写真展とは、今回のニコンサロンの東京展のことですか。
韓国でもソウルで同じ写真展を準備をしていました。
○それは２０１２年の8月にソウルで開催される予定だった写真展のことですか。
そうです。
○大邸の博物館で写真展を開催するにあたって、その写真展に使うために写真が大邸のほうに送られてた時期というのは、いつかいつまでになるか覚えていますか。
9月の初め頃に展示をし終わって、5日目に戻ってきたのです。
○先ほど、大邸の博物館からの申出を受けて開催することに合意したのが12年の春か夏の頃だとおっしゃいましたね。
はい、そうです。
○その話が決まった頃には、ニコンサロンの東京展の開催ができることが仮処分を経て決まった時期だったのか、それともその前だったのかというのは覚えてますか。
大体その頃だったとは記憶していますが、具体的な日にちは覚えていません。
○東京展のことでは、仮処分を含めていろいろやり取りがあって、6月22日に、仮処分でニコンサロンを使用させなさいと裁判所が命じてから、写真やパネル等の具体的な準備は始まったんでしょうか。
その前から準備はしていました。
○実際に大邸の博物館で展示した写真は、ニコンサロンの東京展で展示した写真と同じ写真なんですよね。
内容は同じですが、2部作って、1部は韓国、1部は日本にありました。
○この裁判での主張を見ると、大阪で代替展をやっていたときには、東京展で使った写真パネルは、ほかで使っていたので、新しいものを用意したと言われてますね。
はい、そうです。当時は東京の外国人記者クラブで展示中でありました。
○そうすると、大阪の代替展をやったときに、東京のニコンサロンで展示した写真があった場所は、大邸ではなくて、外国人記者クラブでいいんですか。
そうです。東京にありました。
○その外国人の記者クラブでの展示は、いつからいつぐらいまでやっていたか覚えてますか。
10月だったと思いますが、具体的な日にちは覚えていません。
○そこの開催が決まったのはいつだったか覚えてますか。
ニコンサロンで写真展をしていたときです。
○そうすると、あなたのほうは、8月30日の時点で、ニコンのほうに大阪展の開催を求めていて、それができませんという返事がニコンから来たのは9月5日と聞いてるんですけれども、その時期には、もうこの写真パネルは外国人記者クラブのほうで使う予定が入っていたということですね。
いいえ、そのときには私の家にありました。ＦＣＣＪは10月でした。

○決まったのも10月ですか。

決まったのは、東京で写真展をしていた6月か7月頃でした。

■**原告代理人（李）**

○大阪のニコンサロンでの写真展のもともとの会期は２０１２年の9月13日から19日まででしたね。

はい。

○先ほどのＦＣＣＪでの写真展は10月に予定されていたんですね。

はい、10月でした。

○予定どおり大阪ニコンサロンで写真展ができた場合は、大阪でも写真展をして、その後、その写真をＦＣＣＪで使うことができたわけですね。

はい、そうです。

○急きょ代替展が決まり、その代替展が10月だったので、ＦＣＣＪで使ったパネルを代替展で使えなかったということですね。

はい、そうです。

東京地方裁判所民事第6部

裁判所速記官　平野道子

裁判所速記官　板橋昌子

被告本人尋問調書

岡本恭幸

速記録（平成27年4月20日 第11回口頭弁論）
事件番号 平成24年（ワ）第36328号
本人氏名 岡本恭幸

■被告ら代理人（中島）

乙第161号証を示す

○この陳述書は御自身の記憶で作成されましたね。

はい、そうです。

○この1ページの本文の2行目から3行目にかけて、『映像事業部』（元『映像カンパニー』）」とありますけれども、いつカンパニーから事業部になったんですか。

平成26年の6月に変わりました。

○同じく2ページの1行目に、カンパニーは「一種の社内会社です」とありますが、これは具体的にどういう意味ですか。

それは映像カンパニーのことは映像カンパニーで決めるという意味です。

乙第194号証を示す

○「組織・職務権限規程」ですが、その3ページに、第7条1項の（5）の②とあって、「事業一貫体制」「独立採算の経営を遂行する」と書いてありますが、カンパニーのことはカンパニーが決めると、こういうことですね。

はい、そのとおりです。

○カンパニーのことを決めるのは誰ですか。

カンパニープレジデントです。

○同じく次のページ、第11条、「カンパニープレジデントは、所管カンパニーを統括し」と書いてありますが、このことですね。

はい、そうです。

○サロン写真展の運営について聞きますが。

乙第197号証を示す

○これは映像カンパニーの職務分掌規程でございますが、2枚目の20ページの一番下に、「フォトカルチャー支援室」と書いてあって「（1）ニコンサロンの運営」と書いてあります。これが所管事項ということですね。

はい、そのとおりです。

○そうすると、サロン写真展について進行とか中止を決めるのは、映像カンパニーの所管事項になりますね。

はい、そうです。

○そうすると、それを決定する権限を持っているのは、プレジデントということでよろしいんでしょうか。

はい、そのとおりです。

○次に、岡本さんはニコンサロンの選考委員会の委員長でしたね。
はい。
○カンパニープレジデントが委員長をやるんですか。
はい、そうです。
○委員長の仕事というのは何でしょうか。
委員長の仕事は、年に1度、年間表彰というのがありまして、その表彰式で表彰状の授与と、それから選考委員が替わった場合、私のほうでその承認活動をやります。
○選考委員長というんですけれども、作品の選考には関与しないんですか。
いたしません。
○そうすると、選考は他の委員だけでやるということですか。
はい、そのとおりです。
○なぜ選考委員長が選考に関与しないんですか。
それは質の良い写真を選ぶときには、プロに任せたほうがいいという考え方からです。
○選考委員会で選ばれる写真の作品について、何か傾向といったものがあるでしょうか。
どちらかというとニコンサロンの場合はドキュメンタリー作品が多いというふうに、一般的には言われております。
○本件安世鴻さんの写真展以前に、ドキュメンタリー系の作品で、何か御記憶に残っているものがありますか。
1つ鮮明に覚えているのは、自分自身で表彰状をお渡ししましたので、韓国の光州事件というのがありまして、その件はよく覚えております。
○光州事件というのは光という字にカリフォルニア州の州という字を書く光州事件ですね。
はい。たしかそうです。
○その表彰式を行われた。
はい。自分で表彰状を渡しました。
○ニコンサロンの写真展で、本件までに何か騒動が起きたことがありますか。
ありません。
○それでは、本件の安さんの作品について知ったのはいつですか。
知ったのは、大体開催2か月前ですから、ゴールデンウイーク前後だったと思います。
○どのような形で知りましたか。
いつもこのスケジュールのお知らせというのが私の机の上に置いてありまして、それを見た記憶があります。

乙第163号証を示す
○今おっしゃったお知らせというのはこれですね。
はい、そのとおりです。
○これの14ページを御覧いただきたいんですが、この14ページの上のほうの写真ですけれども、これは覚えていますか。
はい。よく覚えています。自分の中ではこれは非常に印象に残る写真だったと思います。
○その今の写真の下に、キャプションで「安世鴻展『重重』―中国に残された」というふうに説明文が書いてあります。この説明

被告尋問調書

文も読みましたか。

恐らく読んだと思われます。

○こういう写真とキャプションを見て、何か騒動が起きると思いませんでしたか。

いいえ、全く思いません。もし思っていたならば、そのときに多分チェックの指示をしたと思います。

○岡本さんは、世の中でこの元日本軍慰安婦ということをめぐって議論があるということを、知っていましたか。

それはまあ通常の新聞等で知っておりました。

○新聞は何を読んでおられますか。

日経新聞を毎日読んでいます。

○新聞でどの程度まで御覧になりますか。見出しと中身と。

そうですね、やっぱり見出しは確実に、仕事柄ほぼ全部見るという感じです。

○そうすると、この慰安婦をめぐって議論があるということを知っていたわけですが、それでも今の乙第163号証の写真やキャプションを見て、騒ぎになるとは思わなかったんですね。

その記事とこのキャプションが、自分の中で結び付きませんでした。

○本件写真展の開催について、抗議が寄せられているということを知ったのはいつですか。

21日に帰宅途中に、Mのほうからメールが来ました。

乙第221号証を示す

○ここに写真展について意見が来ていますということが書いてありますが、この乙第221号証のメールを見て、どのような対応をされましたか。

対応というか、返事をしました。

○返事をした。

はい。なんかこれは少し問題になりそうかななんて思った記憶があります。

乙第222号証を示す

○今の返信をしたというのは、このことですね。

はい、そうです。

○このメールの上から五、六行目のところに、「本件トップを含めて情報の共有が必要」と書いてありますね。

はい。

○これはなぜトップを含めて情報の共有が必要なんでしょうか。

まあそれは仮定ですけれども、例えば抗議活動が来たときに、私がプレジデントの立場でトップに知らせないと、これはもう会社としてはえらいことになりますので、報告しなければいけないというふうに思いました。怒られますね。

○トップに報告しないとどうなりますか。

それはもう怒られると思います。何やっているんだと。

○これが5月21日でしたが、翌5月22日の朝、出社されたとき、どんな状況でしたか。

出社したときは、IとTが飛んで入ってきたという形です。たしか9時前後だったと思いますけれども。

○IさんとTさん。

はい。そうです。
○Iさんというのは映像カンパニーのマーケティング本部長で、Tさんというのは第2マーケティングのゼネラルマネージャーですね。
はい、そのとおりです。
○IさんとTさんはどういう話で来たんですか。
これはかなりの抗議活動になるかもしれませんというふうに、ちょっとやっぱり青ざめた表情で入ってまいりました。
○その席にほかの人も呼びましたか。
Nを呼びました。
○Nさんというのはお立場は何ですか。
Nは事業企画部の当時ゼネラルマネージャーで、その細々としたほぼ全部の業務を彼が知っていて統括していたという立場です。
○その9時の集まりでは、IさんやTさんはどんな話をしていましたか。
いや、もうメールがすごいことになっているという形で、見せてくれました。
○そうすると、岡本さん、Iさん、TさんとNさんを含めて、4人でそのネットをずっと見ていたということですか。
はい、そのとおりです。
○何時頃まで見ていましたか。
恐らく10時くらいまで見たと思います。
○特に示しませんが、乙第46号証、47号証で、ずっと9時から10時頃までのネットの書き込みをプリントしたものがあるんですが、そういうものを見たということですか。
はい。見ました。必死になって見た記憶があります。
○本当に全部見たんですか。
全部見たと思います。
○そういって御覧になった中で、特に書き込みで記憶に残っているものがありますか。
やっぱり抗議に行くとか、暗殺したほうがいいだとか、たたきつぶせだとか、ニコンを追い出せとか、いろんなそういうような様々なメールがありました。
○そういった書き込みを御覧になって、岡本さんは写真展の開催はどうなると思いましたか。
もうそのときに、少しこれは厳しいかもしれないというふうに思い始めました。
○その席で、寄せられているメールも確認されましたか。
はい、いたしました。
乙第225号証を示す
○この2枚目に「【メール1】」「【メール2】」「【メール3】」とありますが、こういったメールを御覧になったんですね。
はい、そうです。
○その席で、抗議電話についての報告もありましたか。
抗議電話はたしか8日か、だったと思います。非常に長い電話の抗議を受けていまして、様々な部門がかなり憔悴しているという報告を受けました。

○こういった書き込みとメールと電話を確認されて、どう対応されましたか。

　これはやはりカンパニー制ですから、このカンパニーで決めなければいけないということで、できるだけ多くの人間に集まってもらって、1時から会議をやるということをNとTに言いました。

○午後1時からですね。

　はい、そうです。

○先ほど、返信のメールでは、トップを含め情報共有とおっしゃっておられましたが、このトップを含め情報共有というのは、具体的にどうされましたか。

　それは自分でカンパニーの意思を決めた後に、やっぱりカンパニーとしてこういうふうにしたいと、カンパニー制ですから、私自身が秘書室に2時にアポを取りました。

○午後2時ですね。

　はい。

○じゃあ、9時から集まりがあって、10時まで1時間ほどネットを御覧になった後、岡本さんは何をしていましたか。

　それはもう決めなければいけないのと、トップへの報告もありますので、それこそ必死に全部、手当たり次第に情報をインターネットから取ろうとしました。

○インターネットを検索したということですか。

　はい、そうです。

○何かそこにニコン以外のほかの社の抗議事例がありましたか。

　ありました。

○それはどこですか。

　ロート製薬です。

○どうしてロート製薬の記事を見付けたんですか。

　それは9時にIたちから連絡を受けたときのメールの中身に、花王とかロートとかニコンとか、そういう名前が出ていたからです。

　乙第46号証を示す

○2枚目の「10」に「花王ロートはセーフ　ニコンはアウト」と、このことですか。

　そういうことです。

　乙第47号証を示す

○4枚目の「53」に「ロートとか花王なんてどうでもいいがこれはアカンな」と書いてありますが、こういったことですね。

　はい。そのとおりです。

○そこで、ロートに関するネット検索で見た内容はどんなものでしたか。御記憶で。

　いや、これはやっぱり本当に、さっきNもちょっと言っていましたけれども、本当に旗を振って怒号、すごい抗議で激しい内容で、警備員に挑みかかったり、かなり緊迫したような動画でした。

　乙第１５９号証の１を示す

○これはネットの動画をプリントしたものですが、ここに「5月12日 ロート製薬東京本社抗議街宣！3」と書いてあります。この動画を御覧になったということですか。

はい、そうです。

○この動画は5月12日と書いてありますが、これを見てどう感じられましたか。

これは5月12日ですから、本当につい最近の出来事であるということと、ああいうネットに書かれていることが、本当にこういうふうに乗り込んでやるんだということで、非常に現実のものになるという危機感を覚えました。

○危機感とおっしゃいましたが、どういう危機感ですか。

まあこの人たちが多分やると乗り込んできて、非常に危険な行為を行うんじゃないかなと思いました。

○その危険な行為というのは、具体的にどんなことを想定されましたか。

それは安さんにはちょっと申し訳ありませんけれども、安さんが刺されるようなことを少し想像いたしました。

○そういう刺されるような状況も起き得ると思ったのは、なぜですか。

それはやはりああいう動画を見ていると、かなりやっぱり過激な方もいますし、普通でないような方とか、仲間の中でヒーローになろうとするような人がいるかも分からないというようなことで、そういうふうに思った次第です。

○その段階では、写真展の開催についてどう思っておられましたか。

かなりもう自分の中では厳しいなと思っていました。

○こういった書き込みや動画を見ただけで中止を考えるというのは、行き過ぎではないかと思うんですが、どうですか。

いいえ、全くそういうふうに思っておりませんでした。

○何か具体的な御自身の体験とかありますか。

そうですね。私も海外出張によく行くんですけれども、よく空港が爆破予告等で閉鎖されたり、飛行機を逃したり、ありますけれども、ああいうときには、じゃあ、警察の対応がそれは本当に過剰かというと僕はそうじゃないと思います。例えば、飛行機が飛んで、荷物の中に爆発物が仕掛けられたというようなニュースが入ったら、機長は必ずひき返すはずですし、私はその機長も警察も、もし何かあったら数百人の被害が出るわけですし、逆に何かあったらもう遅いわけですよね。したがって、その過剰だとか、中止はやり過ぎだというふうに、全く思いませんでした。

○それで、午後1時からの会議ですが、これは陳述書、乙第161号証の8ページに書いてありますので誘導しますが、岡本さん、Iさん、Tさん、Nさん、それにサロン事務局長のOさん、広報・IR部のH常務、広報・IR部広報課のGマネージャー、それから国内販売子会社ニコンイメージングジャパン、NIJと言いますが、そこの社長であるDさん、その方々ですね。

はい、そうです。

乙第195号証を示す

○今述べた人たちは、みんなここに入っている方々ですね。

はい、そうです。

○じゃあ、1人1人聞きますが、Oさんはなぜ必要だったんですか。
Oは事務局長で、一番この件については明るいと。
○D社長はなぜ必要でしたか。
Dは国内の販社の社長でありまして、国内事情と、その写真業界、若しくはそのプロの先生方等と非常に面識があるという人間です。
○販売会社であるNIJに入っている情報というのもありましたか。
あります。
○それを聞くということも。
そういうことです。
○次に、広報・IR部のH常務、Gマネージャーはなぜ必要だったんですか。
これも抗議に押し寄せるとかいう話もありましたし、もう電話が鳴っていますので、やっぱり会社としての方針を決めるときに、広報・IR部の意見を聞かないといけないという形で、常務のHとGを呼びました。
○本件について、広報対応の検討も必要だというふうに感じておられましたか。
もちろんです。
○午後1時の会議の冒頭で、岡本さんのほうから会議の趣旨について説明されましたか。
しました。
○何とおっしゃいましたか。
やっぱりこのような活動があるということで、映像カンパニーの方針を決めなければいけないということを申し上げました。
○その席で、Oさんから今までの経過、メールとか書き込みなどですけれども、報告がありましたか。
ありました。経過と、あと大阪ニコンサロンの連絡もしたとか、いろんな話がありました。
○広報・IR部のGさんからはどんな報告がありましたか。
Gは、メール、電話が広報に殺到しているという連絡がありました。
○それは本社に来ている、広報・IR部に来ている抗議メールですか。
はい、そうです。
○D社長からはどのような。
Dは、国内販社にも同時にやっぱり抗議が寄せられておりまして、その報告がありました。
○先ほどOさんから大阪アンコール展についても連絡をしたという報告があったようですが、これについて岡本さんは何かおっしゃいましたか。
どうしてそんな先のことをもう連絡したのかと言いました。
大阪展の、もう連絡しちゃったのと言いました。
○岡本さん御自身はその午後1時の会議の席で、先ほど述べておられた、ロート製薬への抗議活動については説明しましたか。
はい。私のパソコンでみんなに見せました。

○パソコンを持っておられたんですか。
　はい。たまたま出張に行く予定だったので、ノートパソコンを持っておりました。
○で、動画の再生をしたということですか。
　はい、そうです。
○その午後1時の会議で、安さんの安全について、出席者から発言がありましたか。
　それはもう間違いなく、ほぼ全員、これは大変だと、やっぱり安さんの安全を考えなければいけないという発言がありました。
○その午後1時からの席で、中止するリスクについて、中止しないほうがいいんじゃないかという意見もありましたか。
　ありました。
○どんな意見でしたか。
　それはさっきしゃべったNから、この段階で中止するのは安さんに失礼じゃないかとか、やっぱり脈々と続いたニコンサロンがこういうことで中止でいいのかとか、そのような幾つかの意見はありました。
○そういった情報交換をした後、会議の最後のほうで意見をまとめましたか。
　はい。私のほうから1人1人、自分の意見を言ってくれということで、それぞれコメントを聞きました。
○出席者の方々の意見はどうでしたか。
　最終的に全員やっぱり中止すべきだということでした。
○それは大阪アンコール展も中止ということですか。
　もちろん東京を安全面で中止するわけですから、大阪をやるというのはあり得ないと思っていました。
○午後1時からの会議の最後で、その結果、カンパニーとしての結論を岡本さんは宣言されましたか。
　しました。これは私の立場であれば、例えば、意見が割れても、まあ決めるしかないんですね。で、私にその権限がありますので、決めるつもりでおりましたけれども、まあたまたま満場一致というか、全員中止すべきだという形だったと思います。
○岡本さんは結論を声に出して発言されましたか。
　はい。安さんには大変申し訳ないけれども、残念ではあるが、今回この写真展を中止することを決めたと言いました。
○午後2時からトップと情報共有ということですね。
　はい。
○その午後2時からの報告では、どのように岡本さんから報告されましたか。
　まあ私が本当にごく手短に少し経緯を話して、映像カンパニーとして中止を決めましたという報告をしました。
○その中止を決めたということの報告を受けて、社長は何とおっしゃっておられましたか。
　社長は、もうやっぱり安さんの安全を考えると、まあ致し方ないねと。それから、やっぱり従業員、それから見学にいらっしゃる方の安全も考えると、致し方ないと。しかし、安さんには誠実に対応せよという指示がありました。

○副社長からは何か発言とか。
　副社長からは、やっぱり危機管理、若しくはその広報の専門家であるところに助言を得たほうがいいと言われました。
○会長からは何かコメントがありましたか。
　会長からも、やっぱりもうここは致し方ないねと、中止はやむを得ないという発言がありました。
○その午後2時の報告が終わった後、広報の対応などについて、岡本さんは確認されましたか。
　はい。自分から広報部に行きまして、やっぱり責任が、こちらも決めたカンパニーですので行きまして、やっぱり相当長い間罵倒されていて、本当に例えば憔悴しきって、女性の課員はもう泣きそうな感じで、訴えるような目でこちらを見て、よく覚えています。
○その後、法律事務所に相談に行かれましたか。
　はい。
○その法律事務所では、具体的にどういったことを相談されたんですか。
　それはこれまでの経過と、まあニコンとしてこれの中止を決定しましたと。で、そのときに、広報対応など、我々は余り経験もありませんし初めてのことなので、外部発表の仕方等、安さんに対する、どういうふうにやればいいんでしょうかということを、相談に行きました。
○その弁護士の助言内容で広報対応については何と言っていましたか。
　弁護士は、諸般の事情で中止ということで統一するようにと言われました。それから、安さんに直接お伺いして、丁寧に中止の説明をしてくださいという助言を頂きました。
○では、その後、安さんにはどのように連絡されましたか。
　私のほうからはOのほうに、安さんに電話で必ず連絡しなさいと、それから同時にお伺いする旨を伝えて伺いなさいという指示をしました。
○サロン写真展の所管はフォトカルチャー支援室ですから、連絡するなら本来、支援室のトップのRさんからすべきと思うんですが、なぜOさんから連絡したんですか。
　それはたまたまRがそのときは不在でありまして、Oが最適だと思いました。
○Oさんは何時頃、どのように電話していましたか。
　Oはちょうど僕の部屋の前で、まあ6時から6時半の間だと思いますけれども、安さんのお宅にお電話しまして、実はそのときに安さんは御不在で、奥様しかいなくて、伝言を伝えてしまったということで、私はそのときに叱責しました、なんでこんな大事なことを直接御本人に言わないんだと言った記憶があります。
○それでどうされましたか。
　もう1度Oさんのほうから電話しなさいと。7時くらいにたしかもう1度連絡したと思います。
○被告会社は翌5月23日にも、安世鴻さんに対して3回目の電話をしていますが、そのとき岡本さんは会社にいましたか。

いいえ、私は出張中でおりませんでした。
○では、その3回目の電話について、報告を受けていますか。
はい。それは新宿ニコンサロンの展示を中止するということと、大阪アンコール展も同時に中止するということを伝えたというふうに、報告を受けました。

甲第20号証を示す
○これは下を御覧いただくと、「1」「2」と書いてあって、新宿サロン展、大阪サロン展というふうに書いてあって、両方とも中止するということを伝える手紙ですが、この手紙を出すように指示したのはどなたですか。
私です。
○韓国語でも出されていますか。
韓国語でも出したと思います。
○なぜわざわざ手紙を出したんでしょうか。
それはやっぱり電話だけでは十分に伝わらない場合がありますし、ここはきちんと確認しなければいけない局面だと思いました。
○6月10日に安さんの四日市講演会というのが開かれていますが、この四日市講演会について、岡本さんは情報収集をするようにと指示しておられますね。
はい。
○なぜそのような指示をされたんでしょうか。
これは経営をやっていますと何が起こるか分かりませんので、リスクマネジメント上、見てきてくれと言いました。
○その情報収集の結果、報告はどうでしたか。
報告は、これもよく覚えていますけれども、警察が30人から40人、警備に当たっていたという報告を受けました。非常に驚きました。
○安さんの仮処分が申し立てられていますが、その仮処分の見通しについて弁護士から何か報告がありましたか。
11日、ひょっとして開催の可能性もあるというような弁護士からの報告がありました。
○それを聞いて、岡本さんはどう思われましたか。
もうそうなったら仕方がないので、警備に万全を期するように準備を開始しなさいという指示をしたと思います。

乙第211号証を示す
○これは「サロン警戒体制確認について」とあって、上のほうにありますように、D社長とかMさんとかRさんとかTさんに宛てて、一斉に出しているメールですが、これは何のためにこういうメールを出したんですか。
これは警戒態勢を確認するということで、招集しなさいということです。CP室というのは私の部屋という意味です。
○CPというのは、カンパニープレジデントのことですね。
はい、そうです。
○その6月18日は実際に、その会議で岡本さんは具体的に指示をされていますか。
はい。したと思います。
○どのような指示をされましたか。

やっぱりニコンサロンの近くにサービスセンターもショールームもありまして、人の流れを整理して、ほかのお客様に迷惑にならないようにしなさいということと、警備態勢、警備員を2名から6名に増加、それからやっぱり見取図を見て自分で確認した記憶があります。

○安全対策で、警察に依頼もしておられますか。

ええ、しました。

○警察に警備の依頼に行ったのは6月何日ですか。

21日だったと思います。

○これは新宿警察に行ったんでしょうか。新宿警察から来てもらったんでしょうか。

Mと結局弁護士2名で、新宿サロンに来てもらったというふうに報告を受けています。

○来てもらった。

はい。

乙第186号証を示す

○そのちょうど中程ですが、「■警部から」と書いてありますが、そこに「会期中常に張り付くのは困難。ポイントごとにはそれなりの対応」「何かあれば直に110番」という報告があります。これを御覧になって、どう感じられましたか。

いえ、それはないだろうと正直思いました。四日市のときに40名も張り付きながら、なんで来てくれないんだというふうに思った記憶があります。

○平成24年6月22日、仮処分決定が出ていますが、この仮処分決定を受けて、具体的に指示されたことがありますか。

裁判所の決定なんで、これはもう粛々と会社としては守ると。そのかわり、安全面に最大に配慮してやりなさいと言いました。

○具体的にどなたに指示されましたか。

これはNとMだったと思います。

○特に示しませんが、乙第108号証から乙第114号証と、被告会社では随分警備対応マニュアルを一杯作っておられますが、こういった警備対応マニュアルは、岡本さんは目を通しておられますか。

もちろん目を通しております。

○写真展が6月26日から開催されていますが、写真展開催の様子についての報告というのは、受けておられますか。

毎日報告しなさいと命令しています。

○具体的に誰から報告がありましたか。

Rが一番多くて、M、それからやっぱり国内、新宿ニコンサロンと言っても国内販社のDも関わっていますので、Dからも逐一報告がありましたし、私からも電話しました。

○サロンに写真展の開催期間中駐在している被告会社の従業員ですが、増員を指示しましたか。

しました。

○なぜ増員をしろと言ったんですか。

持たないと思ったからです。かなりやっぱり、みんな極度の緊張の中でやってますし、慣れてませんので、かなりの増員を指示したと思います。

○金属探知器を、ハンディ型からゲート型に変える指示をされましたか。

しました。

○それはなぜですか。

来訪者の負担を軽くするためです。

○駐在している従業員ですが、その従業員の安全面について何か具体的に注意したことありますか。

あります。

○どういうことを注意されましたか。

もし万が一、まあ変な人というと変ですけれども、例えばナイフを持っているような人がいたとしたら、妙な仲裁だとか正義感を出さないで、逃げろと言いました。

○7月9日に写真展が終わったときにどう感じられましたか。

いや、安さんの身に本当に何もなかったので、我々全員本当に安堵したというのが正直な気持ちであります。

■原告代理人（岩井）

○あなたは、ニコンの取締役になって、自動的に選考委員会の委員長に就任したということでしたね。

はい、そうです。

○選考委員会には一度も参加しなかったと、そういうことですね。

はい、しておりません。

○ですから本件写真展の選考にも関与してなかったと、そういうふうにおっしゃいましたね。

はい。

○陳述書によると、そして先ほどもおっしゃっていたんですけれども、写真展のスケジュール表は見たということでしたね。

はい。必ず私の机に回ってまいりますので、それを見ております。

甲第16号証を示す

○これ、先ほど乙号証のものを、同じものを示されているんですけれども、これが表紙ですよね。

はい。

○スケジュールのお知らせ、これは見たことありますか。

ええ、これが1か月に1遍っていうか、定期的に私の机に置かれるものです。

○甲16号証の2枚目を見てください。この写真展の説明が2枚にわたってありますけれども、これは御覧になりましたか。

……これはですね、恐らく見たと思われます。

○見たけれども、特に問題は感じなかったということですね。

全く感じませんでした。

○あなたにとって、この写真展を開催するかしないかということで、考え直すことになったのは、先ほど示された5月21日のM室長代理からのメールということでよろしいですね。

はい、そのとおりです。

○あなたはM室長代理にメールで返信をしたわけですけれども、先ほど示された資料の中に、トップを含めて情報の共有が必要と書いてありましたね。

はい。
○トップとは誰のことですか。
会長、社長、副社長です。
○あなたがこのメールを出して、M室長代理からあなたに返事がありましたか。
Mから返事はなかったんではないかと思います。
○トップから21日のうちに、何かあなたに連絡がありましたか。
ありません。
○あなたのほうから直接連絡を取ったこともなかったんですね。
21日ですか、ありません。
○5月22日のことを聞きます。5月22日の朝、出社してすぐ、あなたは、例えばトップの人たちと連絡を取ったということはないんですか。
ありません。
○陳述書によると、先ほども主尋問で出たんですけれども、何人かの方があなたの部屋に来て、一緒に抗議メールなどを見ましたね。
はい。
○この午前9時を過ぎた時点で、会社に対する抗議メールの数は幾つありましたか。
いや、数えておりませんけれども、ものすごくありましたね。
○ものすごくというのは、大ざっぱに言うと、10通程度なのか。
いえいえ、もっと多かったと思います。
○50通とか、100通とか。
いえ、もっと多かったんじゃないかと思いますね。
○今私が聞いているのは、抗議メールの数ですよ。インターネット上の2ちゃんねるのスレッドとかのことを言ってるんではない、直接メールの数なんですけれども。
ああ、そういうことですか。それ、どれがどれだっていうのはよく覚えてませんけれども。申し訳ありません。
○そうすると、今のあなたの頭の中は、2ちゃんねるのスレッドに入っているメールの問題とか、会社に直接送られてきたメールとかも、言わば一緒に大きな意味で、抗議の数と、そういうイメージがあるわけですね。
そうです。
○じゃ、抗議電話の数も、あなたは今の段階ではよく覚えてないですか。
はい、覚えてません。
○あなた方は、2ちゃんねるのスレッドを見たようなんですけれども、あなた自身は、この2ちゃんねるというのはどういう人が利用しているサイトだと思ってますか。
いや、実は、恥ずかしながら2ちゃんねるを見たのは、そのときが生まれて初めてでありまして、いや、いろんな人がいろんなことを言ってるんだなと思いました。
○この2ちゃんねるが、例えば、インターネットのサイトの中でどういう性格を持っているものというふうに議論されてるかということを、ほかの人に聞いたことはないですか。
いや、それはないです。

○そうするとあなたは2ちゃんねるのスレッドを、わあーっと、こう見て、それが、わぁー、こんなにメールが来てると、若しくはこんなにスレッドに書き込んでる人がいると、そういうふうに思ったわけですか。

私だけじゃありません。ＩもＴもそういうふうに思ってました。

○この2ちゃんねるはね、例えば一部のネット上に、ヘビーユーザーみたいな強く使う人たちだけが使ってるところだからという、そういうような意見はなかったんですか。

いや、そのときは、もう、そういう余裕がなかったっていうか、これはもう大変なことになったなと、真っ青になってて、我々4人ですか。どうしようと、そういうことで、そういう一般的な話をするような余裕はなかった気がします。

○2ちゃんねるが匿名の掲示板というふうに通称言われてるということは知っていましたか。

知りませんが、そのときには、何となく分かりました。

○匿名だということは分かりますよね。

匿名なんでしょうね、多分。よく分かりませんけど。

○会社に対する抗議メールはメールの発信元がはっきり分かるわけですけれども、2ちゃんねるの場合は、そういう発信元さえもよく分からないと、そういう区分けはあんまり考えなかったんですかね。

そのときはあんまり、後で学びましたけどね。

○この段階で、13時からの映像カンパニーの会議を行うことを決めたと、そういうことでしたね。

そうですね。カンパニーの方針を決めなきゃいけないっていうことで、そうです。

○この段階でカンパニーの方針というのは、具体的には、中止するかどうかを決めるということですか。

まあそういうことですね。簡単に言うと、こういう中で、前代未聞の抗議活動が予測されてる中で、当然、僕の案件ですから、1時の会議 で、これ方針を決めなきゃいけないというふうに思いました。

○13時会議に関係者を集めるように、Nさんたちにあなたが指示したと、そういうことはありましたね。

そのとおりです。

○このときに、フォトカルチャー支援室のR室長は、当日どうもお休みされていたようなんですけれども、このR室長に何か意見を聞いておこうと、そういう意見は出なかったんですか。

出ませんでしたね。Oで代弁できるんじゃないかなと思いました。

○Oさんはニコンサロンの事務局長ですよね。で、フォトカルチャー全体を広げていくという、ニコンサロンの全体のポリシーを担ってるのはR室長のように思うんですけれどもね、せめて電話で意見を聴取すると、そういうことは考えなかったんですか。

Rはなんで来れないのっていう話はしたと思います。

○でも積極的にRさんの意見を聞こうということはしなかったんですね。

ええ、してません。
○この時点では、14時会議をするということは決めてはいなかったんですか。
いや、自分の中で、そこら辺の前後というのは、9時の会議が終わって、アポを自分で取りましたけども、これは必ず報告しなきゃいけないとは思ってました。もう、その前の段階で思ってました。必ず報告 はしないとまずいだろうと、怒られるだろうと。
○14時会議の前の段階で、報告しろと、そういう連絡はトップのほうから連絡があなたにあったことはありますか。
全くないです。
○ただ、あなた自身は、トップに絶対報告しなきゃいけないと、そういう気持ちが強かったわけですね。
それはもう、乗り込んできて、もし、それで外で何やってるんだということになったときに、それはやっぱりまずいと思いますよね。会社として。だから、もう報告しなきゃいけないと思ってました。
○その後、5月22日の午前中のことを今聞いてるんですけれども、ロート製薬の映像を見たと先ほどおっしゃいましたね。
はい。
○ロート製薬の事件の記事も見られたんですね。
ロート製薬の記事は、できるだけ自分でネットで検索したつもりですので、少し見ました。
○抗議者が逮捕されてるようなんですけれども、その記事を見て、警察に相談しようとは思わなかったんですか。
そのときに警察に相談しようとは、まだその段階では思ってませんでした。
○その段階ではまだ警察に相談する必要性を感じてなかったということですか。
そうです。必要性っていうか、思い付かなかったっていうのが正しいかもしれません。
○その記事を見て、誰かに、ロート製薬がそういうふうになった経緯とか、ロート製薬がどうやって対応したかとか、ロート製薬がその後CMについて放映を続けたか、続けないか、そういったことを調べさせることはしなかったんですか。
それはしてないです。私が一番知ってるんじゃないかなと……その、ばーっと調べましたので。ほかの連中に、僕のほうから逆に動画を見せたりしましたんで。
○あなたは、映像カンパニーのプレジデントとして、13時会議で決定をしようとしていたわけですよね。
はい。
○決定の前提となる事実関係を、きっちり、いろんな他方面の人に調べさせるという発想はなかったんですかね。
いや、だから広報からも2人呼んでますし、いろんなところからできるだけ多くの意見を聞こうということで、映像カンパニーだけではない部門からも呼んでます。常務のHを含めてですね。
○あなた、先ほど、その13時会議の中で共有した情報の中には、暗殺というようなことも書いてあるのがあったと、そういうふうにおっしゃいましたね。

9時です。
○それは9時ですか。
はい。
○陳述書によると、この暗殺に関しても、もう暗殺で対抗するしかないんじゃないかといった恐ろしい内容のものがありましたということで、13時会議で共有したことも書いてあるんですけれども、そういったことは事実ですか。
それ同じような報告をされましたので、13時会議、人数多いですし。一通り、おさらいみたいな形で見ましたので。
○そうすると、暗殺という恐ろしい内容を知って、警察に届出をしましたか。
いいえ、まだそこまでは。しようと思いませんでした。その段階では。
○する必要を感じなかったんですね。
その時点ではですね。ええ、まあ、余裕がなかったというか。
乙第46号証を示す
○これは抜粋で、左側に書き込みの項目があるんですけれども、355、「意図的に日本企業にやらせてるなもう暗殺で対抗するしかないんじゃないかこんなんｗスパイ同士の戦いなんだろｗ」と書いてありますね。
はい。
○あなたが言っている暗殺というのは、このスレッドへの書き込みのことではありませんか。
これとは特定できませんけど、こういうような話が幾つかあったと思います。
○被告の先生が提出したこのスレッドの中で、この部分が黄色い蛍光ペンで塗られてたんですけれども、そういうようなことを見た記憶はありますか。
蛍光ペンですか。
○蛍光ペンはいいです。要するにこういう暗殺という言葉があったことは。
ああ、そうです。
○例えばこの中で、もしあなたが覚えていれば教えてください。ここで、「こんなんｗスパイ同士の戦いなんだろｗ」これはどういう意味だと思いましたか。
知りません。
○ｗって、通常、こういう2ちゃんねるとかに書いてある言葉がよくあるんですけれども、これ、どういう意味だか分かりますか。
分かりません。
○笑い、笑、という言葉の略だというふうには、そういう理解もないですか。
……ワラ。
○笑笑（わらわら）、笑い、分かんないですね。結構です。
はい。
○こうした書き込みから暗殺の具体的危険性を感じたんですか。

暗役というか、そういう非常に刺激的なメールっていうか、2ちゃんねるがありましたんで、危機感を持ったのは間違いないです。
○陳述書によると、13時会議での意見で一番多かったのは安氏の安全性を懸念する発言、そういうふうに書いてありますね。
それは間違いありません。
○今日、あなたは非常に安全性ということを強調されていますね。
はい。
○あなたの陳述書に間違いはありませんね。
ありません。
○安さんの安全が心配なら、なぜ安さんに直接連絡して、今大丈夫ですかという質問をしなかったんですか。
いや、そこまで思い浮かばなかったっていうか、結局我々の段階で、13時の会議でまず決めなきゃいけないっていうのがありましたので、みんなばたばたやってまして、そういう、安さんに、こういうのがあるから至急連絡しろっていう指示は誰からも出なかったですね。そのときは。
○でもあなたは、先ほど、安さんが刺されるんじゃないかというふうに思ったとおっしゃいましたよね。
はい。
○13時会議の前に前提情報として、現時点で安さんに対してどういう脅迫行為があるか確認をすべきだと、そういうふうには思わなかったんですかね。
そのときは思いませんでした。それはその余裕がなかったということかも分かりませんけれども。
○あなたの陳述書によると、安氏に危害が及ぶ不安がなければ、本件写真展は通常どおり実施されていたはずということが11ページに書いてあるんですね。そしたら危害が及ぶ不安を取り除くために、警察と相談して警備を強化するということは考えなかったんですか。
だから結果的に、警察に、仮処分が出たときに、万全な態勢をやりなさいという指示をいたしました。
○私の質問は、13時会議の段階で、警察に警備について相談をしようという意見は出なかったんですか。
13時の段階ではそういうような意見は出ませんでした。
○13時会議で、重重プロジェクトとか、カンパの活動とか、そういうことについての報告はありましたか。
重重プロジェクトみたいな話はそのときにはなかったと思います。
○この重重プロジェクトとか、カンパについては、14時会議で会長から指摘されたのが初めてだったんじゃないんですか。
カンパというのが会長から出たのは記憶にあります。
○13時会議に戻りますけれども、写真展での説明の原稿、こういうことが問題になったこともありませんね。
説明の原稿が問題になった……それはちょっとよく分かりません。
甲第9号証を示す
○これは安さんが事前に会社に提出している「キャプション原稿

〈会場掲示用〉」というものなんですね。ここに会場での全体の説明が書いてあります。こうした原稿について13時会議で何か問題になったことはありますか。

いや、これは……あんまり見たことないです。

乙第115号証を示す

○これは仮処分決定後に実際に開催された東京展で出された全体の説明のキャプションなんですね。こういうのが当時掲示されていたということは覚えてますか。

……どちらで掲示されたんですか。

○東京の写真展です。

私どもの。

○はい。

ニコンサロンの。

○そうです。

……あんまり記憶ないですね。これは。

○そうするとあなたは、当日、ニコンサロン展でどういう掲示があったかどうかは知らないということですかね。

掲示ですか、自分で行っておりませんので。

○行こうとは思わなかったですか。

いや、弁護士の指示で、行かないほうがいいと。

○安さんの写真展は、キャプションについては、全体の説明1枚だけで、1枚1枚の写真についてはキャプションを付けないと、そういうことだったんじゃありませんか。

細かいところ、ちょっとよく分かりません。

○あなたは先ほど、スケジュール表で見た1枚の写真と写真展の表示しかない、ああいう形式で写真を多くの人に見てもらおうと、そういうふうに安さんが考えていたということは現場からは聞いてませんか。

聞いてません。

○13時会議で、株主総会のこととか、株主総会と写真展の日程が重なっていることとか、そういうことが議論になったことありますか。

13時会議で、いや……議論にそのときになったかどうかというのは覚えてませんね。

○14時会議では議論になった記憶はありますか。

14時会議では、それも議論になってない……

よく覚えてません。

○会長とか社長がそうしたことに言及したということはないですか。

それはないと思います。

○陳述書によると、あなたはO事務局長に、13時会議で、今までに写真展を止めたことがあったかというふうに尋ねて、それに対して、私が知る限りありませんと、そういう答えがあったということですけれども、まずそういうやり取りがありましたか。

ありました。僕は、規程はどうなってるんだという話を聞いた記憶があります。Oに。

○で、解約をする規程があるかと聞いたわけですね。

はい、そうです。

○で、規程はあったんですか。
なかったと思います。
○そうすると、事前に宣伝もして、安さんも費用を支出して準備していて、解約の規程もないんだから、会社が1か月前に突然中止することはできないというふうにあなたは考えなかったんですか。
いや、それはですね。もちろん議論になって、我々としては、本当に安さんに、残念だし、その忍びないという気持ちはありましたけれども、やはり安全を優先すべきだということを、もう本当に思いました。
○今回諸般の事情ということで中止したわけですけれども、諸般の事情ということは、具体的な理由を言わないということですよね。
はい。
○諸般の事情で一方的に中止してしまえば、安さんの写真家としての社会的評価をおとしめることになると、そういうふうにあなたは考えなかったんですか。
いや、それよりも、やっぱり安全を優先、安全第一というふうに考えた次第であります。
○そうであれば、せめて安さんと相談して、開催をどうするか協議するとか、そういう意見は出なかったんですか。
それは出ませんでした。
○13時会議では、東京展だけではなく、大阪展も一緒に中止したと先ほどおっしゃいましたね。
ええ。
○大阪展の開催は9月ですよね、もっと先だから、少しでも開催の可能性を、最後まで追及しようと、そういう意見はなかったんですか。
いや、その前提では、新宿のニコンサロンの安全面のことで中止しますということですので、その流れからいくと、我々の考えとしては、やっぱり安全面で大阪もできないということで、中止はもうやむを得ないと考えておりました。
○騒動を早く終わらせたかったと、そういうことじゃないんですか。
騒動を早く終わらせたかったというよりも……いや、それはもう安全面が確保できない限りできないということです。
○13時会議では、この安さんの写真展が政治的であると、そういう意見は出たんですか。
出ませんでした。
○14時会議のことを聞きます。あなたの陳述書には、まず結論の報告があって、担当部門から報告を受けて、そして経営トップからの指摘があったと、そういう流れになってるんですけれども。
はい、そのとおりです。
○木村社長は何かこの14時会議で決めたということはあるんですか。
いや、木村は全く、先ほど申し上げましたように、これは中止はしょうがないねと、その代わり誠意を持ってやりなさいと、手短に言いますとね、そういうことを言いました。

○先ほど主尋問でも出たんですけれども、映像カンパニーのプレジデントがニコンサロンの所管で、ですからこのニコンサロンの開催の決定の権限はプレジデントであるあなたにあると、そういうことなんですよね。

もちろんです。

○そうすると今回の中止決定が決まったのは、実質的には、13時会議におけるあなたの結論ということになるんでしょうか。

そのとおりです。

○そうするとそのあとの14時会議で、あなたの陳述書の言葉を借りると、報告と情報の共有というふうになってるんですけれども、14時会議はそういう性格のものでいいですか。

そのとおりです。

これはやはり抗議活動が来たとき、さっきの繰り返しになりますけれども、やっぱり完全に報告するマターであるというふうに判断しました。

○14時会議では、2ちゃんねるのスレッドの書き込み状況とかツイッターの登場の頻度、そういうことについて報告はありましたか。

ええ、映像カンパニーで決定をした13時会議とほぼ同じ流れで、それぞれから説明させました。

○ほぼ同じというか、全く同じだったんじゃないんですか。

まあ全く同じと言えば、全く同じですね。

○Nさんの陳述書には、13時会議が終わって、もう14時会議が迫ってるから、そのままみんなで移動したって書いてあるんですけれども、そういう理解でよろしいですか。

そうですね。結構切羽詰まってたというか、それはそうです。その間にすごく余裕があったということではありません。

乙第227号証を示す

○このメールは直接はあなたに送られてないようなので、あなた自身は見てないかもしれないんですけれども、この内容についてあなたが知ってるかお聞きしますね。この中で、GM〔編者注：Mはマネージャーの意。〕殿の後に、10行目ぐらいですね。「yahooリアルタイム検索twitterニコン検索」「ともに、急激な更新頻度から落ち着いてきている様で、twitterの方は、本件テーマはまれに出てくる程度です。」と、そういうふうに書いてありますね。上のほうに「2ちゃんねる勢いランキングニコン検索」と書いてありますね。この2つを見ると、これは、2ちゃんねるも急激な更新頻度から落ち着いてきている。ツイッターも本件テーマはまれに出てくるということが、22日火曜日13時36分に報告されてるんですけれども、当然13時会議ですから、こういった報告はあなた方は検討には入れてなかったということじゃないんですか。

これ、誰が出したやつですか。これは落ちてるっていうことを言ってるんですね。

○はい。そうみたいです。

いやいや、むしろ何か増えてたような気がしますけどね。

○この前に確かに増えてるっていうメールがあるんですけれども。

おびただしい量で、大変びっくりした記憶あります。

○そうすると、抗議の活動が始まってまだ1日もたってないんですよ。
　はい。
○ですから、この抗議活動がどの程度増えていくのか。それとも減っていくのか、もうちょっと様子を見ようと、そういうふうには考えなかったんですか。
　いや、思いませんでした。
○この14時会議ですけれども、ここで重重プロジェクトのホームページの資料などは配布はされていましたか。
　されてません。
○先ほど、会長がカンパのことは言っていたということだったと思うんですけれども、このカンパについて会長はどういう意見を言ってたか覚えてますか。
　……なんかカンパやってるようだよっていうような話だったと思います。
○その程度で終わりですか。
　はい。
○それ以外はないですか。
　僕は少なくともあんまり記憶ないですね。
○木村社長は、カンパの活動についてどう言ってましたか。
　木村は一切言ってなかったと思います。木村はもうひたすら誠実に対応しなさいというようなことを念押ししてましたね。何度も。
○事前に、安さんに対して、こうしたカンパ活動の趣旨とか、目的とか、使途ですね、使い道とか、そういうことを事前に確認してた人はいたんですか。
　弊社にですか。いや、いなかったと思いますね。
○木村社長は、先ほどもそうなんですけれども、しきりに安さんの安全面のことを14時会議で言ってたということなんですけれども、それを受けてもなお、そこにいた人たちは、安さんの現在の状況とか、脅迫の程度がどうなってるかというようなことは聞こうとはしなかったんですか。
　そういう話は出ませんでした。
○でも社長がしきりに心配してるから、社長、私が調べて社長を安心させますと、そういうふうには思わなかったんですか。
　まあそのときはそういう余裕がなかったのかも分かりませんけれども、そういうふうな議論になっておりません。
○そうすると、結局14時会議でも主な中止理由はやはり安全面と、そういうことになるんですか。
　そのとおりです。
○警備について警察と相談したかということも、木村社長からは指示はなかったですね。
　そのときはなかったと思います。
○この14時会議では、写真展自体が政治的なんだと、だからやめるべきだと、そういう意見は出たんですか。
　いや、そういう話にはなってないです。
○会社は、意見が分かれてる事項については中立を保つべきであると、そういうふうな意見を言った人はいなかったんですか。

意見の対立は、その14時会議ではありませんでした。
○14時会議ではなかった。
ええ。13時会議は、さっき申し上げましたように、一部、このタイミングでやるのは安さんに申し訳ないというような話は出ました。
○今言ってるのは、写真展自身が意見が分かれている事項なんだということをどうも前提にして、そういう世の中の評価や意見が分かれている写真展をするのは、中止をして中立を保つべきであると、そういうふうな意見は出なかったんですか。
そういうのは出ませんでした。
○あと、ニコンサロンは、特定の意見の喧伝の場ではないんだと、そういうのを提供しちゃいけないんだと、そういうような意見はなかったんですか。
それはですね、23日以降に何か、もちろんさっき申し上げましたように、ドキュメンタリー中心というようなニコンサロンの特徴がありまして、ドキュメンタリーって、何となくその主義主張があるんですね。だけれどもそれはニコンとしてそれに支援するものではないというような議論は、23日以降には、どこかで出たかも分かりませんけれども。
○まず14時会議では出なかったということですね。
出ませんでした。
○今、ドキュメンタリーというのは、何らかの主義主張が反映されうると、そういうことをおっしゃいましたよね。
はい。
○だけど、ニコンサロンというのは、そういうドキュメンタリーの写真展を中心にしてきたと、主尋問でもおっしゃってますよね。
結果的にそうなったということですね。
○そうすると今までのニコンの写真展もそうなんですけど、そういう主義主張が関係するかもしれなくても、ニコンは、その発表する場を提供するんだということで、今までニコンサロン展をやってきたんじゃないんですか。
まあそれに近いと思います。
○ニコンサロンは利用されていたんじゃないかというような意見を言ってた人はいなかったんですか。
ニコンサロンが利用された……どういうことでしょうか。
○そういう利用というようなことが出たかどうか、覚えてれば。
ニコンサロンが利用されたということはなかったと思います。
○あなたは本件の担当の取締役なんですけれども、裁判の主張の内容については把握してるんですか。
裁判の主張の内容、これはもう弁護士の方にお任せしてます。
○弁護士に任せて、そこで弁護士がどういうふうに会社の主張をしてるのか、そういう内容は確認しないんですか。
必ずしも、申し訳ありませんけれども、全部把握してるとは言い難いです。
○裁判ではね、事実の主張をするために、通常だと弁護士は会社の関係の人に聞いて主張するんですけれども、そういう事情聴取も受けてないんでしょうか。

細かい共有というか、自分としては、知らないことが多かったと思います。

○じゃあ、準備書面読んでないんですね。

どの準備書面ですか。

○この本訴になってからの、会社の準備書面、第1とか、第4とかは読んでないんですか。

準備書面って何でしたっけ。

○準備書面というのは裁判所に提出する会社の主張をまとめた書面です。読んでなければ読んでないでいいです。

恐らく……申し訳ないです。読んでないかも分かりません。申し訳ありません。

平成25年10月25日付け被告第4準備書面を示す

○21ページを見てください。「その他にも『会社は、意見が分かれている事項については中立を保つべきであり、特定の立場に加担していると誤解されるようなことがあってはならない』『そんなことが起きれば、不買運動も生じかねない』、『ニコンサロンは、特定の意見の喧伝の場を提供するためのものではない』、『ニコンサロンは利用されたのではないか』などの意見も出された。」と書いてあるんですね。

これは見てません。

○そうすると今日のあなたの証言によると、このニコンの主張は事実に反するということですか。

どうしてですか。

○あなたの記憶にはこの言葉はなかったんでしょう。

その準備書面の中に……。

○この準備書面の中では、14時会議でこういった意見が出されたって書いてあるんです。

ちょっともう一度見せてください。

平成25年10月25日付け被告第4準備書面を示す

○「などの意見も出された」って書いてあるんです。

……不買運動も生じかねない……なんか、出たかな。

○記憶がなければ記憶ないでいいです。

あんまり記憶ありません。

○陳述書によると、安氏側と世間に対して中止理由をどう説明するかについても、この14時会議でも意見交換をしたということですよね。

14時会議で、中止理由、意見交換してまとめるということではなくて、やはり我々にとって、こういう経験はほとんどありませんのでやはり危機管理の人に、我々は広報対応と、安さんに対する連絡、そういうことをして決めようということであります。

○それは弁護士会議で決めたということですか。

弁護士のアドバイスに基づいて、諸般の事情で統一してくださいというふうに言われました。

○じゃ、そのあとに行われた5時以降の弁護士会議のことを聞きますね。弁護士会議で、あなた方は、株主総会のことに言及したことはありますか。

株主総会の話はしたかな……とにかく我々は、まあ、慌ててて、僕も行きましたから、行って、経緯を説明してですね、映像カンパニーとして中止にしましたと。で、どうやったら今後よろしいでしょうかっていう話は……そっちのほうの話だけですね。

乙第124号証の1を示す

○これはニコンの会社のほうから出している書証で、ニコンの代理人の弁護士がそのときのことを書き取った手書きのメモなんですね。「ニコン写真展」と左上にあって、その右横に「SK＝6-28」と書いてありますね。これは何のことか分かりますか。

分かりません。

○これは株主総会が6月28日になされると、そういうことではありませんか。

まあ……。

○記憶喚起されませんか。

あんまり記憶ないですね。

○この下に「ニコンサロン」と書いてあって、「120626～0709の予定　中止したい」と書いてありますね。これを見るとどうも2012年6月26日から7月9日までのニコンサロンの写真展があったんだけれども、それを中止したいと、そういうふうに説明をしたように読めるんですけれども そうした説明をした記憶はありますか。

映像カンパニーとして、とにかく中止を決定しましたというようなことを弁護士さんにちゃんと言いました。で、そのあとの対応を相談させてくださいという話をしました。

○株主総会は6月28日に予定されていましたか。

6月28日だったのかな、ちょっと……。

○大体その頃ですか。

大体その頃です。おっしゃるとおりです。

○そうすると実際に弁護士に説明したのは、株主総会が6月28日にあって、写真展と重なるから中止したいと、そういうふうに説明をしたんじゃないんですか。

いいえ、中止したいというのはさっき言ったように、これはもう安全が保てないということで、中止したいというふうにちゃんと言いました。

○記憶喚起のために聞くんですけれども、このメモの中には安全性という言葉はなくて、弁護士の人は言ったことをそのまま書き取ってるんだと、わざわざ乙124号証の2というのを出してるんですけれどもね。本当に安全性が理由で中止しましたと弁護士に言ったんですか。

それは言いましたよ、安全性。もともとがそのMのメールから始まって、ああいうところでこう言って、わあーっと見て、みんなで驚いて、ロート見て、もう決めましたと。で、上にして、この流れの中で弁護士事務所に行って、決めたんだけど、どうしましょうかと、どうするのが一番会社としていいのかなという話をしました。

○ここに「カンパ運動」という言葉があるんですけど、弁護士さんとの間でカンパ運動について何を話したか覚えてますか。

カンパ運動については話したかどうか覚えてませんけれど

も。Oか何か分からんけど、カンパっていう言葉は出た記憶があります。

○次の日の朝8時半からの情報共有の会議について確認します。このときはトップの3人、どなたが出ましたか。5月23日の8時半から。

……

○覚えてなければいいですよ。

8時半の……覚えてないですね。

○弁護士会議に行った次の日の朝に、岡本さんも参加して、何か情報共有会議をしたことはありませんか。

次の日、僕、出張じゃなかったかな。

○たしかNさんか誰の陳述書にも、あなたが参加したように書いてあるんですけど、覚えてないんですか。

あんまり覚えてないですね。申し訳ないです。

○弁護士会議の結果を報告したような会議っていうのは覚えてないですか。

弁護士会議の報告ですか……どっかの段階では必ずしてますけど、それが翌日……。

○じゃ、翌日かどうかは別として、そういうのをトップに対して報告したことはありませんか。

それはまあ当然のように、こういう諸般の事情で中止ということで対応させていただきますという話はしたと思うんです。

○5月22日の夜の対応のことを確認しますけれども、結局、安さんへの連絡で、諸般の事情では安さんは納得してなかったですよね。

はい。

○で、安さんは、理由の説明ができる人の訪問を求めていませんでしたか。

いや、これでは話にならないので、来なくていいっていう報告を受けました。

○理由の説明ができる人の訪問、来てくれと、理由を説明しろというふうに言ってるという報告は受けてないんですか。

……まあそれに近いことでしょうね。これでは納得できないと。だから来なくていいということは、何度も、安さんが、電話で、どうしてなんだと言って、諸般の事情により申し訳ありませんということをOが言ったことで、それじゃ意味がないっていうふうに言われたのは間違いないと思います。

○あなた自身が直接行ってきちんと理由を説明しようと、そういうふうには思わなかったんですか。

やっぱりこれ、フォトカルチャー支援室の責任者であるRが最適だと私は思いました。

○Rさんが行くとしても、諸般の事情以上の説明はするつもりはなかったんでしょう。

会社の方針としてしないということでしたから、しないと。

○諸般の事情のみでやるというのが会社の方針なんですよね。

はい、そうです。

○それに対して安さんは納得しなかったわけですよね。

はい。

○それに対して、再度、会社の方針を検討するということは考えなかったんですか。

いや、それはもうやっぱり、私どもよりも様々な経験を持っておられる弁護士のアドバイスなので、そのほうがいいと我々思ってます。

○そのあとなんですけれども、韓国を含む海外の対外的な対応について、会社としての方針を決めるようなことはしなかったですか。

諸般の事情で、海外においても統一しなさいという指示は、Nから出てるかも分からないですね。

○それとは別の何かQ&Aを作るとか、そういう話はなかったですか。

別にQ&Aはないです。これは全ての案件がそうですけれども、ワンボイスで行くというのが基本方針でありますので。

○仮処分決定後、東京の写真展は実際には開催されましたよね。

ええ。

○当初、会場で、原告の写真集の販売は禁止をしていましたよね。それが最後の4日間は販売を認めましたよね。それは、だんだん、もう問題がないと、そういうふうに判断したからではないんですか。

いや、それは細かいことはよく分かりませんけれども、弁護士の指示であります。

乙第43号証の2を示す

○2ページ目、「開催当初、会場の混乱が予想されたことから販売をお控えいただいておりましたが、現在、安氏をサポートするスタッフの方々が会場に多く常駐されていますので、販売していただいても支障がないと判断いたしました。」と書いてありますね。

はい。

○東京の開催については、特にもう後半は問題はなかったんじゃないんですか。

それは私は詳細は分かりませんけれども、弁護士の指示でそういうふうに解禁したというふうに聞いてます。

○安さんのスタッフが多く常駐してれば問題はないということで、じゃあ、大阪展は開催できるんじゃないかと、そういう話にはならなかったんですか。

全くなりませんでした。

○安さんから、東京展の最終日の7月9日、社長宛ての抗議文が渡されて、その中で大阪展の開催について申入れがあったということは知っていますか。

それ、抗議文は、よく覚えておりませんけど、それは当然見た記憶はあります。内容はちょっと覚えてません。

○抗議文の中に、大阪展を開催することを、申入れが入ってたということは覚えてますか。

覚えてません。

○覚えてないんですか。

はい。

○8月30日に、もう1度安さんの代理人から、通知書で大阪展の開催を求めるものがきたということはありませんか。

　そのようなことが転送されてきたかも分かりませんけれども、いつ、どのタイミングで大阪展の話があったというのは、明確な記憶がございません。

　甲第31号証を示す
○これは8月30日付けの安さんの代理人の先生からの通知書で、そこの後半で、開催予定日が迫ってると、大阪展を開催してくれという、その7月9日に渡したことに基づいてですね、再度書面での回答求めてるんですけれどもこういった書面での回答を再度求められたという記憶はないですか。
　……あんまりないですね。申し訳ないですね、本当に。
○それに対して、回答を出したかどうかも、じゃあ、覚えてないということですか。
　はい。

　甲第32号証を示す
○これはR室長が「ご回答」ということで、9月5日に回答してるんですね。
　はい。
○2ページ目、「本年5月23日のお電話、および同月24日付け『お詫び』と題する書面にてご連絡申し上げておりますとおり、当社としては安様に同サロンをお使いいただくことはいたしかねます。」というふうに書いてありますね。
　はい。
○結局、この段階でも、5月のときの会社の方針で説明してますね。
　（うなずく）
○5月の方針は、その後、変わらなかったということですか。
　変わりませんでした。
○これまでニコンサロンでは、戦後日本や世界の歴史の動向にまなざしを向けた優れたドキュメントの写真展をしてきましたよね。
　はい。そう信じています。
○抗議行動があって中止することは、抗議者に中止の決定権を与えてしまうことになると、そういうふうには思わなかったですか。
　いや、これは本当に残念というか、本当に安さんへの忍びない気持ちはニコンの全員が思っていたと思いますけれども、やはりこういうような安全面でリスクがある限り、これはもう中止をしたというのは私は間違った判断ではないと思います。
○今回のように抗議行動があって中止すると、今後の写真展の内容を自由に選択ができなくなって、写真文化を狭めてしまうと、そういうおそれは検討しなかったんですか。
　まあおそれというか、御指摘のポイントはよく分かりますけれども それよりもやっぱり安全面を優先させていただいたということです。

■**原告代理人（東澤）**

○先ほど主尋問の中で、6月21日に新宿警察に相談したときの、その対応にそれはないだろうと思ったというふうに証言なさいましたね。
　はい。
○それは警察のほうが、常駐は無理だと、ポイント、ポイントで見に来ますと。何かあったら110番してくださいと。それに対して、あなたのほうとしては非常に不満だったということですか。
　はい。
○それは逆に、あなたがこの事態について、自分たちが過剰に考え過ぎていると、警察のほうの専門家の目から見れば、もしかしたらそれほど大したことじゃないのかもしれない。そういうふうには思いませんでしたか。
　いや、思いませんでしたね。過剰な警備とは我々は全く思っておりません。

■裁判長

○5月22日の1時の会議に臨むまでには、かなりのネット検索をされたんですよね。
　はい、そうです。
○その日、ロート製薬の映像をネットで御覧になるまでに、在特会という活動が存在するということは御存じだったんですか。
　まあ先ほど申し上げましたけれども、恥ずかしながら、そんなに自分の中で在特会という強い理解はなかったと思います。
○証拠資料の中には、後から社員の方が在特会のホームページを見てみたという結果の御報告もあるようなんですけれども、1時の会議まで、1時の会議を含めてですね、そこまでの時点で、この会は抗議運動をするときに大体どういう行動を取って、どんなてん末になっているかということを、調べてみたことはないんですか。
　私自身ですか。
○あなたでも、周りの方でも。
　在特会の動きですか。
○はい。
　在特会の個別の動きを報告を受けたということはございませんでした。
○要するに、ロート製薬の動画を見て、ひどい抗議の状況を見て、これは大変なことになると、非常に高い危険性があるという判断をされて、極論すれば、安さんが刺されるような事態もないかと心配されたとおっしゃるんだけれども、実際にこの種の抗議運動というのが、殺傷沙汰みたいなことになっているかどうか、そういう例があるのかないのかといった調査は、中止決定までの間にされていないのでしょうか。
　はい。中止決定までの間に、10時までやって、それから私一生懸命調べまして、で、ロートのことを見て、大変だと。で、さっきおっしゃったような、たくさんあるのを一応一通り、まあ責任者として目を通しました。だけれども、その後で在特会という方がどういうあれだという説明を受けたと思いますけれども、その9時から1時の間にその在特会に限ってその報告を受けたというのは、たしかなかったと思います。ただ、自分の中でやっぱり、そうですね、変な話ですけれども、警察に言いながら事件になってしまったというのが、頭の中に過去の事件として、例えばそういうことが幾つかありましたので、場合によっては過激な人がそういうことだったら、本当にもう取り返しのつかないことになるということが、一番大きな、自分の中で、やっぱりロートの、変な話ですけれども、自分の中ですごくインパクトがあったと思います。

○当時を振り返ってみられると、中止をすることによるデメリットと、実行しようと考えた場合のリスクというのを、いろいろお考えになって、非常に難しい判断を強いられるお立場にあったんだろうと思うのですが、その中で会社の中で高い立場におられる方として、一歩下がって考えたときに、身体の安全というレベルのの意味での危険の一方に、表現の場を提供する機会を持っている者として、ここで中止という判断をすることが、社会の在り方に与える影響という話は、どの程度会議の中で出たんでしょうか。

その場で表現の自由どうのこうのというのは、会議では出なかったと思いますけれども、おっしゃるとおり、本当にそれでいいのかとか ニコンという会社を、全世界のプロを始め、本当に多くのお客様がいらっしゃって、表現の自由を否定したら、それはもうニコンとしてそんなことはないわけですね。もうどこに行ってもニコンのカメラで皆さん現実を伝えております。それは尊重しなければいけないし、今後も重要だと思っていますけれども、でも、本当にそのときに思ったのは、万が一そういうことがあったら、なんか安さんが刺されるとか。やっぱりそれは取り返しのつかないことになるという気持ちのほうが強かったですね。

東京地方裁判所民事第6部
裁判所速記官 板橋晶子
裁判所速記官 平野道子

＊裁判資料の表記は原本に従った。なお、ニコン側関係者の個人名はすべて実名で表記されているが、裁判で被告として個人責任を追及した役員以外は匿名（アルファベット表記）とした。

あとがき

本書が刊行される九月の末から、また新たな安世鴻の写真展「重重：消えない痕跡Ⅱ　アジアの日本軍性奴隷被害女性たち」がはじまる。判決後、初の写真展だ。彼が「慰安婦」サバイバーを撮りはじめて二〇年近く、中国に残された朝鮮人の「慰安婦」被害者からはじまり、その旅は、裁判開始以降、さらにフィリピン、インドネシア、東ティモールの被害者へとひろがり、深化している。その数は一二九人を超えた。彼が独自に探し当てた被害者も少なくない。

裁判は終わったが、安世鴻の旅は終わらない。

安世鴻の写真をとおして私たちに訴えかける「慰安婦」サバイバーの〈恨(ハン)〉が解けないかぎり、「慰安婦」問題は終わらない。

「検閲とは無意識的に内面化される時こそ完成する」(金載曄)――

安世鴻はいう。

「『表現の自由』を守ることができなければ、『表現の自由』の権利を行使する資格はない。私は今後も性奴隷被害者の取材を続け、発表していく」と。

表現者・鑑賞者・被写体三者の交流を保障する「表現の自由」の意味を、それを守る大切さを改めて私たちに気づかせてくれた写真家・安世鴻さんと同行者の李史織さん、そして弁護団のみなさんに感謝します。

編者　岡本有佳

謝辞

ニコン裁判にはさまざまな方々にご支援・ご尽力していただきました。この場を借りて心より御礼申し上げます。本来であれば、もっと多くの方に、事件・裁判への思いをご執筆していただきたかったのですが、紙幅の都合で、支援の会世話人として最後まで支援に関わった方に限らざるをえなかったこと、ご寛容くださいますようお願い申し上げます。
なお、本書刊行にあたって、さまざまな方々のご協力をいただきました。お一人お一人お名前をあげることはできませんが、御礼申し上げます。厳しい出版状況のなか、事件・裁判の記録を残す意味を理解し出版を引き受けてくださった御茶の水書房代表の橋本盛作さんに感謝します。

二〇一七年八月一五日

編者一同

編著者プロフィール

編者

●安世鴻（アン セホン）

写真家。ニコンサロン「慰安婦」写真展中止事件元原告。写真家。韓国をはじめ東ティモール、インドネシアや東アジアなどで約20年、日本軍性奴隷被害女性たちを取材。被害者の正義と平和のための写真展と被害者支援をする重重プロジェクトを進行中。著書『重重　中国に残された朝鮮人日本軍「慰安婦」の物語』（大月書店）、共編著『《自粛社会》をのりこえる—「慰安婦」写真展中止事件と「表現の自由」』（岩波ブックレット）など。

●李春熙（リ チュニ）

弁護士。ニコンサロン「慰安婦」写真展中止事件弁護団。著書（共著）『Q＆A新・韓国家族法』（日本加除出版）、『ヘイトスピーチはどこまで規制できるか』（影書房）、共編著『《自粛社会》をのりこえる』（岩波ブックレット）など。

●岡本有佳（おかもと ゆか）

編集者。風工房主宰。Fight for Justice「慰安婦」問題専門サイト運営委員。表現の不自由展共同代表。映画『60万回のトライ』共同プロデューサー。共編著『〈平和の少女像〉はなぜ座り続けるのか』（世織書房）、『《自粛社会》をのりこえる』（岩波ブックレット）など。

筆者（掲載順）

●板垣竜太（いたがき りゅうた）

朝鮮近現代社会史、文化人類学。同志社大学社会学部教授。著書『朝鮮近代の歴史民族誌』（明石書店）、共著『東アジアの記憶の場』（河出書房新社）、『日韓 新たな始まりのための20章』（岩波書店）、共著『ヘイトスピーチはどこまで規制できるか』（影書房）など。

●小倉利丸（おぐら としまる）

元富山大学教員。富山県立近代美術館検閲訴訟元原告。『アシッドキャピタリズム』（青弓社）、『カルチャークラッシュ』（社会評論社）、『絶望のユートピア』（桂書房）など。ブログ「ne plu kapitalismo　不可解な領域へ：思想、文化、運動」に表現の自由、検閲批判執筆中。

●金富子（キム プジャ）

ジェンダー史・ジェンダー論、植民地期朝鮮教育史。東京外国語大学大学院教授。著書『植民地期朝鮮の教育とジェンダー』（世織書房）、共著『「慰安婦」バッシングを越えて』（大月書店）、共編著『Q＆A朝鮮人「慰安婦」と植民地支配責任』（御茶の水書房、韓国版サムチャン）など。

●東澤靖（ひがしざわ やすし）

弁護士、明治学院大学教授。ニコンサロン「慰安婦」写真展中止事件弁護団。アジア太平洋弁護士協会（LAWASIA）人権セクション共同議長。主著に『国際刑事裁判所と人権保障』、『正しいビジネス——世界が取り組む『多国籍企業と人権』の課題』（訳書）など。

●岩井信（いわい まこと）

1964年生まれ。弁護士。ニコンサロン「慰安婦」写真展中止事件弁護団。大学卒業後、アムネスティ日本支部に約10年勤務。部分執筆に『国家と情報——警視庁公安部「イスラム捜査」流出情報を読む』（現代書館）など。

●平河直（ひらかわ ただし）

大学院博士前期課程修了後、通信社記者等を経て、弁護士。ニコンサロン「慰安婦」写真展中止事件弁護団。

●池田恵理子（いけだ えりこ）

アクティブ・ミュージアム「女たちの戦争と平和資料館」（wam）館長。元NHKディレクター。共著『女性国際戦犯法廷の記録Ⅱ』（緑風出版）、『NHKが危ない！』（あけび書房）など。

●岩崎貞明（いわさき さだあき）

1963年東京生まれ。テレビ朝日報道局勤務を経て、メディア総合研究所事務局長・雑誌『放送レポート』編集長。2014年より専修大学特任教授も務める。

●菊地和行（きくち かずゆき）

英語講師、翻訳家。「ハイナンNET ～中国海南島・戦時性暴力被害者の声を伝えるネットワーク」メンバー。Fight for Justice「慰安婦」問題専門サイト英訳担当。

●金理花（きむ りふぁ）

1990年東京生まれ。東京外国語大学大学院博士後期課程。在日朝鮮人史・音楽文化史。共著に、ミリネ編『家族写真をめぐる私たちの歴史　在日朝鮮人・被差別部落・アイヌ・沖縄・外国人女性』（御茶の水書房）。朝鮮新報年間連載「民族教育と歌」（全12回）など。

●久保田実千江（くぼた みちえ）

欧州と米国議会での「慰安婦」問題決議を成功させた活動家の話を2008年、名古屋での講演会で聞き、衝撃。勉強しはじめる。

●小志戸前宏茂（こしとまえ ひろしげ）

大学非常勤講師。朝鮮近代史。教えてニコンさん！裁判支援の会には2014年4月より加わる。

●斉藤涼子（さいとう りょうこ）

2010年一橋大学大学院博士後期課程単位修得退学。教えてニコンさん！裁判支援の会。YOSHIMI裁判いっしょにアクション事務局員。本業は朝鮮近現代史研究。

●土井敏邦（どい としくに）

ジャーナリスト。1994年暮から断続的に３年間、韓国の「ナヌムの家」で暮らす元「日本軍慰安婦」のハルモニたちを映像で記録し、ドキュメンタリー映画「“記憶”と生きる」を公開。著書『“記憶”と生きる――元「慰安婦」姜徳景の生涯』（大月書店）など。

●永田浩三（ながた こうぞう）

武蔵大学教授。元NHKプロデューサー。著書『ヒロシマを伝える』（WAVE出版）、『NHKと政治権力』（岩波書店）、『奄美 の奇跡』（WAVE出版）など。「表現の不自由展」共同代表。

●番園寛也（ばんぞの ひろや）

1983年広島県生まれ。平日は都内の大学で障害のある学生、教員の支援をしている。一橋大学大学院言語社会研究科博士課程在籍。専門は水俣病事件史と障害学研究。

●三木譲（みき ゆずる）

2009年4月、埼玉県蕨市外国人排斥デモ、12月京都朝鮮学校襲撃事件に衝撃を受け、翌年差別・排外主義に反対する連絡会を設立。以来、現場で活動を続ける。

●綿井健陽（わたい たけはる）

1971年大阪府生まれ。映像ジャーナリスト・映画監督。イラク戦争報道で「ボーン・上田国際記者賞」特別賞、「ギャラクシー賞」報道活動部門・優秀賞など。ドキュメンタリー映画『Little Birds　イラク戦火の家 族たち』『イラク　チグリスに浮かぶ平和』撮影・監督。

●林克明（はやし まさあき）

ジャーナリスト。著書『ブラック大学早稲田』（同時代社）、『プーチン政権の闇』（高文研）、共著『トヨタの闇』（ちくま文庫）など。

●田島和夫（たじま かずお）

古美術＆ギャラリー古藤（ふるとう）店主。元練馬区人権・男女共同参画課長。ギャラリー古藤は大崎文子と共同経営。

●伊藤孝（いとう たかし）

セッションハウス企画室代表。1991年、東京神楽坂にセッションハウスを開設。地下劇場とギャラリーでダンス公演、コンサート、展覧会、トークの会などの企画、制作を開始。

●李史織（り しおり）

1982年生まれ。中国に残された朝鮮人日本軍「慰安婦」女性たちの写真に出会い、講演会・写真展をサポートする。重重プロジェクト、教えてニコンさん！裁判支援の会事務局長。

【参考文献】 安世鴻と裁判関連の単行本、冊子のみとする。
『重重: 中国に残された朝鮮人日本軍「慰安婦」の物語』安世鴻　著・写真（大月書店、2013年）
『《自粛社会》をのりこえる――「慰安婦」写真展中止事件と「表現の自由」』安世鴻・李春熙・岡本有佳編　岩波ブックレット973（岩波書店、2017年）
『ニコンサロン「慰安婦」写真展中止事件訴訟資料集１』教えてニコンさん！ニコン「慰安婦」写真展中止事件裁判支援の会編集・発行（2015年）
『検証・ニコン慰安婦写真展中止事件』新藤 健一 編集（産学社、2012年）
『表現の不自由展～消された ものたち』図録　同展実行委員会編集・発行（2015年）

誰（だれ）が〈表現（ひょうげん）の自由（じゆう）〉を殺（ころ）すのか
ニコンサロン「慰安婦」写真展中止事件裁判の記録

2017年9月9日　第1版第1刷発行

安世鴻　李春熙　岡本有佳　編

編集・表紙・本文デザイン＊風工房
カバー写真＊安世鴻

発行所　株式会社御茶の水書房
発行者　橋本盛作
〒113－0033 東京都文京区本郷5-30-20
TEL 03-5684-0751　FAX 03-5684-0753
印刷・製本　東港出版印刷株式会社

ISBN978-4-275-02076-5 C0036 ¥2400E